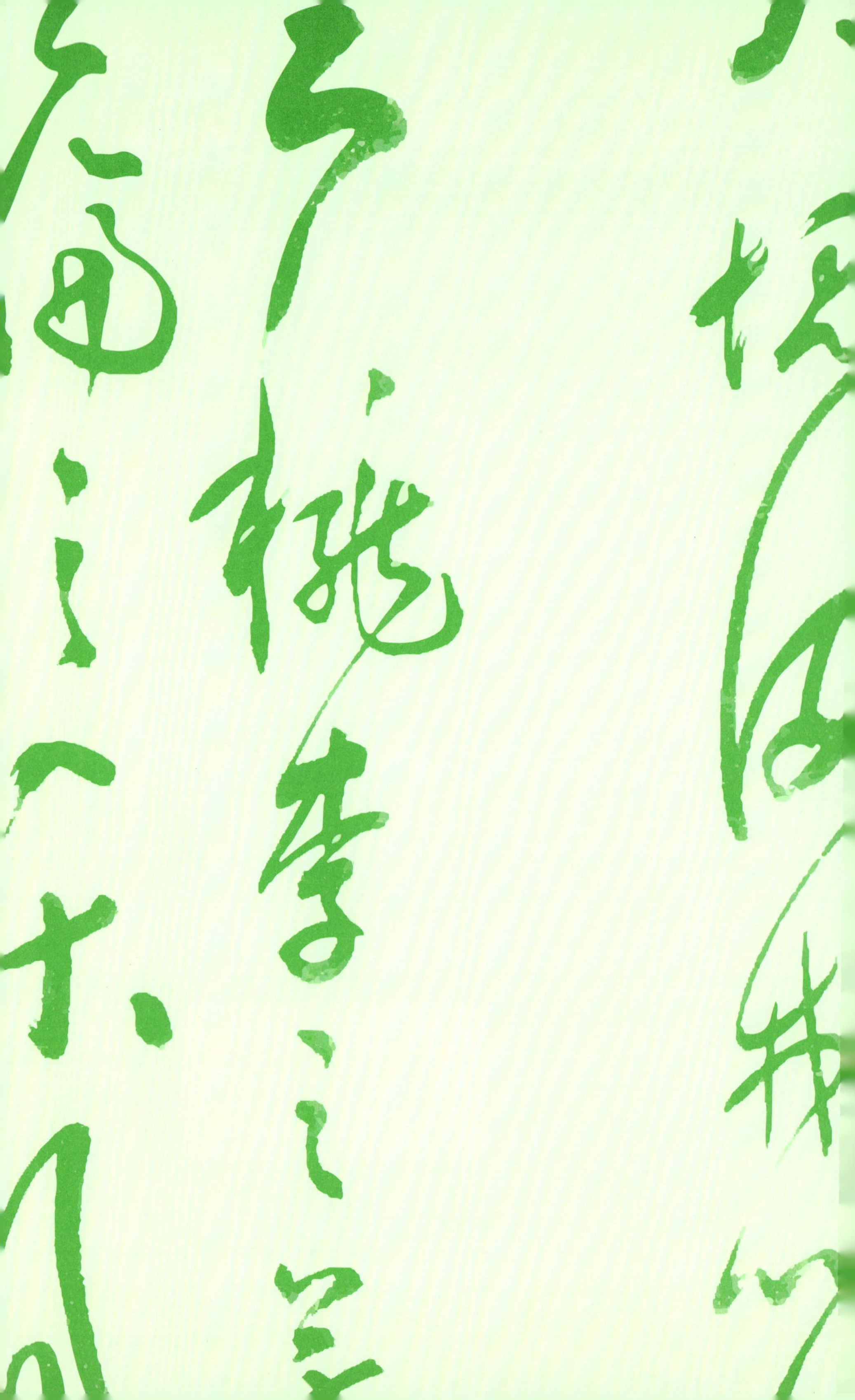

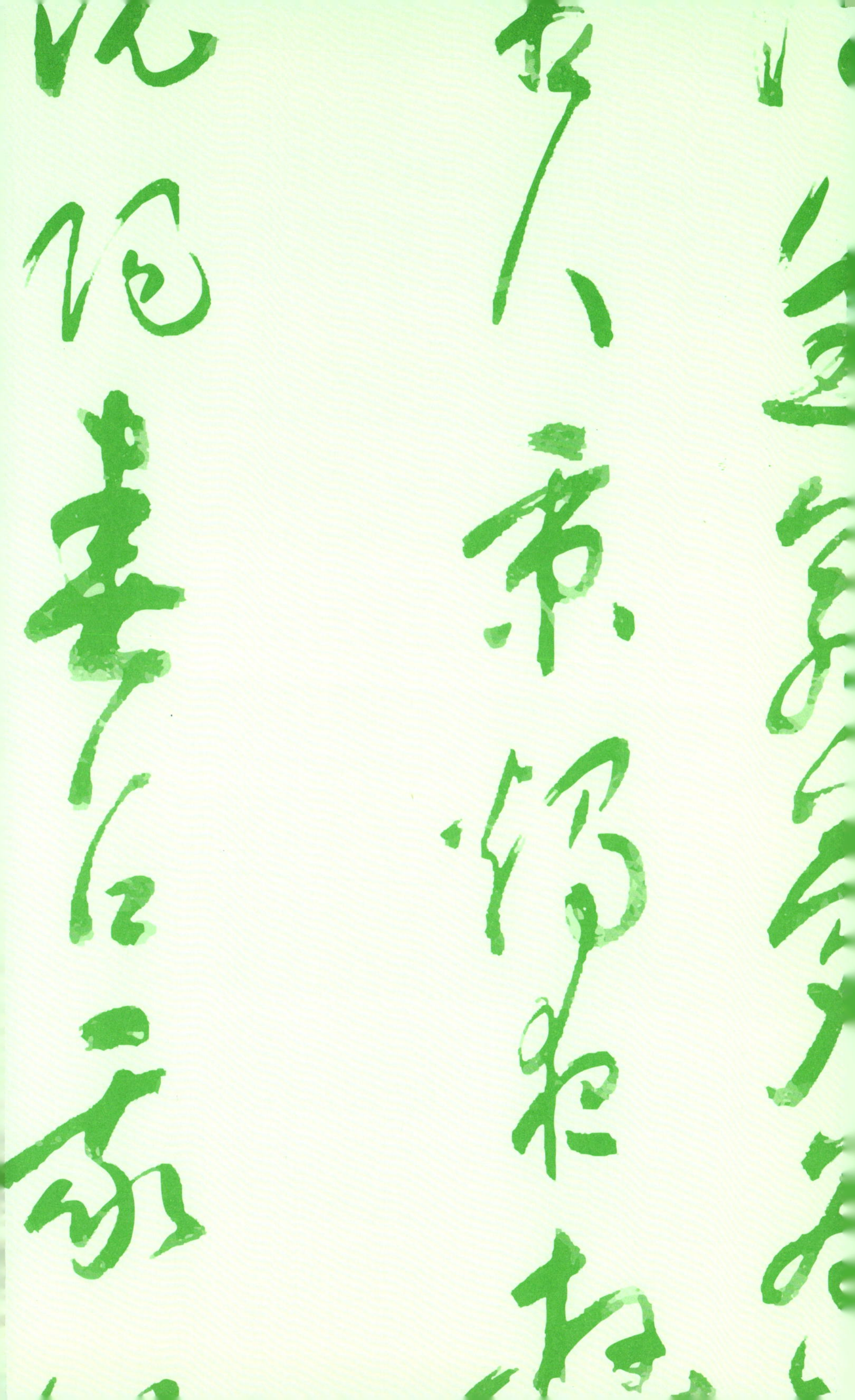

彌山 옛집에 매화꽃 피면

남헌 이상배 팔순문집

彌山 옛집에 매화꽃 피면

만인사

| 머리말 |

한 생을 紙筆墨 가까이에서

이제 人生七十古來稀는 옛말이 되었다. 웬간한 사람들은 팔순을 가볍게 넘긴다. 그것은 의학의 발달과 경제발전으로 따른 양호한 攝生이 인간의 수명을 20년은 연장시켰다 할 수 있을 것이다.

그러나 八旬을 맞은 나의 한 생을 되돌아보면 결코 순탄하지만은 않았다. 일제강점기에 태어나 초등학교를, 광복과 6·25전쟁통에 중학교를, 그리고 4·19의거와 5·16혁명의 혼란 속에 고등학교와 대학교를 마쳤다. 이렇듯 현대사의 질곡 속에서 평생 교직에 몸담으면서 용케 환란의 세월을 견디고 예까지 살아왔구나 하는 생각을 지울 수가 없다.

오랜 교직 생활 동안 내 몸을 건사하였고, 수많은 제자들을 길렀으며, 6남매를 건사하였다. 또한 불혹의 느직한 나이에 시작한 서예였지만 일생동안 紙筆墨을 가까이하고 만년을 서예가로서 마무리할 수 있으니 이만한 淨福도 없으리라.

나의 座右銘은 "남만큼 하고서는 남 이상이 될 수 없다"이다. 나는 비록 재주가 부족하지만 서예를 위해 최선을 다해 살아왔다고 자부한다. 鈍才가 남을 따라 가려면 노력뿐이다. 유년 시절 王考께 千字文을 배웠고, 초등학교에서 李龍奎 선생, 중학교에서 洛亭 李慶載, 權奇沃 선생, 湖山 재종숙, 고교에서 글씨로 文檢에 합격한 朴炳轍 교장, 雲松 崔育鍊 선생, 대학교에서 慕山 沈載完 선생의 行草 板書를 눈으로, 마음으로 익혔다.

그러나 정작 서예의 길로 이끈 분은 南石 李成祚 선생이시다. 선생과의 吉緣은 1974년으로 같은 중학교에 근무하면서 본격적인 지도를 받게 되었다. 선생은 백일만 꾹 참고 나오라기에 나는 하루도 빠지지 않고 다녔다. 어리석게도 백일만 되면 서예의 道가 터지는가 싶었다. 그러나 道는커녕 붓도 바로잡지 못했다.

道展에 입선을 계기로 여러 공모전에 줄기차게 응모하는 한편 曉楠, 靑南, 是菴 등 여러 분에게 사숙하였다. 그러나 세월이 지나고 보니 南石 선생의 社交와 大膽, 靑南 선생의 風流, 是菴 선생의 精確, 曉楠 선생의 豁達……. 이렇듯 좋은 선생을 모셨으나 그 어느 하나도 제대로 따르지 못했으니 나의 不德과 우매함 때문이리라.

팔순문집 『彌山 옛집에 매화꽃 피면』은 고향집 당호인 '彌山精舍'에서 빌려왔다. 이 책의 1부는 사진과 서예 작품으로, 2부는 틈틈이 창작해온 자작 한시로, 3부는 자전적인 略史으로 꾸몄다. 또한 4부 여기저기 써두고 발표하였던 잡다한 글을 雜惟錄으로, 5부 멀리서 가까이 지인들의 애정어린 글로, 6부는 묘비명, 제문 등으로 꾸몄다.

『彌山 옛집에 매화꽃 피면』이 나오기까지 많은 분들의 도움이 있었다. 외우 愚巖 金元重 교수의 조언, 김영숙 교수의 玉稿, 기획과 교정에 최선을 다한 만인사의 박진형 시인, 그리고 항상 곁에서 內助之功이 지극한 김춘자 여사, 맏딸 혜령의 수고로움 또한 잊을 수가 없다.

이 책을 만드는 동안 碧松 李根厚 선배, 呂熙光 제자 등이 내 곁을 떠났다. 실로 안타깝고 애석한 일이 아닐 수 없다. 그러나 인생사란 어쩔 수 없지 않으랴. 남은 여생 동안 서예가로 한 생을 充溢하고 싶다.

차례

차례

| 憂國民安 |

| 恭祝頌讚 |

차례

| 輓詞 |

3부 생의 片鱗들

4부 雜惟錄

5부 멀리서 가까이 본 남헌

차례

1부

남현이 걸어온 길

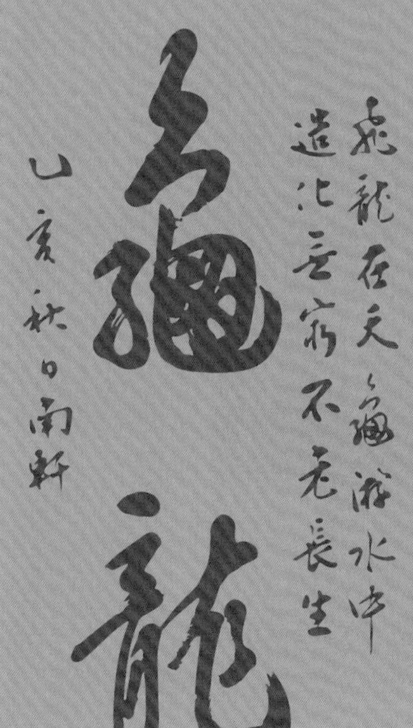

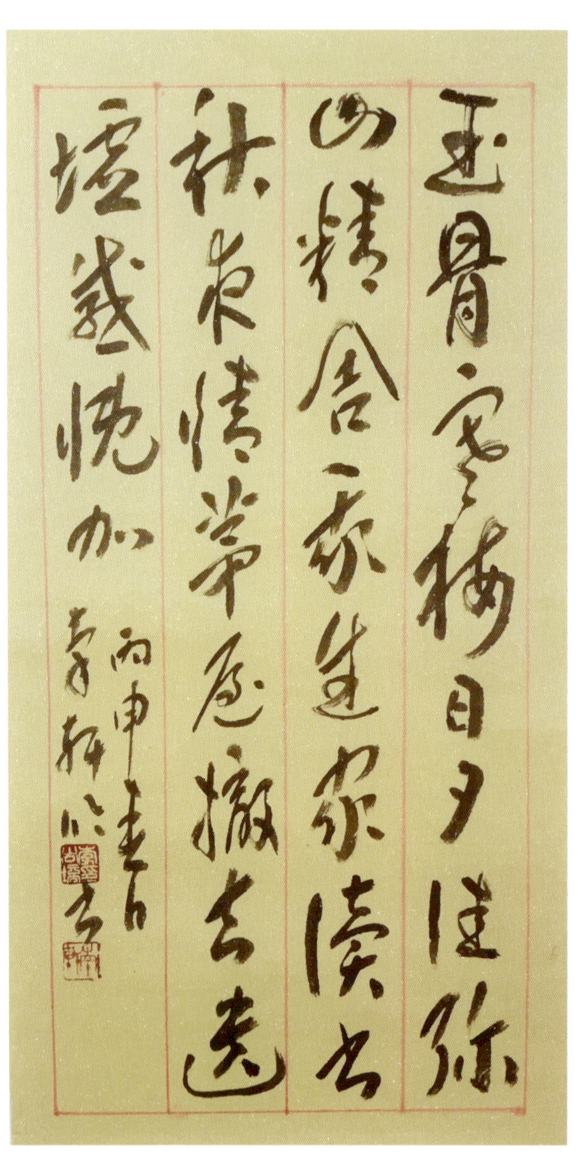

▲남헌의 시「思鄕」

회갑 날 서실에서

南軒 李尙培 略史

경북 선산군 해평면 금호동 484번지에서 1935년 9월 13일(족보 丙子年 12월 23일) 父 全州人 洛庵 李性卓과 母 仁同人 張南巖의 3남1녀 중 차남으로 태어나다.

학 력

- 1949. 7. 18. 해평공립국민학교 6년 졸업
- 1955. 3.2. 해평중학교 3년 졸업
- 1958. 2. 26. 대륜고등학교 3년 졸업
- 1963. 2. 23. 영남대학교 국어국문학과 4년 졸업

교 직 경 력

- 1964. 9. 1.~1965. 6. 30. 해평중학교 행정실
- 1965. 7. 5.~1970. 2. 28. 금천중학교
- 1970. 3. 1.~1972. 2. 28. 해평중학교
- 1972. 3. 1.~1974. 2. 28. 안심중학교
- 1974. 3. 1.~1979. 2. 28. 경일중학교
- 1979. 3. 1.~1982. 2. 28. 대구고등학교
- 1982. 3. 1.~1987. 2. 28. 대구공업고등학교
- 1987. 3. 1.~1991. 2. 28. 경덕여자고등학교
- 1991. 3. 1.~1995. 2. 28. 대구고등학교
- 1995. 3. 1.~1999. 3. 31. 대구동부공업고등학교

서 예 활 동

南石 李成祚 선생 문하에서 서예에 입문한 뒤 曉楠 朴秉圭, 是菴 裵吉其, 菁南 鳴濟峰 선생에게 師事하다.

▪수상 경력

제1회 경상북도미술전람회(1975. 9.) 입선 이후 국전, 대한민국미술대전, 대구미술대전, 신라미술대전, 전국교원실기대회 등 각종 공모전에서 40여 차례 입상하다.

▪개인전

1회 서예전(1986, 중앙미술관), 2회 서예전(1996, 봉성갤러리), 3회 서예전(2005, 대백갤러리)을 가지다.

▪단체전

제1회 남산한묵회전(1975. 4), 현현서회 창립전 출품을 계기로 대구미술대전, 영호남 교류전, 한중교류전, 한일교류전 등 국내외 단체전에 300여 차례 참가하다.

대구서가회 초대회장(1993. 3)을 지냈고, 대구시전 초대작가상을 수상하였다. 1979년 南軒書藝院을 주재하고 있다.

가 족 사 항

▪처 光山人 김춘자

▪장남 광세(자영업) 자부 오현

손 재호, 정하

▪장녀 해령(공무원) 사위 高靈人 김창호(자영업)

외손 김세은, 김건태

▪차녀 종숙(케나다 거주) 사위 密陽人 박병철(회사원)

외손 박정원 박혜원, 박지원

▪삼녀 미정 사위 迎日人 정주식(은행원)

외손 정용훈, 정용찬

▪사녀 윤정 사위 慶州人 이상곤(회사원)

외손 이주영, 이주형

▪오녀 정호(미국 거주) 사위 미국인 安敦(회사원)

사진으로 보는 남헌 80년

▲先考 洛庵 李性卓

先妣 張南巖▲

▲해방 전 만주에 거주할 때(앞줄 오른쪽 첫번째가 先考)

학창·군대 시절

▲해평공립국민학교 제4회 졸업식날(뒷줄 왼쪽에서 열한 번째가 남헌, 1949. 7. 20)

해평고등공민학교 1학년 때 교정에서(뒷줄 오른쪽에서 다섯 번째가 남헌)▲

▲해평중학교 제1회 졸업식(뒷줄 왼쪽에서 여섯 번째가 남헌, 1955. 3. 2)

◀해평중 1학년 때(뒷줄 오른쪽 첫째가 남헌, 1952. 2)

▲고향에서 친구들과(뒷줄 오른쪽 첫번 째가 남헌, 1957. 5. 4)

▲대륜고 재학 시절

경주 수학여행 때(앞줄 오른쪽 첫째가 남헌, 1954)▲

대륜고 1학년 때(1955)▲

대륜고 교정에서(뒷줄 왼쪽에서 세번째가 남헌, 1955. 12. 19)▲

▲대륜고 교정에서(뒷줄 왼쪽에서 여섯 번째가 남헌)

▲대륜고 3학년 때 동촌 봄 소풍(뒷줄 오른쪽에서 여섯 번째가 남헌, 1957. 4. 26)

▲고등학교 재학 때

▲대학 때 설날 고향에서(오른쪽에서 세 번째가 남헌, 1962. 2. 20)

대학시절 화원유원지에서 (장구를 멘 남헌, 1962. 가을)▶

삼종 자형(金有俊) 학사 과정 수료식을 마치고(가운데가 三從 妹兄 , 1962. 1. 12)▲

▲불국사 졸업여행에서 (1962. 4. 21)

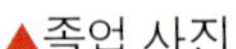

▲졸업 사진

대학을 졸업하고▲
(왼쪽부터 배영환, 김영만, 류장우, 중앙이 남헌)

▲청구대학(영남대학교 전신) 졸업식을 마치고(앞줄 왼쪽 첫 번째가 남헌, 1963. 2. 23)

▲백남권 소장과 논산훈련소에서(1958. 7)

▲제5군관구 병기근무대(왼쪽에서 세 번째가 남헌, 1958. 8. 7)

▲제5관구 병기근무대 김육봉과(1959)

5관구 병기근무대 수송부 시절(1962. 3. 1)▲

교단 40년의 역정

▲초임 금천중학교 1, 2학년 봄소풍(1966. 4. 29)

▲금천중학교 2학년 서울 수학여행(1967. 10. 22)

▲동료들과 야외나들이(1966. 7)

교사를 고치면서▲

금천중학교 제2기 청년교실 수료 기념▲
(둘째 줄 왼쪽에서 두 번째가 남헌, 1967. 12. 18)

▲모교인 해평중학교 시절

▲해평중학교 봄 소풍(1970)

◀교정에 나무를 심으며(1970)

▲막 산업화로 이행중인 구미공단 견학을 마치고(1970)

▲낙동강변의 소풍

해평중 여학생들과 소풍길에▲

해평중 교사들과 경주 소풍길에▲

▲30대의 남헌

▲경대 한문강습을 마치고 김동식(저 하늘에도 슬픔이 저자), 심상석 선생과(1972. 8. 23)

▲안심중 가을 소풍(왼쪽 세 번째가 강대식 동구청장, 1973. 10. 18)

▲▲안심중 조회(1972. 5. 15)
▲안심중 봄 소풍(1973. 10. 18)

▲어느 사찰 앞에서

울릉도 기행(1973. 7. 24)▲

스승의 날 교정에서 교직원들과(1972. 5. 15)▲

▲현충사에서(1974. 7. 27)

경일중 때 부여 백마강에서(1974. 7. 27)▲

▲경일중 3~7반 춘계행군훈련을 마치고 가창에서(1977. 5.13)

▲경일중 고봉설 교장 퇴임식을 마치고(뒷줄 오른쪽 첫번째가 남헌,(1975. 8)

▲대구고 강당 앞(1979)

대구고 체육대회(1979. 11. 16)▲

▲대구고 종합전시(1979.10)

교내 웅변대회장(1980. 6. 13)▲

대구고 교무실 모습(1979)▲

▲설악산 수학여행 오죽헌에서(1979. 4. 26)

▲설악산 비룡폭포(1979. 4. 25)

낙산사 의상대에서(1980. 5)▲

▲대구고 2학년 7반 수학여행 반기(1980)

대구공고 시절 교무실에서(1980)▲

◀경덕여고 해인사 단합대회 (1987. 6. 6)

▲35년 교직을 마감하는 마지막 수업(대구동부공고에서, 1999. 7. 16)

▲구미여고 강희종 교장과 골든벨을 울린 학생들에게 휘호와 서집을 주다 (2005)

▲경화여고 범청 박창기 교장 취임식에 휘호를 선물하다(2008. 8. 26)

書道의 먼 길에 들다

◀본격적으로 서예에 입문하다(남산동 남석서실, 1974. 7)

작품을 완성하고 낙관을 찍다(남헌서실, 2010)▲

각고면려의 흔적을 破紙로 내보내며(2014)▲

▲남석서실에서(1974 여름)

남석서실에서(1974. 12. 30)▲

▲懸懸書會 창립전(대구시립도서관, 1975. 12. 26)

▲현현 창립전에서 죽농 서동균 선생님을 모시고 (1975. 12. 26)

▲서예전에 출품한 6곡 병풍 앞에서(1976. 여름)

성황을 이룬 현현전에서(대구시립도서관, 1980. 12)▲

▲현현전에서

▲대덕산 낙동강 전승기념관에서
(1980. 6. 4)

▲현현전에 오신 오제봉 선생님 곁에서(1980. 12)

▲나지강, 남석 선생님을 모시고 남헌서실에서

▲현현전에서 회원들과(1979. 10. 20)

국전 입선 작품 앞에서 김영만 박사와 ▶

제5회 중등교원서예전을 열고▲

▲제1회 개인전(오른쪽부터 목산, 이태순, 선고, 남헌 내외, 남석, 남강 선생을 모시고(중앙미술관, 1986. 5)

▲청남 오제봉 선생의 글씨로 각을 하다.

경대 정문 앞 현재 건물을 짓기 전의 남헌서실(1983)▶

▲옛 건물을 헐어내고 신축중인 남헌서실(1999)

▲회갑전 때 노은수 선생이 보낸 홍매가 서실에 활짝 피었다.

남석 선생님을 모시고 화묵회를 창립하다.▲

▲신승원 선생 아호로 휘호하다(왼쪽부터 신성원, 오상인, 이근후, 최근영, 예종숙, 남헌, 2002. 11. 1)

노영하 예총회장, 박승국 의원, 이덕천 시의회 의장을 대구서가회 고문으로 추대하고(남헌서실, 2000. 8. 9)▶

▲서실에서(2005. 3)

정연갑 선배 고희를 마치고 광주여고▲ 제자들이 남헌서실을 방문하다.

◀대구MBC에서 남헌서실을 탐방하다.

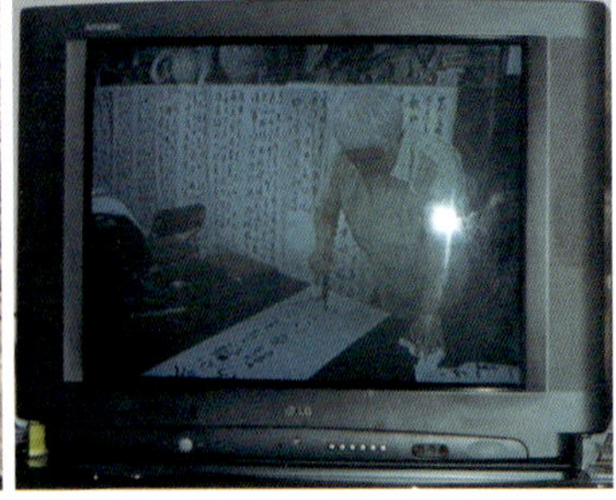

▲가훈쓰기를 취재온 TBC 아나운서와 카메라맨(1998. 봄)

▲회원전 작품 앞에서

일필휘지를 하다▲

▲김기탁 상주대 총장 개인전에서 모산 선생을 모시고 영대 동문들과(오른쪽 네 번째가 남헌, 2002. 11. 8)

북구한마음전에서 이명규▲ 북구청장과 함께(2001. 12)

▲제2회 개인전 때 김연철 교육감, 모산, 남석 선생님, 남헌 내외, 문희갑 시장이 케이크를 자르다(봉성갤러리, 1996. 2)

▲중등서예 연합전에서(2006)

▲고희전에 김관용 경북도지사와 남헌

고희기념전에 방명하는 신상철▲
교육감

고희기념전 전시장 모습▲
고희기념전 테이프 커팅▲▲

▲답사하는 남헌, 남석 선생 내외분을 모시고
▲▲축사하는 김관용 경북도지사, 담소중인 김연철 교육감과 남헌

▲작품 앞에선 이의근 경북도지사, 전경화 영남일보 논설위원, 남헌

◀고희전에서 모산 선생 내외분을 모시고 동문들과

◀고희기념전에서 동애 소효영, 일파 박영근, 구산 정희수, 죽파 소병철 선생과 함께

한중 교류전으로 중국을 방문하고 대북공항에서▲
(뒷줄 오른쪽에서 여섯 번째가 남헌, 1987. 7. 13)

▲중국 안휘성서화원 회원들이 제1회 한중교류전에 내한하다 (뒷줄 오른쪽 네 번째가 남헌, 1993. 6).

◀남석 선생 희수기념전에서 우동기 교육감과(대백프라자갤러리, 2014. 4. 2)

대구미협 전시회(대구문화예술회관, 중앙이 남헌)▶

구미전자공고 교훈비 제막식(2004. 6)▲

육군 3사관학교장(원홍규 소장)과 남헌 내외가 대통령 부대표창기념 휘호비 앞에서(2014. 10. 1)▲

구미에 있는 전주 이씨 안양군 小派 재실인 景樂齋에 걸려 있는 남헌의 주련

▲제15대 김대중 대통령 취임식에 초청을 받고(국회의사당, 1998. 2. 25)

▲서울 종묘대제 현관을 하고(2005)

재구 선산 향우회지 『善山』 제2집 출판기념회 김윤환 국회의원과▲
(뒷줄 왼쪽 두 번째가 남헌)

▲강남산악회 시산제를 올리고

▲▲영양 오일도 시비 앞에서 김원중 시인 내외와(2013. 6. 1)

내장산에서▲

▲영남일보 문화탐방길에(은진 미륵사)

▲일본 安來市 足立미술공원 설경을 배경으로(2001. 1)

▲일본의 여성들에 둘러싸여
▲▲일본을 방문하고 후시미, 수곡가지자 여사에게 휘호 선물(2001. 1. 16)

▲일본의 安來市를 방문하고(2001. 1. 15)

▼일본의 후시미댁을 방문하여 휘호를 하다(2001. 1. 16)

▲히로시마 원폭현장 평화공원에서 김명환, 우수락, 전춘배 사장과(2013. 2. 7)

▲일본 국보 호리코지 5층탑 앞에서

▲영대 국문과 동기들과 일본 여행지에서(뒷줄 오른쪽 세 번째가 남헌, 2003. 1. 16)

▲동아일보 김기현 특파원의 안내로 러시아 여행 중 김 특파원에게 족자를 선물하다(2006. 6).

▲모스크바 여행길에

모스크바 시내 빅토르 최 동상 앞에서▲
(왼쪽에서 두 번째가 남헌)

모스크바에서 유람선을 타고▶
(오른쪽 세 번째가 남헌)

▲앙코르왓트 탐방길에(오른쪽 두 번째가 남헌, 2011. 3. 4)

▲앙코르와트 사원을 배경으로 아내와

▲▲앙코르왓트 스님과

▲중국 황과수폭포에서 아내와 함께 (2010. 4. 13)

▲중국 용문석굴에서

▲대구서예연합회 회원들이 중국 하북성 한중교류전을 마치고 邢台 大峽谷에서(중앙이 남헌, 2013. 12. 2)

중국 황산 아래 너럭바위에 쓴 愛자 붉은 글씨 위에 앉아서▲

▲중국 石家莊에서 대구서가회 회원들과(2013. 12. 2)

남헌의 식솔들

▲회갑날 어머니를 모시고 아들 내외와 손녀 정아를 안고(1996. 1. 31)

제1회 개인전 때 부모님을 모시고 가족들이 함께(1986. 5.)▲

▲경주 박물관에서(1974. 10. 27)

▲통도사에서 장남을 데리고(1974. 6. 16)

▲친외손들이 함께 어울리다

회갑 때 조카들과(1986. 5)▲

▲손자, 외손녀들이 모여

막내 정호와 친구들▲

▲셋째 딸 미정이 결혼식날 가족들이(궁전예식장, 1992. 1. 26)

▲차질 홍사 매일신문 신춘문예에 소설이 당선 되다(시상식에서, 2008. 1. 11)

막내딸 정호가 카이스트 졸업 하던 날 모녀가 나란히 서서 (2003. 8. 20)▶

▲막내딸 내외가 주례 김원중 박사를 모시고(2014. 10. 25)
▲▲고희전 때 손자의 꽃다발을 받고

가족들이 다함께 거실에 모여서▲
고희전 때 장질부와 함께▲▲

막내 딸 정호의 도미 유학을 앞두고 가족들이 모여(2004. 8. 15)▲

남헌의 서예 세계

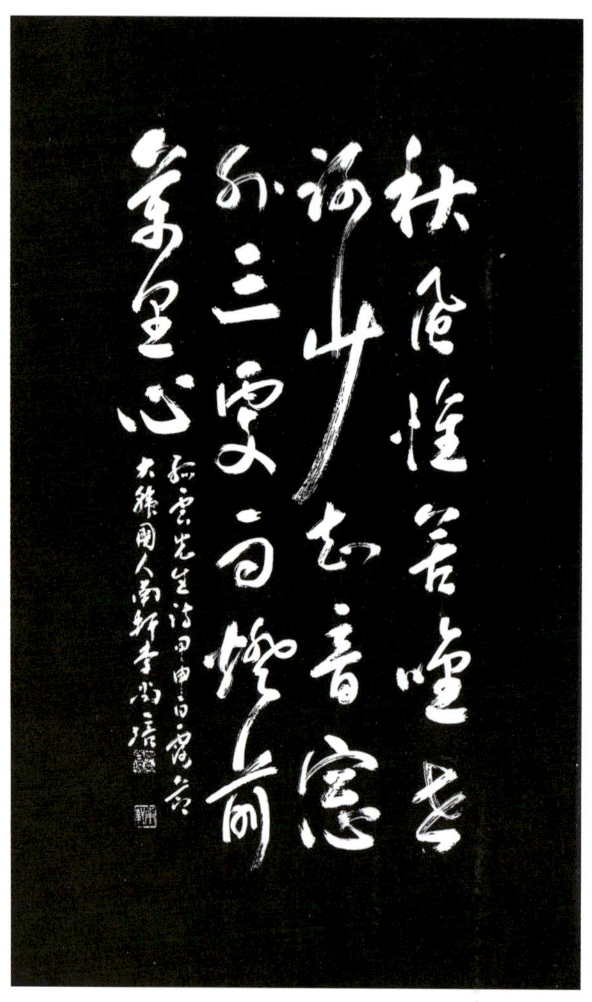

中國 桂林의 詩碑公園에 세워진 남헌이 쓴 崔孤雲 先生 詩

鄭夢周 詩「春興」시 春興

세종어제훈민정음

江南賀燕春福来

北海歸雁掃災去

丙寅孟春洗心室主南軒

江南北海

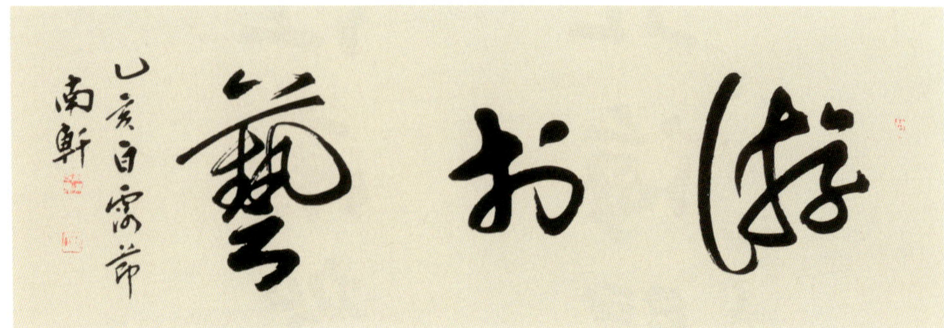

遊於藝

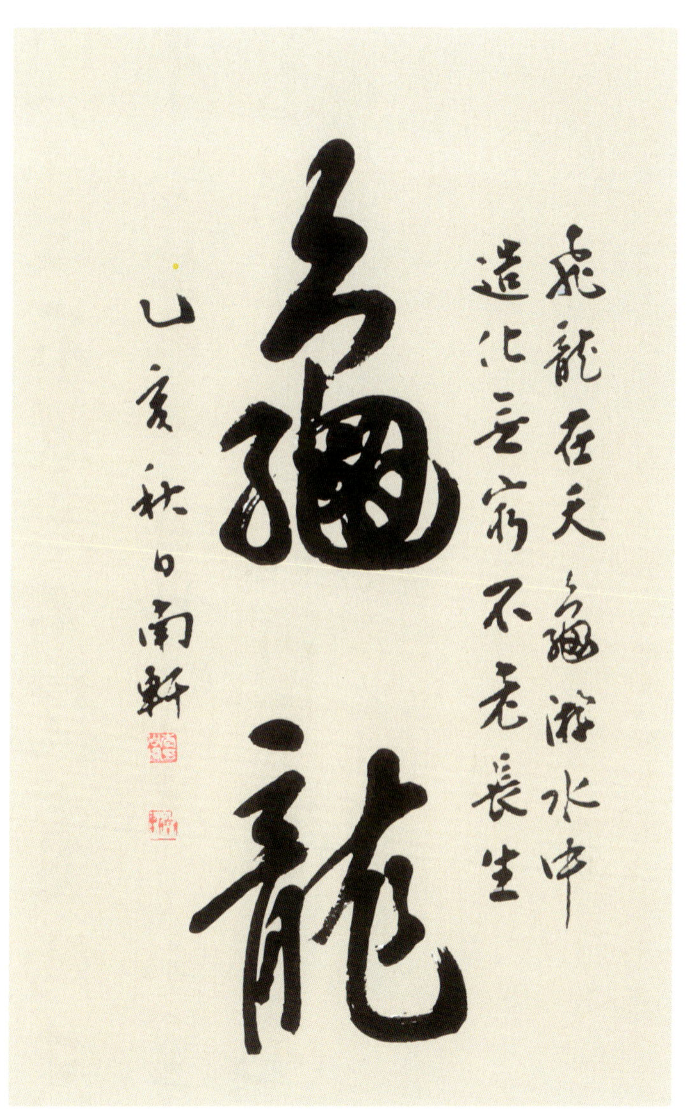

龜龍

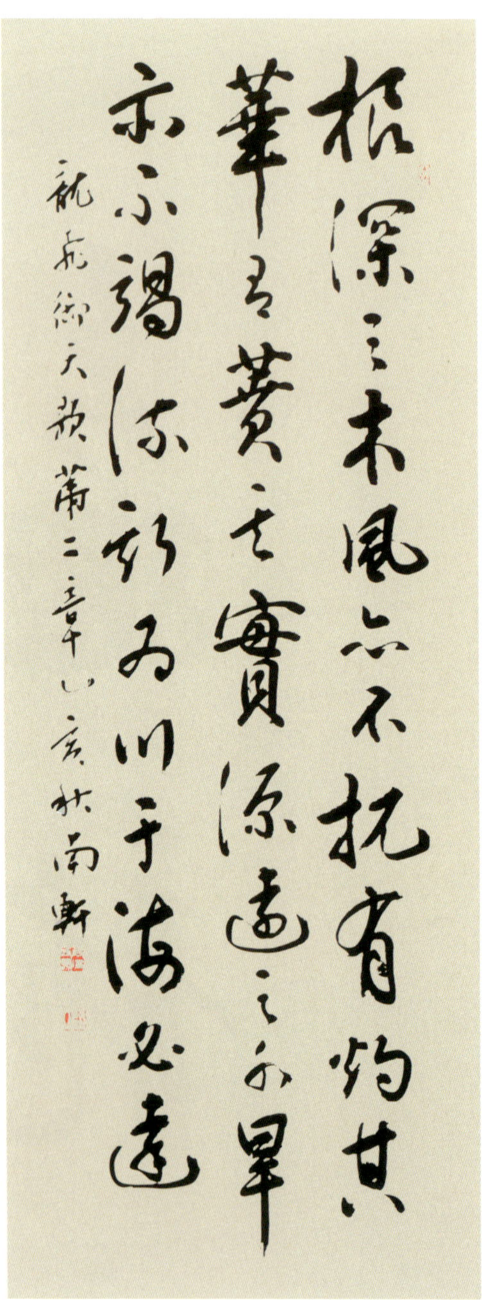

龍飛御天歌 第二章

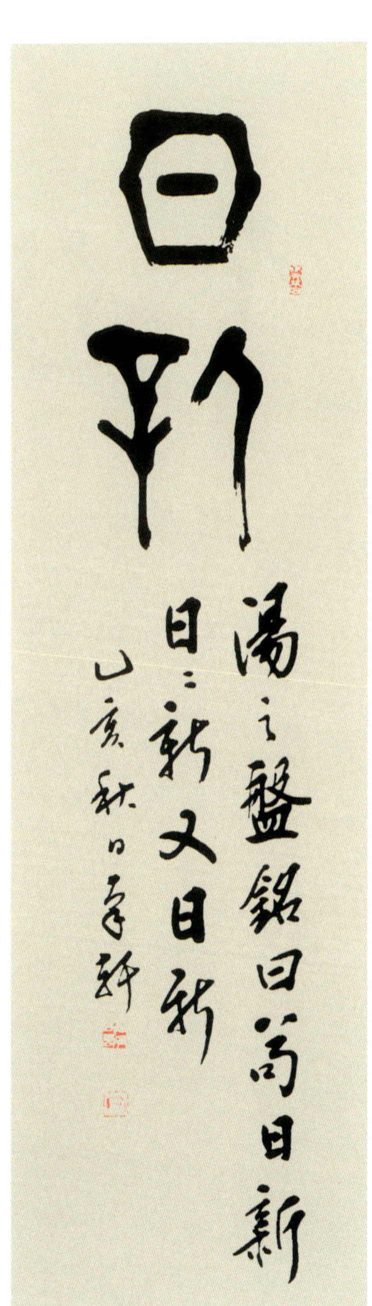

日新

行雲流水

行雲流水

불휘 기픈 남ᄀᆞᆫ ᄇᆞᄅᆞ매 아니 뮐ᄊᆡ 곶 됴코 여름 하ᄂᆞ니 ᄉᆡ미 기픈 므른 ᄀᆞᄆᆞ래 아니 그츨ᄊᆡ 내히 이러 바ᄅᆞ래 가ᄂᆞ니

용비어천가

季俊秀皆為惠連
吾人詠歌獨慚康樂
幽賞未已高談轉清
開瓊筵以坐花
飛羽觴而醉月不有
佳作何伸雅懷如詩不
成罰依金谷酒數

李白春夜宴桃園序
壬辰秋於吾丘軒李古梧書

夫天地者萬物之逆旅
光陰者百代之過客而
浮生若夢爲歡幾何
古人秉燭夜遊良有以也
況陽春召我以煙景
大塊假我以文章
會桃李之芳園序
天倫之樂事羣

春夜宴挑李園序 8曲

野竹文禽

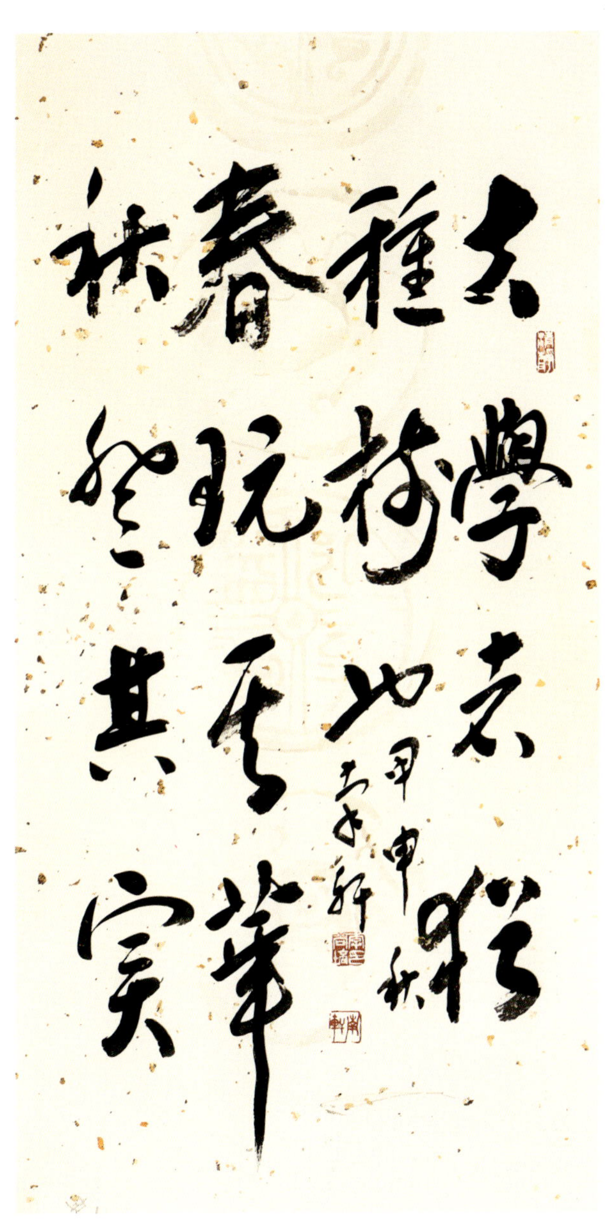

顏氏家訓 勸學篇

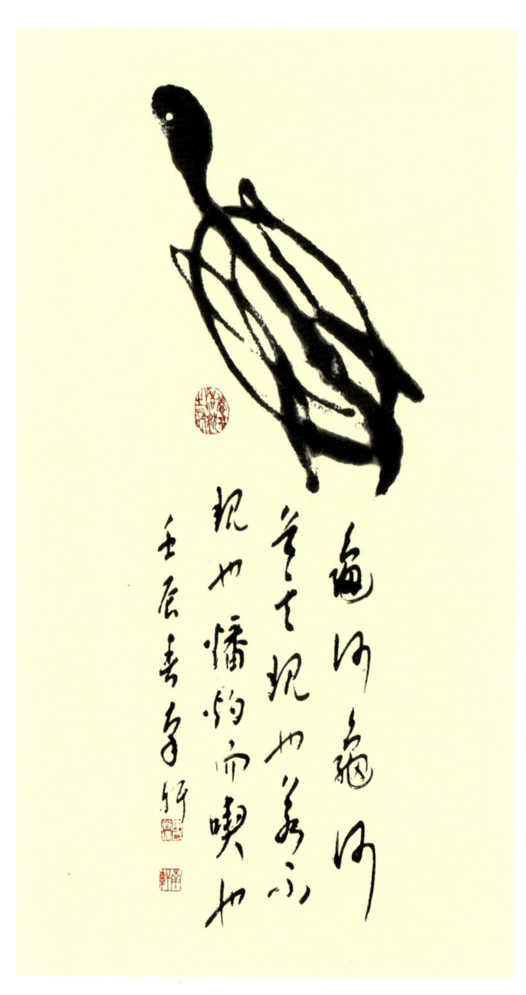

龜旨歌

彈琴聲落棋聲雖好不如兒孫之讀書聲看花色玩月色雖好不如家人之和顏色

甲申秋日

彈琴看花

思無邪

守拙當能

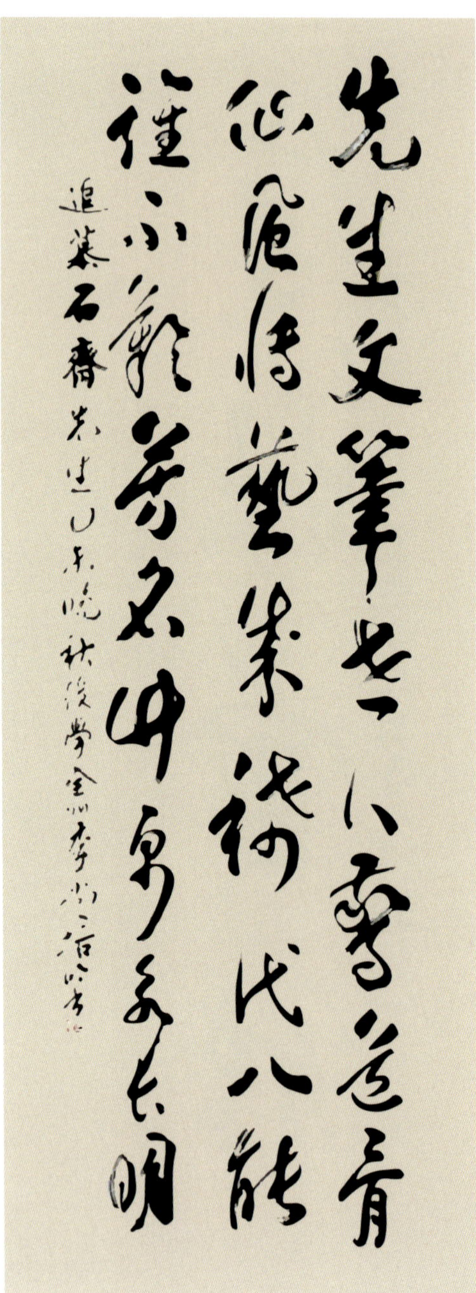

石齋 追慕詩

義好

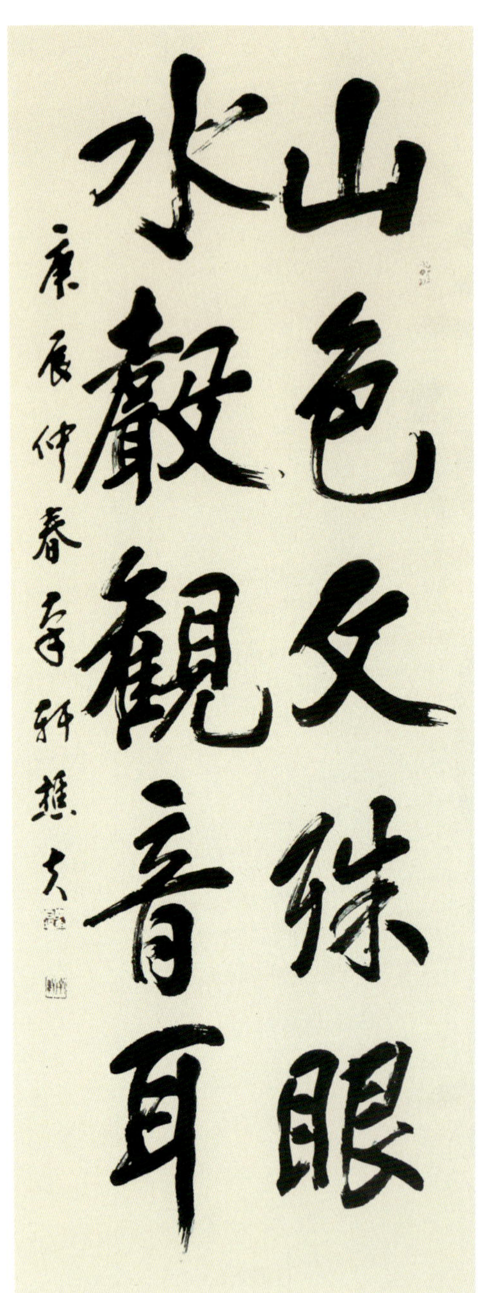

山色水聲

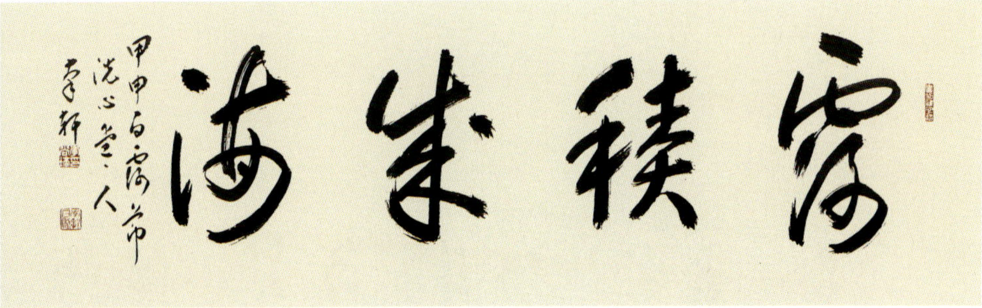

露積成海

鐘鼓饌玉不足貴
但願長醉不願醒古來
聖賢皆寂寞惟有飲者
留其名陳王昔時宴平樂
斗酒十千恣歡謔主人
何為言少錢徑須沽酒
對君酌五花馬千金
裘呼兒將出換美酒
與爾同銷萬古愁

李白將進酒

李太白「將進酒」10曲

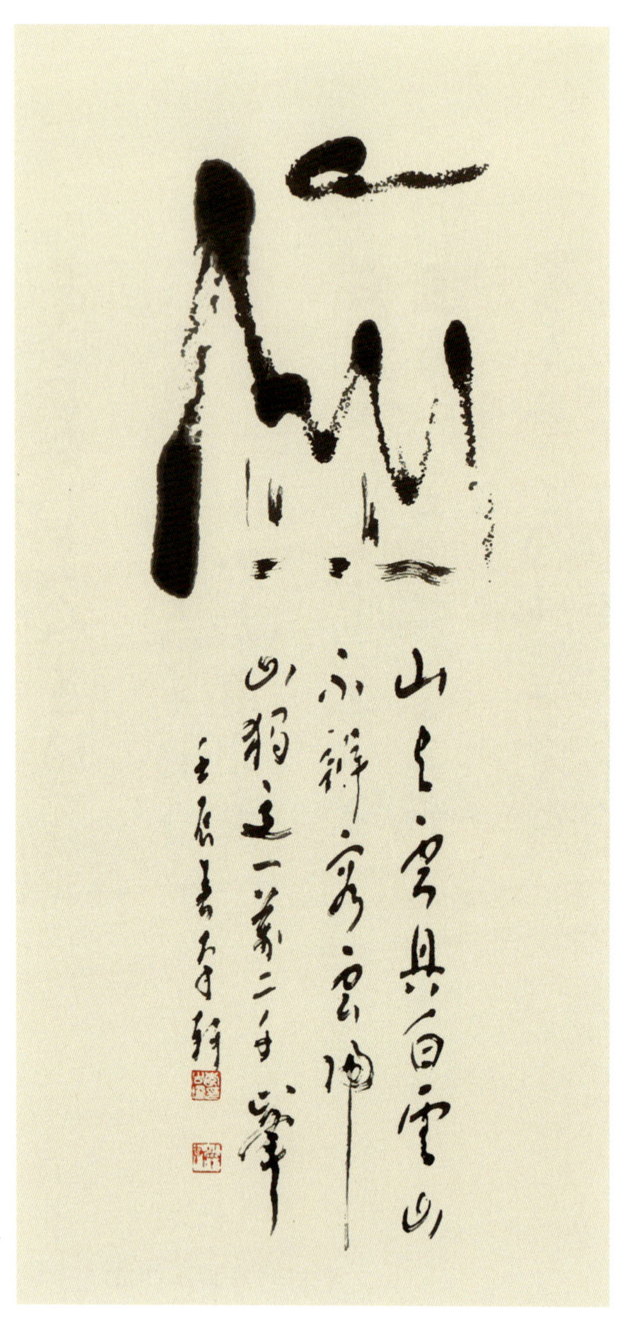

宋時烈 詩
「金剛山」

龜壽

深根固柢

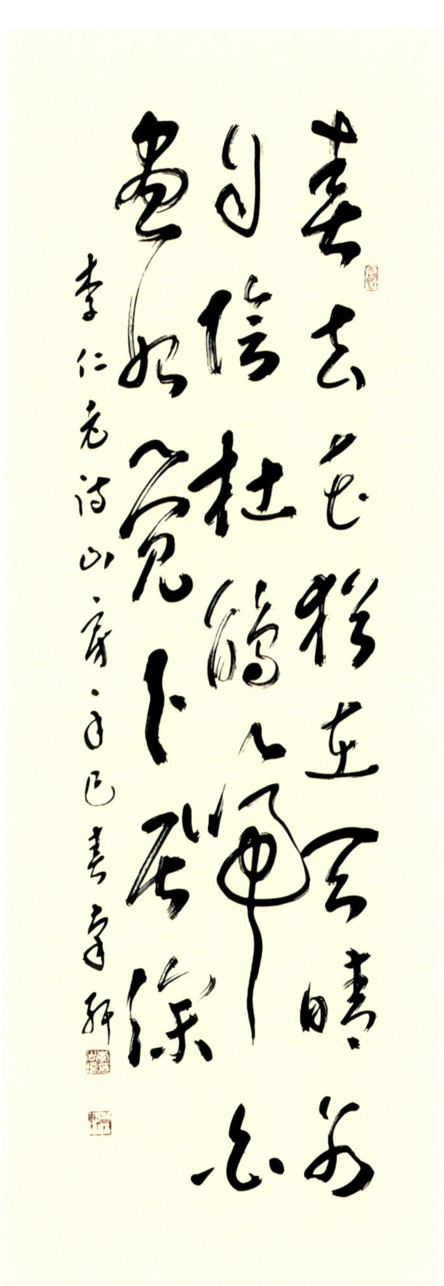

李仁老 詩「山房」

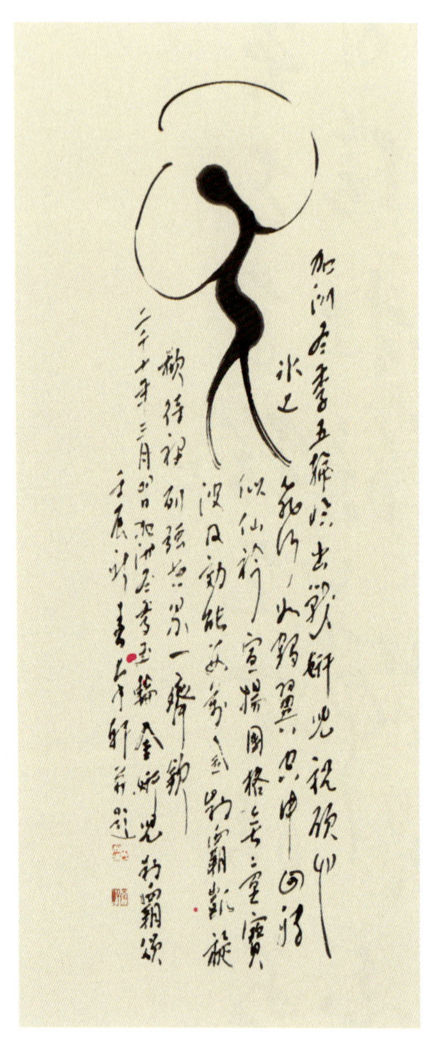

加州冬季五輪金姸兒制霸頌

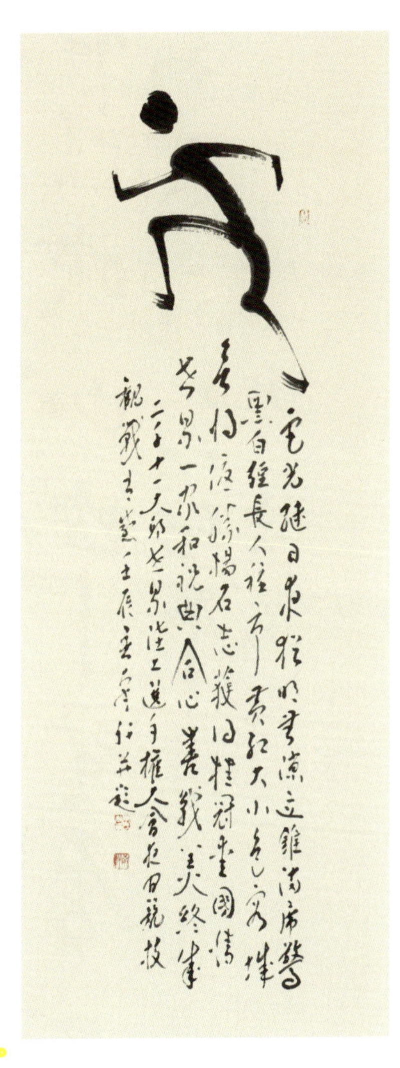

大邱世界陸上選手權大會夜間競技觀覽有感

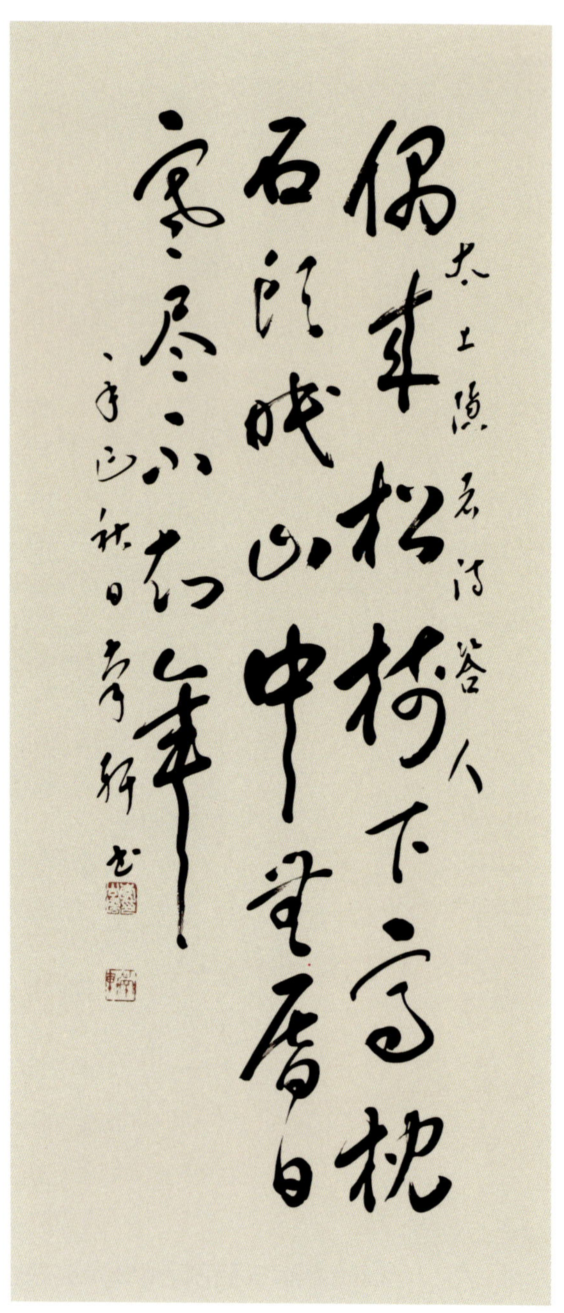

太上隱者 答人

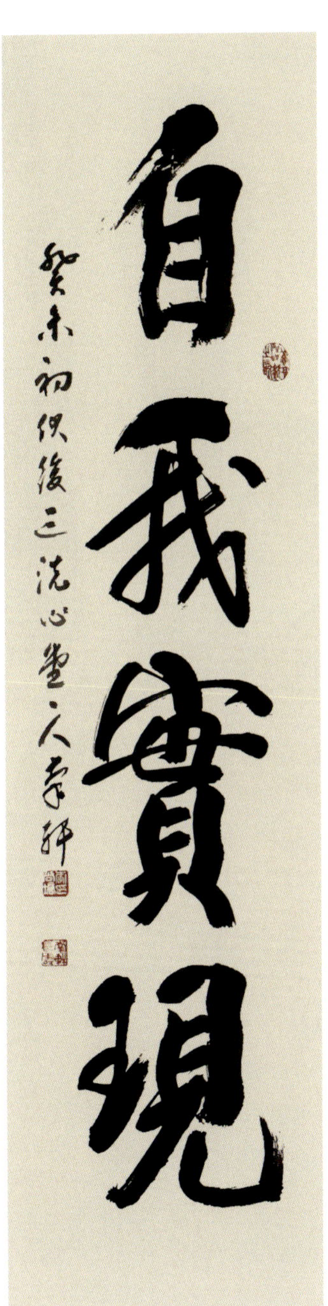

자아실현

서실에서 벽송 이근후 선배의 挽詞를 쓰는 남헌(사진 박진형, 2015. 8. 24)

| 작품론 |

南軒 書伯의 書藝
—그 學書와 書風

김영숙(대구한의대학교 명예교수
영남퇴계학연구원장)

1

伯이란 글자가 있다. 伯은 '맏이', '으뜸' 등의 의미를 지녀 각 분야의 일인자 또는 최고 권위자를 뜻하지만, 일반적으로 어떤 분야에서 오랜 노력으로 권위자가 되었을 때 붙여 이른다. 화가를 높혀 이를 때 '畵伯'이라 하고, 시인을 높혀 이를 때 '詩伯' 또는 '詞伯'이라 한다. 그런데, 글씨를 잘 쓰는 사람은 예로부터 '書家'라 했고 아주 뛰어난 사람을 '名筆'이라 했기에 '書伯'이란 말은 잘 쓰지 않는 듯하다. 현재 사용되는 書藝家(한국), 書法家(중국), 書道家(일본) 등은 서예 분야의 직업적인 전문가를 의미하는 용어로 쓰이고 있다.

필자는 南軒 李尙培 서예가를 '書伯'이라 이르고 싶다. 남헌 서백의 고희기념서예전에 즈음하여 「행초서의 멋과 맛」이란 글을 쓴 적이 있다. 그 글도 과분한 것이었는데, 이번 팔순기념문집 『彌山 옛집에 매화꽃 피면』에도 그와 같은 글을 쓰게 되니 어찌할 바를 모르겠다. 한문 문집에 실린 序文, 行狀, 墓碣銘을 쓴 분들이, 대부분 글을 쓸 만한 사람이 아니어 사양하는데도 여러 차례의 간청과 세의가 있어 할 수 없이 쓴다는 사연을 밝힌 것을 흔히 보는데 필자도 똑 같은 심정이다.

필자는 1976년 南石 李成祚 선생의 南山翰墨會에서 남헌 서백을 만나 동도의 동호인으로 書緣을 맺게 되었다. 알고 보니 대학의 10년 정도 선배였다. 그후 남헌 서백은 중등학교에서 서예로, 필자는 대학원 진학으로 학문의 길을 걷게 되었으나 간간이 남헌 서백의 서예 정진의 모습을 보았고, 출품작의 감상을 할 때마다 남헌 서백의 서품에 刮目相對하지 않을 수 없었다. 필자도 1969년부터 10여 년간 서예의 길을 걸었고, 그 후 한문학을 전공하여 대학 강단에서 서예 강의도 해야 했기에 공모전 및 단체전에 출품을 하지 않았을 뿐, 鍊書를 게을리 하지 않았지만, 남헌 서백의 작품을 보고 때로는 충격도 받았다. 서예 전시회를 자주 접하고 각종 필첩과 서론을 부지런히 읽게 된 것은 대학의 강의 준비 때문이었지만 남헌 서백의 연서활동의 모습도 한 몫을 한 셈이다.

2

南軒 書伯은 1935년 9월 慶北 善山郡 海平面 金湖洞 유가 집안에서 태어났다. 어려서 先王大父로부터 천자문을 익혔고 글씨를 잘 쓴다는 칭찬을 들었다. 당시 입학 전에 『千字文』, 『童蒙先習』과 같은 한문 교재로 공부를 한 사람들은 대부분 儒家의 후예로 집안의 어른들이나 마을의 서당에 가서 공부를 했다. 남헌 서백은 詩作을 남긴 先王大父로부터 천자문을 배웠으니 어려서 가정교육과 가정환경을 대강 짐작할 수 있다. 주지하다시피 중국 周興嗣가

지었다는 천자문은 4언 250구의 고체시다. 우주의 근본부터 인간의 윤리 도덕, 역사 등의 내용으로, 입학 전 어린이들이 이해하기에 어려운 것이다. 그러나 1000자 중 중복 글자가 하나도 없기에 글자 익히기에는 더없이 좋아 오늘날까지 전 세계적으로 좋은 교재로 활용되고 있다. 천자문만 옳게 읽어 떼면 기초 한자·한문은 이루어진 셈이다. 남헌 서백은 전통예절과 학문을 계승한 가정환경 속에서 자랐지만 일제강점기와 해방, 6·25를 거쳐야 했으니 유아기, 청소년기가 순탄할 수가 없었다.

혼란기 여타의 사정으로 중·고등학교를 조금 늦게 다녔다. 일제강점기 시대 초등학교에 입학하여 해방을 맞아 졸업을 했고, 중학교 입학 당시 6·25를 만나 입학이 늦어지고 제대로 학업을 이수할 수 없는 상황이어서 졸업을 늦게 한 것으로 보인다. 이 시기에 학교를 다닌 사람들은 대부분 비슷한 경험을 했다. 결과적으로 불우한 청소년기를 보낸 셈이다.

3

남헌 서백은 어려서 선왕대부로부터 천자문을 배웠으니 그 때부터 붓글씨를 쓴 셈이다. 당시에는 한자를 붓으로 써야했기 때문이다. 그 후 좋은 글씨를 보며 견문을 넓히면서 관심이 깊어졌다. 남헌 서백이 古稀書展 自序에 밝힌 글을 인용해 본다.

> 한 번은 만주에서 오신 선고께서 사백에게 "상배 공부 좀 하나" 물으시니 "글씨는 좀 씁니다." 한 기억이 아직까지 생생하다. 1943년도 초등학교 입학 때 門柱 우측에 붙어 있던 해평공립국민학교라는 교명이 아

직도 눈에 선하다. 초교 4학년 李龍奎 선생의 習字指導, 중학교 때 洛亭 李慶載 선생의 南怡 장군 시 「北征」을 一筆揮之함을 보고 집에서 흉내도 내보았다. 湖山 재종숙께서 18세에 썼다는 '完山世稿'에도 깊은 감명을 받았고, 중3 담임 權奇沃 선생의 권학시 「盛年不重來」와 朱文公의 「少年易老學難成」을 힘차게 쓴 글씨, 고교 때 글씨로 文檢에 합격한 六村 朴炳轍 교장의 글씨, 雪松 崔有鍊 선생, 慕山 沈載完 선생의 행초 板書는 나에게 많은 영향을 끼쳤다.

이를 토대로 생각해 보면 남헌 서백은 어려서부터 글씨를 잘 썼고 성장하면서 잘 쓴 글씨에 남다른 관심을 가지고, 어깨 너머로, 때로는 앞에서 눈으로 익히기도 하고, 써보기도 하여 보통 사람과는 다른 재원을 지녔음을 알 수 있다.

역시 自序에는 중등학교 국어교사에 부전공 미술교사로서 실용글씨를 많이 쓴 경험담이 들어 있다. 이때는 한글 궁체를 공부한 경험으로 주로 한글 글씨를 썼으리라 생각된다. 청년 남헌이 주로 실용서를 썼던 시기의 상황을 구체적으로 알아볼 필요가 있다.

해방후~60년대는 초중등학교에서 습자 교육이 현재보다 더 강화되었고, 대부분의 게시문을 붓글씨로 썼기에 붓글씨가 보편화되었다. 이때는 오늘날 쉽게 볼 수 있는 다양한 법첩은 없었고, 한글서예 교과서가 유일한 법첩이었으며, 한문법첩은 유명인의 摹書本 雙鉤本 뿐이었다. 대부분의 한문은 韓石峰書를 판각한 印書本 책자인 『韓石峯千字文』을 체본으로 삼아 연마했고, 그것도 구하기가 어려워 한석봉 천자문을 공부한 선인들이 남긴 글씨를 체본으로 삼았던 시기였다. 붓글씨를 쓰던 종이도 갱지, 선화지 등의 洋紙가 주류였고, 중국에서 命名한 화선지는 구하기가 매우 어려웠다. 화선지 보다는 韓紙 구하기가 쉬웠고, 선화지를 화선지로 착각하는 문방구 주인이 많을 정도였다. 붓도 황모 중필이 대세였으며, 붓이 작기에 책상에 앉아 提腕 雙鉤法으로 글씨를 쓰는 것이 모범인 것처럼 보였다.

이런 시대적 배경을 감안하면 열악한 환경에서 남헌 서백이 썼을 글씨형태와 사용했을 용구는 짐작이 간다. 군 복무 중 "붓이 없어 싸리나무를 두들겨 붓을 만들고 취사장 검정을 먹으로 만들어 환경정리를 했다."는 自述은 과거 선인들이 겪은 '入木之術(王羲之가 축판에 글씨를 쓰니 三分이나 먹물이 들어감 ; 필압의 강함)'이니 '臨池之志(張芝가 못가에서 글씨를 써 못물이 검게 됨 ; 끊임없는 노력)'가 거짓이 아니었음을 알게 한다.

인간사에서 대부분의 일들이 성공되기까지에는 어떤 계기와 인연이 있기 마련인데 서예 공부도 마찬가지이다. 남헌 서백의 청년기는 서예에 대한 열정은 있었으나 본격적인 입문이 되지는 못했다고 생각된다.

남헌 서백이 전문적으로 서예의 길로 들어선 것은 1974년 남석 이성조 선생과 같은 학교에 근무한 吉緣 때문이라 자술했다. 남석 선생은 국전 최연소 입선에 이어 당시 국전에 여러 번 입선한 전국적인 작가로서 臨書力이 뛰어나 각체의 기초를 구사할 수 있었고, 특히 篆隷의 藝技를 인정받아 대구시 중구 남산동에 南山翰墨會를 주재하고 있을 때였다.

이때부터는 필자도 잠시나마 회원이 되어 남헌 서백의 학서 과정을 가까이서 지켜 볼 수 있었고 공모전 출품, 회원전도 함께 하는 기회를 가졌다. 남헌 서백은 그간의 연마로 해서의 기본 운필은 되었다고 인정되어 행서로 입문한 셈이다. 懷仁이 王羲之 글씨를 모아 집자한 『集字聖敎序』를 수없이 임서했다. 이 법첩을 끈질기게

물고 늘어진 데는 본인의 성품과 書趣가 행서에 있기 때문이라 말하기도 했다. 왕희지의 서품에 대해서는 동서고금을 막론하고 모두가 '명필'이라 칭하기에 좋은 세체를 택한 셈이다.

체본을 받아 정진한 것은 왕희지 행서였지만 남석 선생이 다양한 법첩을 보고 임서하는 모습을 지켜보는 것이 회원들의 가장 큰 공부였다. 제자들의 소질에 따라 歐陽詢의 『醴泉銘』, 顔眞卿의 『勤禮碑』, 黃庭堅의 『松風閣』 行書, 漢代 隷書의 『禮器碑』와 『曺全碑』, 篆書의 『石鼓文』과 吳昌碩의 『西泠印社記』, 北魏의 楷書, 鄧完白의 隷書 등의 법첩을 임서하여 체본으로 써주면 각자 회원들은 자신의 체본을 수없이 임서하여 일정 수준에 이른 사람은 공모전에 출품하기도 했다(당시에는 대부분의 공모전이 임서작품 위주였다). 가을이 되면 각자의 작품을 모아 회원전을 개최했는데 그것이 남산한묵회의 하이라이트였다. 남석 선생과 남헌(이 부분은 사제 관계이기에 서백을 붙이지 않는다.)의 관계는 사제 관계다. 年歲는 남헌이 둘 많지만 남석 선생을 스승으로 깍듯이 모셨고, 남석 선생은 남헌에게 두려운 제자로 예우함을 느꼈다. 그러나 남석 선생은 잘못된 자획을 지적하고 운필요령을 설명할 때는 과감하고 엄격했으며, 남헌은 특유의 부드러운 모습으로 긍정하고 부끄러움도 드러내어 연세가 뒤바뀐 사제 간의 아름다운 모습을 볼 수 있었다. '南軒'이란 호도 남석 선생이 지어준 것으로 알고 있다. 남헌은 남산한묵회의 총무를 맡아 강인한 추진력과 부드러운 언행으로 수 십 명에 이르는 회원들의 鍊書熱을 북돋우기 위해 더욱 많은 노력을 덧보탰다. 이 당시 대구시내 필방에서는 '화선지를 제일 많이 사가는 사람이 南軒'이란 말이 있을 정도였으니 남헌 서백의 學書熱은 대단했다. 이것은 남헌 서백의 "남만큼 하고서는 남 이상

될 수 없다."는 좌우명과도 일치하는 결과이며, 이 말은 "人一能之어든 己十之하고, 人十能之어든 己千之하라."는 공자의 가르침이 배경이 된 것이다.

이후 남헌 서백은 각종 공모전에 입·특선을 하면서 學書의 범위도 넓혔으니 何紹基의 隷書帖, 吳昌碩의 篆書帖, 智永의 千字文, 孫過庭의 『書譜』에도 눈을 떼지 못했다.

남석 선생의 주선과 도움으로 당시 국전 초대작가·심사위원이였던 時菴 裵吉基, 菁南 吳濟峰, 曉楠 朴秉圭 선생에게 작품을 선보이며 지도를 받은 일도 있었다. 이 중에서도 曉楠 선생에게 더욱 많은 지도를 받았다. 중고등학교 현직 교사였던 남헌 서백은 방학이면 서울의 여관에 방을 얻어 놓고 장기 투숙하면서 曉楠 선생의 서실인 淸眞書室에 가서 집중적인 지도를 받았다. 曉楠 선생은 당시는 물론 현재까지도 행초서의 대가로 인정받고 있고, 대소 강약이 어울어지고 이어지는 필세·필의가 돋보이는 글씨를 구사하기에 남헌은 이 점에 몰입되었던 것이다.

4

남헌 서백은 3세대 서예가라 할 수 있다. 1세대가 일제강점기 조선미술전람회(선전) 출신이라면, 2세대는 해방 후 대한민국전람회(국전) 출신 작가들이고, 3세대는 국전 말기에서 한국미협전 등 기타 민전으로 전환된 시기에 주로 활동한 작가들이다. 3세대 작가들은 국가(문공부)에서 주관하던 것을, 민간 단체(한국미술협회)에서 주관함으로 대혁신의 전환을 겪으면서 다양한 활동을 한 작가들이다. 이때는 각 시도 단위의 전람회가 생겨났고, 서예 인구도 급

증하게 되었으며 다양한 서체와 서예가가 배출된 시기이기도 하다.

남헌 서백은 1975년 경북도전 입선, 1979년 제29회 국전 입선을 계기로 절차탁마를 거듭하여 각종 공모전에 입·특선으로 중견 서예가로 발돋움하게 되었다. 이후 고희 때까지 공모전과 단체전 출품을 계속하는 노력과 집념으로 남헌 서예의 세계를 열어나갔다. 공모전 중 가장 많이 출품한 것이 국전이다. 국전에는 많은 낙방을 했으나 실력과 경험은 쌓이게 마련이었다. 남헌 서백은 이를 부끄럽게 여기지 않고 自序에서 "국전 떨어지기를 부자 밥 먹듯 했다."고 술회한 바 있다.

2005년 고희가 될 때까지 제29회 국전 입선 등 공모전 28회 입(특선), 제16회 대구시전 초대작가상 등 입상 6회, 한국서가협회 초대전 등 단체전 106회 출품, 제19회 대구광역시 서예대전 심사 등 심사위원 6회, 개인전 3회 등의 서예활동을 했다. 이 외에도 碑文, 額懸, 題字 등으로도 많은 작품을 남겼으니, 의욕적이고 왕성한 서예활동은 현재까지도 그칠 줄을 모른다(이상은 고희기념서집 연보에 의함). 한편 대구서예가협회 회장의 중임을 맡아 수차의 한·중 교류전을 개최하기도 했다.

고희 이후에도 꾸준한 활동을 하고 있으니 작품 제작수는 더욱 많을 것으로 생각된다. 최근에는 한시 작법을 익혀 한시 공모전에 응모하여 입상을 하는 등 많은 양의 한시를 창작하여 100여 수를 이 책에 싣는다고 한다. 慕山 선생 등 은사와 碧松 등 선배들의 만사를 自作·自書하여 조의를 남다르게 표현하기도 했다.

끊임없는 學書·學究의 길은 팔순이 된 현재까지도 계속되고 있으며, 앞으로도 이어질 것이다. 이것은 피곤을 모르는 타고난 체력이 바탕된 때문이리라.

5

남헌 서백의 작품을 이야기할 차례다. 수많은 작품을 남겼지만 중요 작품은 크게 두 종류로 나누어진다. 공모전에서의 입선(입상)작과 3회의 개인전 작품이다. 단체전 출품작도 있으나 개인전 작품을 더 중요하게 다룬다. 공모전 작품과 개인전 작품은 장단점을 지닌다. 공모전 작품은 많은 노력을 경주하여 작품을 하지만, 심사를 받아야하기에 작가의 개성 보다는 객관성을 부여해야 한다. 그래서 과거 대한민국 전람회(국전) 서예분과위원회에서 주관을 하던 시절엔 대부분 초입선자들은 법첩 臨書作을 출품했다(심사위원이나 초대작가의 작품은 제외). 심사에서도 법첩의 임서력과 법첩을 보는 시각을 중시했기에 객관성에 치중할 수밖에 없었다.

한국미술협회(미협) 서예분과 위원회가 주관하고부터는 내용인 문장만 古法帖에 없는 名詩, 名文 등으로 바뀌었을 뿐, 古法帖을 원류로 한 각 서체별 특성을 유지해야 입선권에 들기가 쉽다. 그렇지 않을 경우 낙선할 가능성이 높아 역시 객관성이 담보될 수 있는 작품을 출품하는 것이 통례처럼 되었다. 이러한 환경에서 출품된 작품들은 객관성은 높지만 작가의 개성과 개인의 서풍이 함축되어 있는 개인전 작품보다 낫다고 할 수 없다. 공모전 작품은 임서나 스승의 서풍이 많아 서예술이 지향하는 風格이나 韻致, 美的志趣, 氣像, 神韻 등에서 개인전 작품에 우선될 수 없다. 흔히 작가의 서예술을 총집약한 만년의 작품집이 대표작이 됨을 발견하게 된다. 근래에 간행된 1, 2세대 작가들의 작품집을 보면 이 점이 발견된다.

따라서 남헌 서백의 작품도 개인전 작품을 중심으로 살펴보는 것이 옳다고 생각된다.

세 번의 개인전을 가졌다. 50세에 1회, 회갑 때 2회, 고희 때가 3회이다.

제1회 개인전(1986년 4월 22일~4월 27일, 중앙미술관) 때 작품을 서체별로 보면 해서 5점, 행서 12점, 초서 8점, 예서 18점, 한글 고체 2점 등으로 행서와 예서에 치중했다. 작품 형태는 방액, 종액, 소품 대련, 횡액, 8곡병, 10곡병 등이다. '將進酒'를 쓴 해서 10곡병과 예서로 쓴 般若心經 10곡병과 歸去來辭 8곡병이 대작으로 정열을 쏟은 작품이다. 이 당시의 행초는 方額·縱額·橫額의 중소품들인데 모두 '集字聖教序'의 서풍을 느끼게 한다. 해서는 北魏 해서가 골격을 이루고 있고, 예서는 波勢가 없는, 清代 何紹基體가 골격을 이루고 있다. 篆書를 제외한 각 체를 선보일 의욕이 바탕이 된 듯하다. 이때는 一以貫之하려는 의지보다 각 체를 섭렵하는 다양성을 추구한 시기이며, 입문기의 강점인 행초서를 벗어나 북위서와 예서에 더욱 정진했던 것으로 보인다.

제2회 개인전(1996년 2월 24일~3월 1일, 봉성갤러리)은 회갑 기념전이었다. 전체 55점 중 해서 4점, 예서 3점, 한글 고체 1점을 제외한 나머지 47점이 모두 행초서이다. 文題를 갑골문으로 쓰고 본문을 행서로 쓴 작품이 몇 점 있는 것으로 보아 갑골문도 공부했음을 알 수 있다.

이 때의 서풍에 대해서는 남헌의 스승이자 필자의 스승이신 모산 심재완 박사께서 전시회에 붙인 말이 많은 참고가 되기에 인용해 본다.

> 南軒展을 둘러보고 그의 書風을 생각해 본다. 奇拔보다는 正常을, 速

成보다는 晩得을 志向하며 書法을 닦아온 過程을 어느 作品 어느 한 字劃에서도 읽을 수 있을 것이다. 正直 勤勉한 作家의 書學精神이 그대로 作品에 反映되고 있기 때문이다.

60세를 耳順이라 했던가? 작가는 옳은 소리를 가려들을 수 있었던 같다. 複雜多岐한 서예술의 흐름 속에서 남헌 서백은 그간의 내공을 토대로, 행초서의 길을 택한 것으로 보인다. 남헌 서백은 이때부터 자신의 書趣는 행초서에 있다는 말을 자주 했다. 따라서 남헌 서백도 서예의 神韻을 투영할 수 있는 서체는 행초서라고 믿었다고 생각된다.

행초서의 점획 운필과 연결의 속도감이 1회 개인전과는 판이하게 달라졌고, 효남 선생의 필의가 더러 보이며, 心手가 相應하고 호흡과 지속이 조화를 이룬 듯하다. 회갑전은 자기세계를 모색한 시기라 하겠다. 남헌 서백은 웬만한 명문장은 외워서 쓸 수 있는 능력을 지녔다. 국문학(한문학)을 전공했고, 국어(한문) 교사로 학생들을 가르쳤기에 명문의 문장이 몸에 베여 있었다. 흥이 돋는 연회에서 마이크를 잡으면 「赤壁賦」, 「出師表」 등을 암송하여 주위의 찬사를 받는 일이 다반사였다. 이때부터 행초서에 자신을 얻은 듯하고 서취가 더욱 심화된 듯하다. 正草를 구사하여 보는 이들로 하여금 대부분의 작품을 읽기 쉽도록 하고, 행초서에서의 변이를 쉽게 알 수 있도록 한 것은 작가의 學書 過程이 바른 길이었음을 단적으로 보여주는 것이기도 하다.

행초서는 해서를 빠르게 쓰기위해 생긴 서체이다. 특히 초서는 더욱 빠르게 쓰기 위해 고안된 서체이니 빠르게 써야 하는 서체이다. 해서나 예서는 기본 획만 알고 확장적으로 살피면서 形臨, 意

臨, 背臨의 과정을 거치면 된다. 점과 획 사이를 보면서 천천히 써서 결구를 이루게 된다. 해서가 발전된 것이 행서이고, 행서가 발전한 것이 초서이기에 초서는 그 전 단계인 해서—행서의 과정을 익히지 않으면 될 수 없다. 또 초서는 개연성이 많고 비슷한 글자도 많다. 개연성이 많기에 문장 독해 속에서 글자가 판가름난다.

초서 공부가 어렵기 때문에 선인들은 「草訣歌」라는 초서 필법의 고체시를 지어 암송하기도 했다. 초결가를 왕희지 글씨로 집자해서 판각한 『王羲之草訣歌』는 초서 입문의 필수 체본이다. 다른 서체도 마찬가지이지만 초서는 한문에 대한 소양이 없으면 공부하기가 어려운 서체이다. 한 글자에서도 부수의 변과 방이 연결되고 조응이 되어야 하지만, 문장 속에서 전후의 글자가 맥락과 호응, 강약, 대소, 단속, 지속이 이루어져야 하고, 앞행과 뒤행의 조화, 작품전체의 조화, 장법까지를 작가의 머리 속에 들어 있어야 하고,

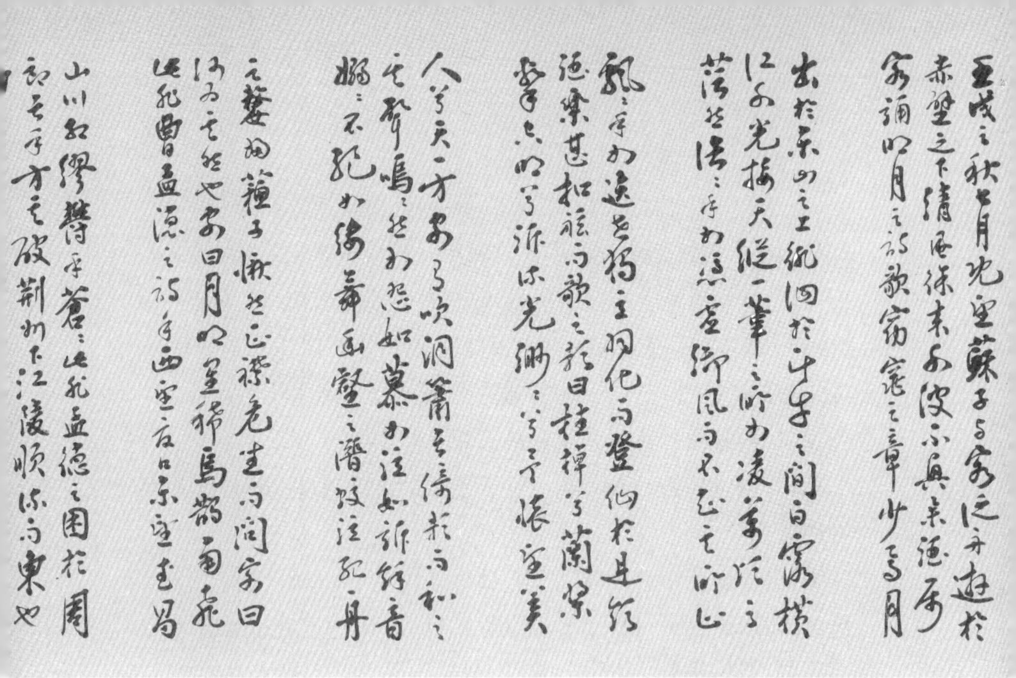

「前赤壁賦」 12곡병▲

그 생각, 즉 마음에 따라 운필 동작이 되는 이른 바 "心手雙暢"이니 "心手相應"이 되어야 자신의 올바른 글씨가 창작되는 것이다. 따라서 문장의 뜻을 알아야하고, 내용을 암기해서 빠른 시간에 운필할 수 없는 사람은 공부하기가 어려운 분야이다.

그러나 남헌 서백에게는 더할 나위 없이 좋은 서체이기에 행초서 위주의 작품이 다수 창작될 수밖에 없었다. 많은 작품 가운데서도 몇 작품을 뽑으라면 행초서인 「前赤壁賦」 12곡병과 「遊子吟」, 「孟子句」 등을 추천하고 싶다. 前赤壁賦는 수도 없이 많이 쓴 작품임을 알 수 있다. 문장을 완전히 암기하고 몇 번의 먹물만 찍어 단숨에 쓴 것을 알 수 있다. 그렇게 될 경우 한 줄이 하나가 되는 줄글이 되기 쉬운데 남헌 서백은 明月, 斗牛, 羽化, 世之, 飛仙 明月, 吾生 등을 제외한 대부분의 字間을 붙이지 않았다. 줄글로 써서 잘못 될 경우 글씨가 늘어지고 무르게 보이는 약점이 드러나

기에 그렇게 하지 않은 것 같다. 초서로서 활달하면서도 단아함을 느끼게 한다. 작품 「遊子吟」은 글자의 大小·强弱·字間의 布置가 뛰어나 보인다. 곡선의 부드러움 보다는 銳利함이 더한 느낌을 준다. 「孟子句」는 누구나 느낄 수 있는 强弱, 斷續, 遲速의 아름다움을 보여 준다. 협서와 낙관의 조화도 이루어졌다.

제3회 개인전(2005년 3월 2일~7일, 대백갤러리)은 고희기념전이었다.

총 93점을 전시했다. 해서 1점, 예서 4점, 한글 고체 1점을 제외한 87점이 행초서 작품이다. 회갑을 지난 후 10년이 되자 남헌 서백은 자신의 서예의 총결산이라고 생각한 듯 개인전에서 보기 드문 많은 작품을 전시했고 보기 드문 작품도록도 간행했다.

행초서도 제2회 회갑 기념 때의 작품과 많이 다르다. 2회 때는 행초서에서도 먹물이 많아 침윤한 부분이 많았으며 遲速과 斷續도 정법에 따라 조화를 이루도록 노력하였으나 3회전인 고희전에서는에 갈필이 주조를 이루었고 遲速에서도 速에 더 치중하였으며, 단속에서는 斷이 강조되어 나타났다. '前赤壁賦' 12곡병 작품이 2회 개인전과 3회 개인전에 모두 전시되었기에 이를 비교하면 變轉이 드러난다. 2회 때 작품은 강약과 지속, 단속의 조화를 꾀하기 위해 의도된 장법이 보이지만 3회 때는 點化된 획이 많고 생략과 간결이 심화되었다. 전체적으로 보면 결구를 초월한 점획이 주류를 이루어 초서의 단아한 맛을 더하게 한다.

몇 작품을 꼽으라면 崔致遠 '秋夜雨中', '前出師表' 12곡병, '牧民心書' 律己六條 10곡병, '賈島詩' 종액, 남명선생 시 '偶吟' 종액을 꼽고 싶다.

'秋夜雨中'은 2004년 12월 31일 중국 광서성 계림시 시가원에

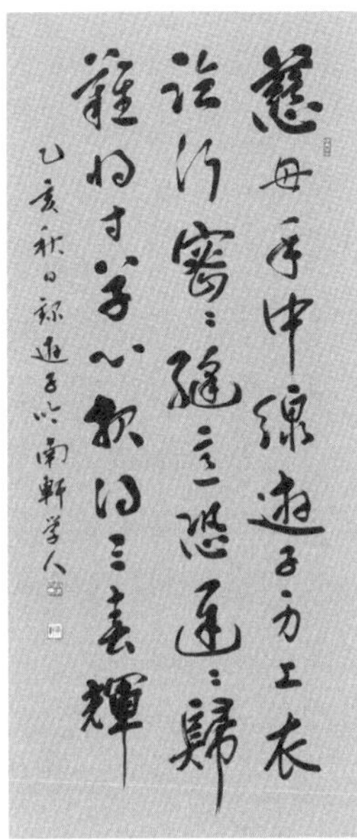

「遊子吟」▲

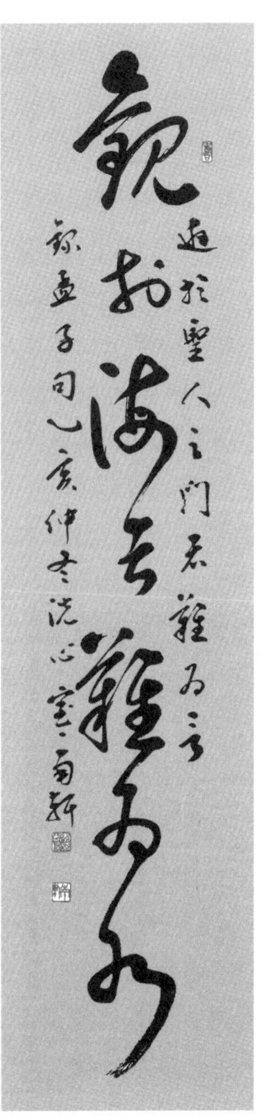

「孟子句」▲

서 國際和平友好碑林造成을 위해 초대 출품한 것을 돌에 새겨 비석으로 세워 전시한 후 탁본한 것이다. 최치원 시는 중국에서 간행한 『全唐詩』에도 등재될 정도로 유명하다. '秋夜雨中'은 우리나라는 물론 중국에서도 널리 알려진 작품인데 남헌 서백이 즐겨 외우고 쓰는 시제이다. 潤渴의 조화가 돋보이며 맥락의 연결과 遲速이 적절하게 이루어진 작품이

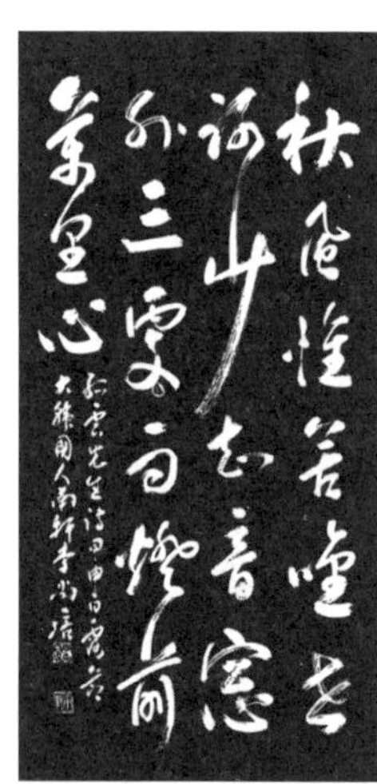

▲崔致遠「秋夜雨中」

라 하겠다. 渴筆을 넘어 飛白을 이룬 점도 보이는데, 여기서는 중국의 석각 기술과 탁본 기술이 입신의 경지에 든 느낌을 받는다.

'前出師表'는 주지하는 바와 같이, 제갈량이 선제 유비의 삼고초려를 받아들여 군대를 이끌고 한수에서 주둔하다가 출발에 앞서, 싸움에 나아가는 각오와 부탁을 후주에게 올린 表文이다. 남헌 서백은 평소에 문장의 내용과 표현력을 좋아해 암송하던 것을 전출사표 12곡병으로 작품했다. 남헌 초서의 세계를 보여주는 작품으로 고희작이지만 老熟의 경지라기보다는 장년

前出師表 12곡병▲

의 기백으로 된 端重과 飄逸한 맛의 조화를 느끼게 하는 작품이다.

남명선생 시 '偶吟' 종액은 초서의 遲速, 斷續의 맛을 쉽게 느낄 수 있는 작품이다. 끊어졌으나 끊어지지 않고 이어지는 筆意는 虛實의 여백과도 조화를 이룬 듯하다.

'牧民心書' 律己六條 10곡병, '賈島詩' 종액은 같은 서법의 작품으로 종전의 행초서나 여타 작품에서 볼 수 없는 새로운 시도의 작품이다. 행서와 해서, 예서(하소기)가 종합된 서법을 보이고 있다. 새로운 시도의 행서로서 행초서에서 볼 수

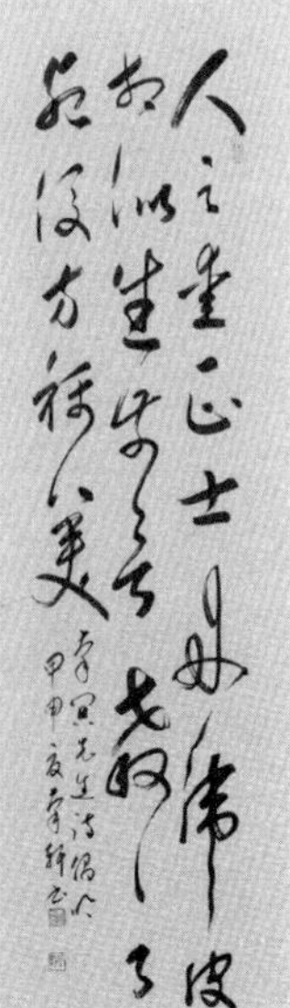

曺南溟「偶吟」▶

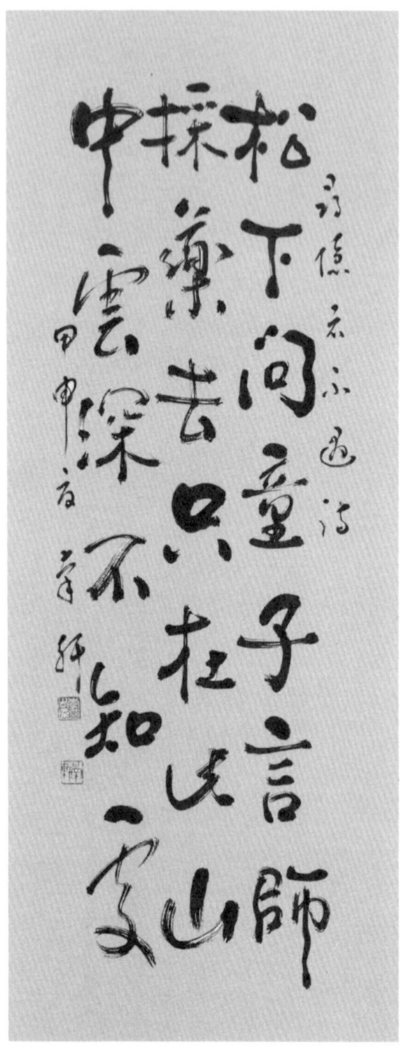

▲「賈島詩」

없었던 雄渾한 맛을 느끼게 한다. 고희서전에서부터 남헌 서백은 從心所欲하여도 不踰矩한 서예세계를 확립하였음을 알 수 있다.

고희 이후에는 이런 서풍을 느끼게 하는 작품이 다수 창작되여 老熟의 경지에 雄渾한 기운이 蘊蓄되는 것 같다. 不知老之將至하여 自作自書의 傑作을 많이 남기시길 빈다.

2부

남현 한시

雜詠

千 仞 山 行 爭 麓 攀
先 瑩 省 墓 脚 痾 艱
祖 靈 奉 祭 無 誠 意
徹 夜 行 停 盡 日 安

천길 등산은 다투어 오르고
선영 성묘는 다리 아파 어렵다
할아버지 제사는 무성의하고
밤새도록 고스톱 마냥 즐겁다
(2009. 10. 1)

思鄕

玉骨寒梅日夕佳
彌山精舍我生家
靑龍麓尾長江行
白虎峰頭大樹麻
秋夜廊中勤讀冊
夏朝柿下拾爭花
於焉傘壽春風去
一事未成恨嘆加

만발한 설매에 석양이 곱게 비친
미산정사는 내가 태어난 집
좌청룡 기슭 끝에 긴 강 흐르고
우백호 봉머리엔 울창한 숲
가을 밤 사랑에서 열심히 책 읽었고
여름 아침 다투어 감꽃을 주었네
어언간 팔십이 바람처럼 가 버리니
한 일도 못 이루어 한탄만 더 해가네

(2016. 2)

雜詠

冬 至 忽 過 歲 旦 來
跳 庭 彩 服 憙 孫 兒
亦 余 幼 少 遊 如 爾
霜 落 頭 邊 我 未 知

동지가 지나고 설이 오니
색동옷 입고 뛰노는 손자 아이들
나 또한 어렸을 때 너처럼 놀았는데
백발이 빨리 올줄 미처 몰랐네
(2009. 1. 1)

霜葉勝於二月花

遠 山 霜 葉 染 斜 陽
沃 野 金 波 映 草 堂
熱 熱 夏 天 含 綠 色
蕭 蕭 秋 日 吐 紅 芳
月 光 皎 皎 黃 花 發
楓 帛 飄 飄 赤 錦 長
雁 陳 高 飛 呼 偶 去
他 鄉 寄 客 每 鄉 望

먼산 붉은 잎은 석양에 물들었고
들판의 금물결 초당에 비치누나
덥고 더운 여름에 녹색을 머금었다가
쓸쓸한 가을날 붉고 꽃다움 토하네
달빛이 교교한데 국화꽃 피고
단풍 나부껴 붉은 비단 펼쳤네
기러기떼 높이 날아 짝을 찾아가고
타향에 기대 사는 몸 항상 고향을 바라보네
(2009. 10)

早春

江山錦繡訪初春
喜報開花漸日新
梅信園中離艶俗
蘭香室內遠幽塵
採蔬小婦鋤奔手
啖粒鷄兒啄奔神
雨順風調含鼓腹
太平聖代堯舜民

금수강산에 새 봄이 찾아오니
꽃 핀다는 기쁜 소식 날로 더욱 새롭구나
정원에 매화 소식 고움이 속세를 떠났고
방안에 난초 향기 그윽하니 속진과 머네
나물 캐는 아가씨 호미 쥔 손 빠르고
모이 쫓는 병아리 부리가 분주하네
우순풍조에 함포고복하니
태평성대에 요순의 백성일세
(2015)

早梅

琪花瑤草見難時
忍苦早梅獨秀奇
浮動暗香凌雪蕊
橫斜疏影耐寒枝
銀容艷態離塵到
玉質氷姿脫俗隨
純潔孤高皆大醉
請朋傾酒豈無詩

기화요초를 보기 어려운 때에
일찍 핀 매화꽃 빼어남이 기이하다
눈을 이긴 꽃술엔 향기 그윽하고
혹한 견딘 가지는 성긴 그림자 드리우네
은빛 꽃 모습은 진세를 떠났고
옥과 얼음빛 자태는 속세를 벗어났네
순결과 고고함에 크게 취해
벗 불러 잔 기울일제 어찌 시가 없을손가
(2011. 4. 20)

立春

迎春萬物氣生新
雪裡寒梅遠俗塵
祈福辟邪柱帖付
鵲鳴喜報速傳人

새봄을 맞이하니 만물의 기운 새롭고
눈 속에 핀 매화는 속진과 멀구나
기둥에 기복과 벽사의 春帖을 붙이니
까치 짖는 소리 기쁜 소식 전해주네
(2013. 2. 4)

立春

花信立春到舊枝
庭梅開坼艶粧時
雪消山嶺長松靄
氷解川邊細柳絲
農帝新村無豈樂
東君古里有何悲
採蔬小姐裳奔舞
韻士門楣復着詩

입춘에 꽃소식 옛 가지에 이르니
뜰 앞 매화가 벌어 저 곱게 꾸몄네
눈 녹은 산 위에는 장송이 푸른 노을 같고
얼음 풀린 강 가에 버드나무가 실같네
농제의 새 마을엔 어찌 즐거움이 없으며
동군의 옛 동리엔 어찌 슬픔이 있겠는가
나물 캐는 처녀의 치마가 분주히 춤을 추고
선비는 대문에 춘첩을 다시 붙이누나
(2012. 2. 7)

逢春有感

青 馬 新 春 載 福 來
家 家 簷 上 祥 雲 開
必 成 統 一 合 心 力
南 北 同 胞 祝 賀 杯

청마가 새 봄에 복을 싣고 찾아오니
집집의 처마 위에 상서로운 구름 일어나네
합심 노력으로 반드시 통일하여
남북 동포들이 축배를 들리라
(2014. 1. 1)

賞春

賞春觀客探群芳
梅信東君吐綠光
柳上鶯歌題錦軸
園中蝶舞對霞觴
鵑花灼灼山窓美
麥秀萋萋野色良
浴日踏青無限興
景佳心醉世憂忘

상춘객이 군방을 찾아오니
매신의 동군이 푸른 빛을 토하네
꾀꼬리 소리에 시상 떠올리고
원중의 접무 보고 하상을 대하도다
난만한 진달래는 산창을 곱게하고
무성한 보리는 들판을 좋게 하네
햇빛 쬐고 푸름 밟는 한 없는 유흥 속에
빼어난 경치에 도취되어 세상 근심 다 잊도다
(2013. 4. 6)

思親日有感

逢 迎 此 日 倍 思 親
不 報 深 恩 感 苦 辛
莫 作 平 生 風 樹 歎
何 時 更 孝 膝 前 伸

어버이날 맞이하니 부모 생각 배로 나네
갚지 못한 깊은 은혜 괴롭고 쓰라리네
평생에 풍수지탄 짓지를 마오
어느 때에 슬하에서 다시 효도해 볼꼬
(2010. 5. 8)

萬化方暢

春陽方暢麥波長
近野深山爛發光
柳上鶯歌陶醉客
園中蝶舞繡工鄕
梨花白白風生院
草色靑靑月滿塘
若使畵師模此影
如何芳樹隱香張

봄빛이 화창하니 보리가 물결 치고
산과 들녘은 만발한 꽃빛이라
꾀꼬리 노래에 묵객이 도취하고
나비는 춤을 추며 마을을 수놓는구나
배꽃은 희고 흰데 봄바람 불어오고
풀빛이 푸르른데 달빛마저 밝구나
만약에 화공이 이 경치 그린다면
꽃향기 어떻게 나타낼 것인가
(2014. 4. 28)

綠陰

綠 陰 迎 候 蟪 蟬 鳴
花 盡 深 山 曲 水 明
暗 柳 黃 鶯 翩 翃 梢
老 松 白 鶴 舞 飛 城
林 間 對 局 神 仙 影
樹 下 吟 風 騷 客 聲
遠 近 翠 嵐 如 畵 幅
勝 春 佳 節 豈 無 情

매미 울음소리 녹음이 반기는데
꽃이 진 깊은 산엔 곡수가 맑구나
우거진 버들엔 꾀꼬리 펄펄 날고
노송에 깃든 백학 춤추며 나는구나
숲속에서 대국하니 신선의 모습이요
그늘에서 음풍하니 시인의 노래로다
원근의 푸른 경치 한 폭의 그림인데
봄보다 좋은 계절 정취가 없을손가
(2013. 6. 29)

夏日卽事

綠 陰 蟬 噪 暴 炎 陽
汗 喘 伏 中 夏 日 長
樹 下 吟 詩 忘 俗 世
林 間 對 局 念 仙 鄕
漁 翁 負 釣 尋 川 柳
農 者 荷 鋤 息 野 楊
擊 壤 歌 聲 奔 走 樂
力 田 多 事 漸 尤 忙

녹음 속에 매미 울고 햇볕은 쬐는데
삼복에 땀 흐르고 여름날 길기도하네
나무 아래 시를 지으니 속세를 잊고
숲에서 대국하니 신선의 마을일세
어옹은 낚시 메고 냇가를 찾아가고
농부는 호미 놓고 버들 아래서 쉬누나
격양가 노래 속에 바쁘고도 즐거운데
많은 농사일에 점점 더 바쁘구나
(2014. 7. 5)

榴夏會吟

綠陰芳草勝花辰
榴夏青光一色臻
騷客吟風閑閣上
漁翁垂釣睡江濱
農夫發汗移秧急
村婦奔忙播種頻
山野碧波皆絶景
勸杯展軸樂長伸

녹음과 방초가 꽃보다 좋은 때에
유하의 경치가 한 가지 색으로 되었네
소객은 음풍하며 누각에서 한가롭고
어옹은 낚시 드리우고 강가에서 졸고 있네
농부는 땀 흘리며 모심기에 급하고
아낙은 모종하기에 또한 바쁘네
산과 들 푸른 물결 모두가 절경인데
술잔 권하며 시축 펴니 즐거움이 끝없구나
(2013. 5. 17)

孟夏

孟 夏 綠 陰 萬 象 羅
吐 香 躑 躅 夕 陽 坡
樹 裁 翠 錦 山 峰 麗
草 作 靑 衣 野 色 和
白 蝶 惜 芬 嘆 息 氣
黃 鶯 探 柳 樂 園 波
海 東 到 處 風 光 好
墨 客 騷 人 弄 月 歌

한 여름 녹음에 만상이 비단 같고
석양에 철쭉은 향기를 내뿜는다
나무는 푸른 비단 산봉우리 아름답고
풀은 푸른 옷 지어 들빛과 조화롭네
흰나비는 향 아쉬워 날지 않고 탄식하며
꾀꼬리는 버들 속에서 낙원을 즐기네
우리나라 도처에 풍광이 좋은데
시인과 묵객들 음풍농월하네
(2015. 5. 5)

集中豪雨

墜落銀河此雨霖
山崩江濫萬人瘖
罹災民衆魂飛散
治水九年禹帝欽

장맛비 은하수가 떨어진 듯
산이 무너지고 강이 넘쳐
이재민들 혼비백산하니
구년 치수한 우임금 생각나네
(2011. 8. 25)

三伏避暑

伏兵炎帝眼前開
避暑遊人上碧臺
念佛衆生何日速
讀書三昧豈時催
漁翁魚探隨江別
騷客風吟帶月回
濯足溪邊涼淸處
熱天忘却醉興杯

복병의 염제가 눈 앞에 전개되니
피서하는 사람들은 벽대에 오르누나
염불하는 중생들 날이 빠르고
독서 삼매경에 시간을 재촉하는가
어옹은 고기 찾아 강 따라 떠나고
소객은 시 읊으며 달을 지고 돌아오네
시원한 냇물에 발을 담그고
더위 잊고 벗들과 술 한 잔하게나
(2010.8. 5)

吟天中佳節

端陽佳節迓今年
芳草綠楊茂盛連
婦女鞦韆嘻樹下
男丁脚戱樂川邊
移秧耕畓忙甘雨
洗髮蒸菖起翠煙
投汨屈原追慕裡
美風良俗後孫傳

단오절 좋은 때 올해도 맞이하니
향기론 풀과 푸른 버들 무성하게 이어졌네
나무 아래 아낙들 그네 뛰며 즐기고
남정네들 냇가에서 씨름하며 기쁘하네
단비에 논 갈아 모 심기에 바쁘고
푸른 연기 솟으며 창포물에 머리 감네
멱라수에 몸 던진 굴원을 추모하며
미풍과 양속 후손에게 전하세
(2015. 6. 20)

作農

雪盡南村細雨過
農人耕種麥香波
鵑啼春谷山鳴響
汗滴鋤禾擊壤歌

눈 녹은 남촌에 봄비 내리니
농부는 씨 뿌리고 보리향기 물결 치네
두견새 소리 산골에 울려 퍼지는데
땀 흘려 김 매며 격양가 부르네
(2010. 3. 2)

雲門秋景

三 溪 楓 葉 勝 於 英
雲 寺 曉 鐘 濟 衆 聲
農 振 豐 糧 民 國 望
門 湖 蒙 利 太 平 成

삼계리 단풍잎은 꽃보다 더 좋고
운문사 새벽 종소리 중생 제도 소리로다
농업 진흥시켜 식량 자급하면
운문댐 몽리에 태평 이루리라
(2009. 12. 17)

雨順風調

風 調 雨 順 惠 蒼 霄
時 好 年 豊 聖 代 邀
沃 野 農 翁 苗 畓 汗
穀 倉 黎 首 稻 畦 澆
栽 培 果 實 千 甘 食
增 産 米 糧 萬 飽 饒
湯 禹 乾 坤 堯 舜 世
康 衢 煙 月 太 平 謠

비바람 순조로우니 다 하늘의 혜택인데
풍년 들어 태평성대 맞이했네
들판에 농부가 못자리에서 땀흘리고
곡창지대 백성들이 벼논에 물을 댄다
재배한 과실을 많은 사람이 달게 먹고
증산한 쌀로 만백성이 배부르네
탕우의 건곤이요 요순의 세상이라
강구연월에 태평을 구가하네
(2011. 7. 25)

晩秋卽景

霜葉勝花最好時
無窮造化有誰知
丹楓片片飛還壑
黃菊搖搖舞影池
雁陣天中書信急
蟀群寢上睡眠遲
紫紅玩賞何常在
聖代年豊酒一巵

단풍이 꽃보다 더 고운 이 때에
자연의 무궁한 조화 누가 알랴
단풍잎 사뿐사뿐 골짜기에 날고
국화꽃 한들한들 못가에 춤을 추네
중천의 기러기떼 소식 전하기에 급하고
침상에 귀뚜라미 잠들기 늦추누나
단풍을 완상함이 어찌 항상 있는걸까
태평성대 풍년에 술 한 잔하자꾸나
(2011. 11. 11)

綠肥紅瘦

綠 肥 紅 瘦 燕 奔 飛
日 暮 孤 村 到 客 稀
桃 李 淸 香 蝴 蝶 食
竹 桐 茂 樹 鳳 凰 衣
騷 人 玉 韻 千 秋 赫
女 士 詩 情 萬 代 希
昨 夜 雨 過 花 落 去
今 朝 風 動 送 春 歸

잎 푸르고 꽃 시드니 제비가 분주히 날고
춘궁기 해 저문 마을 찾는 손도 드물구나
복숭아와 오얏의 맑은 향기는 나비의 음식이요
대나무와 오동의 무성한 숲은 봉황이 깃들 곳
이청조 시인의 시는 천추에 빛날 것이요
여사의 시정은 만대에 드물구나
간밤 내린 비에 꽃잎이 떨어지고
오늘 아침 바람에 봄을 보냈도다
(2012. 5. 16)

楓菊爭艶

萬岳峯頭照夕陽
繞山麗染忽思鄕
丹楓西壁含佳色
黃菊東籬噴秀香
舞葉紅粧誰不興
傲霜孤節敢非裝
古今騷客皆吟美
爭艶景光嘆倍長

만악의 봉우리에 석양이 비치니
산을 두른 고운 빛에 문득 고향 생각
서벽의 단풍은 고운 색을 머금었고
동리의 황국은 향기를 뿜어낸다
나부끼는 단풍에 누가 감동 아니하며
고절의 높은 절개 누가 감히 흉내내랴
고금의 소객들이 고움을 읊었으니
풍국쟁염 경치는 감탄이 끝이 없네
(2013. 10. 28)

送舊迎新有感

多 難 舊 歲 午 過 年
希 望 新 春 乙 遇 天
世 越 沈 船 人 災 咎
仁 川 燒 宅 火 魔 愆
國 朝 善 政 黎 民 順
官 寺 淸 潔 百 姓 堅
南 北 相 扶 相 助 遂
合 心 成 統 互 生 全

다난했던 지난 해 갑오년 지나 가고
희망의 새봄 을미 하늘 맞았네
세월호 침몰은 인재의 허물이요
인천 화재는 화마의 허물일세
조정이 선정하면 민심이 순해지고
관아가 맑으면 백성이 굳건하다
남북이 서로 상부상조 이루어
합심하여 통일하면 상호 생명 온전하리
(2015. 2. 3)

白雪

白花亂舞自天飛
萬樹青山素服徽
犬子小童皆喜走
老翁依杖急家歸

흰꽃이 춤추며 하늘에서 내려오니
청산에 모든 나무 흰옷으로 갈아 입네
어린아이와 개들 다 좋아 뛰노는데
늙은이 지팡이 짚고 집에 가기 바쁘네
(2013. 1. 2)

君子亭講學契會

每年講學院山頭
騷客吟風弄月秋
黃菊早開追齋探
紅蓮晩發柳湖求
祖先偉業誰無識
後裔精誠豈有遊
華閥固城文莫絶
兩軒遺訓不傳休

해마다 강학회가 군자정에서 열리니
소객들 가을맞아 음풍하며 농월하네
추모제엔 황국화가 일찍 피어 있고
유호에는 홍련이 늦게 피었네
선조들의 위대한 업적을 누가 모르며
후예들 정성이 어찌 떠돌겠나
고성 이씨 빛난 문벌 글이 이어져
망헌 모헌 유훈이 영원하리
(2012. 9. 11)

登枕流亭有感

欄杆曲曲水淸流
麗飾翬飛一閣幽
南紺岳前雲似帳
東儒山上月如鉤
抗倭義魄千秋極
不屈忠魂萬代頭
傳統禮鄕居郡起
枕亭思故樂無愁

난간 아래 굽이굽이 맑은 물 흐르고
곱게 꾸민 희비의 한 누각이 그윽하네
감악산 앞에는 구름이 장막같고
동유산 위에는 달이 갈구리 같네
왜구와 싸운 의백 천추에 극치요
불굴의 충혼 만대에 으뜸이라
전통의 예향 거창 날로 더욱 발전하고
침류정 옛일 생각 근심 없이 즐겁구나
(2015. 5. 29)

訪梅鶴亭有感

梅 鶴 高 亭 洛 水 涯
年 中 騷 客 探 無 時
昔 人 隱 逸 西 湖 想
今 士 顯 昌 網 障 思
李 老 風 流 豪 傑 句
黃 翁 揮 筆 墨 仙 卮
長 江 抱 震 悠 悠 去
苑 錄 芳 名 萬 古 希

매학정 높은 정자 낙수가에 우뚝한데
연중 시인묵객 찾아옴에 때가 없네
옛사람은 임포가 은일했던 서호를 연상하고
지금 선비는 三珠樹* 현창하는 망장 고을 생각하네
옥산공 풍류보고 호걸들이 글을 짓고
황고산 웅혼한 휘필에 묵객들 술잔 기울이네
장강은 유유히 용진들을 안고 흘러가는데
필원록에 옹서간의 꽃다운 이름 만고에 드물리라
(2012. 6. 29)

---

*橡亭公 三兄弟

梧鳳號次韻

梧 桐 花 發 又 春 深
鳳 舞 探 棲 茂 竹 林
扶 植 綱 常 忘 世 事
練 磨 學 問 育 丹 心
吟 風 送 日 鵝 山 會
弄 月 流 光 玉 果 移
騷 客 訪 來 詩 軸 展
與 朋 勸 酒 歲 年 遲

오동꽃 만발하니 봄 또한 깊은데
봉황이 춤 추며 죽림 찾아 깃드누나
강상을 부식함에 세상사 모두 잊고
학문 연마하여 단심을 길렀도다
아산에 모여서는 음풍으로 소일하고
옥과에선 농월로 세월을 보냈도다
소객들 찾아와 시축을 펼친 중에
벗 불러 권주하니 세월 감을 모르고녀
(2013. 5. 7)

登八公望市街

攀蘿辛苦八公登
瑤草堪花若帶綾
昔古祭壇非有滅
昨今戰痕不無增
噴煙産業貧難逐
物動車輪富强興
男女情談和笑裡
老軀蝸步杖纔憑

대댕이 휘어잡고 팔공산에 오르니
기화와 요초들 비단을 수 놓은 듯
옛적의 제단은 없어져 버렸고
작금의 전쟁의 흔적은 더하여 가는구나
뿜어내는 공단 연기 가난을 쫓아내고
물건 실어내는 차량들 부강을 일으켰네
남여들 정담나누며 환하게 웃는데
늙은 몸 느린 걸음 지팡이에 의지하네
(2009. 9. 27)

黃山探勝

黃 山 高 岳 接 天 章
登 可 撫 臀 帝 玉 皇
穿 壁 危 途 驚 恐 域
懸 空 索 道 感 嘆 場
峰 頭 日 出 千 姿 美
頂 上 月 明 萬 態 祥
若 便 畵 工 模 此 景
花 香 鳥 語 現 何 光

황산의 높은 봉우리 하늘에 닿으니
오르면 상제의 엉덩이 만지겠네
절벽 뚫을 험한 길은 공포의 도가니
허공에 매달린 삭도 감탄을 연발하네
산봉우리 일출은 천하의 절경이요
정상에 달 뜨니 만상이 상서롭네
만약에 화공이 이 경치 그린다면
꽂향기 새소리 어떻게 살려내리
(2015. 4. 21)

貴州旅行有感

老 軀 登 旅 我 心 搖
機 上 塔 乘 大 陸 招
萬 仞 斷 厓 開 闢 跡
千 尋 峽 谷 造 翁 調
落 天 黃 瀑 如 銀 漢
懸 空 青 梁 似 鵲 橋
若 使 貴 州 吾 域 土
觀 光 收 入 大 豐 饒

늙은 몸 여행 가니 들뜬 마음 아이 같고
비행기 탑승하니 대륙이 부르네
만길의 단애는 개벽 때의 자취요
천길의 협곡은 조물주의 조화로다
떨어지는 폭포는 은하수 같고
허공의 푸른 다리 오작교 같네
만약에 귀주가 우리 땅이라면
관광 수입으로 대풍을 이루리라
(2010. 4. 13)

四川省旅行有感

中 原 向 發 旅 登 程
到 着 成 都 景 色 驚
丞 相 祠 堂 師 表 顯
熊 猫 公 座 妙 才 爭
九 溝 碧 海 如 銀 漢
五 彩 青 池 似 水 晶
仙 境 別 天 連 感 嘆
何 時 今 後 又 來 更

중원 땅 밟으려고 여정에 올라
성도에 도착하니 이국 정취 놀랐네
승상 사당에 출사표가 뚜렷하고
웅묘의 공원에는 묘기를 다투네
벽해 같은 구채구는 은하수 같고
청지의 오채지는 수정과도 같구나
선경의 별천지에 감탄이 연발한데
이 다음 어느 때 다시 한 번 오겠는고
(2012. 11. 7)

訪石家莊

昔 聞 晩 到 石 家 莊
文 物 驚 歎 日 月 將
寒 食 由 來 生 誕 地
綿 山 遙 拜 介 公 彰

석가장 명성 예듣고 이제 오니
일취월장의 문물에 놀랐네
한식의 유래가 이곳에서 생겼다니
면산을 바라보며 개공을 현창하네
(2013. 10. 30)

願國運亨通

亨 通 國 運 自 心 銘
務 實 力 行 萬 姓 寧
箕 子 遺 風 封 比 屋
檀 君 聖 德 賞 譽 庭
雇 傭 創 出 堯 模 見
産 業 擴 張 舜 樂 聽
與 野 官 民 經 濟 遂
康 衢 煙 月 享 無 醒

국운이 형통하기를 마음에 새기면서
무실역행하면 만백성이 편안하리
기자의 유풍 살려 비옥가봉 만들어
단군의 성덕을 기리는 가정일세
고용의 창출로 요대를 만들고
산업의 확장으로 순세를 누리세
여야관민이 경제를 일으키면
강구연월 태평성대 누림이 끝없으리
(2013. 2. 5)

公山戰懷古

解 顏 微 笑 氣 身 淸
不 老 長 生 衆 願 情
無 怠 軍 令 吾 將 督
硏 經 書 讀 敵 兵 驚
壯 公 忠 魄 千 年 節
太 祖 雄 魂 萬 里 城
妙 寺 古 墟 尋 莫 見
桐 華 梵 唄 濟 民 聲

해안에서 미소 지으니 몸 기운 맑고
불로장생함이 모두의 소원이라
무태란 군령은 우리 장수 독려함이요
연경의 글 읽는 소리 적병들도 놀랬도다
장절공의 충백은 천년의 충절이요
태조 왕건의 웅장한 혼 만리성 쌓았네
지묘사의 옛자취 찾을 길 없고
동화사 염불소리 백성 구제 소리로다
(2009. 9. 29)

建國六十六週年紀念頌

六 六 週 年 建 國 回
同 胞 喜 樂 祝 儀 杯
北 人 懺 悔 欣 然 合
分 斷 吾 邦 統 一 來

건국 육십 육주년 돌아오니
동포들 즐거워 축전의 술잔 드네
북인들 참회하며 흔연히 합친다면
분단의 우리나라 통일이 올 것이네
(2014. 7. 9)

願國泰民安

江山錦繡到青陽
國泰民安哺腹長
扶植綱常良俗醉
勵行道義美風芳
田夫勤勉豊年發
官府淸廉聖代揚
南北同胞和合裡
必成統一益繁昌

금수강산에 새봄이 돌아오니
국태민안에 함포고복이라
강상을 부식하니 양속에 취하고
도의를 여행하니 미풍이 꽃답고나
전부가 근면하니 풍년이 들고
관부가 청렴하니 태평성대 이루리
남북의 동포들이 화합 속에
통일을 꼭 이루어 더욱 번창하리
(2015. 3. 4)

唯富國强兵

經濟危機世界驚
吾邦唯獨遂功成
農村擊壤無窮巷
都市工場不夜城
産業役軍尖銳陣
國防力士最强兵
兩分槿域千秋恨
南北疏通統一盟

세계가 놀라는 경제의 위기인데도
유독 우리가 성공을 이루었네
농촌에는 격양가가 거리에 끝없고
도시의 공장은 불야성을 이루었네
산업 역군들은 첨예하게 준비하고
국방 역사들은 최강의 병사로다
조국의 분단이 천추의 한인데
남북이 소통으로 통일을 약속하자
(2014. 2. 10)

壬亂七週甲有感

流光荏苒七壬辰
忘亂當時歲急循
宣帝東西倭寇産
選良保進炭塗民
共親逐出無憂月
隣好善交不容塵
但願統韓堯舜世
同胞鼓腹太平伸

세월 덧없이 일곱번 째 갑년의 임진년 맞으니
당시 전란 잊은 채 세월이 빠르게 돌아가누나
선조 때 동서 붕당이 왜구를 불러들였고
국회는 보수진보하면서 백성들 도탄에 빠뜨린다
친공 세력 몰아내어 좋은 세상 만들고
선린우호로 풍진을 없게 하자
다만 통일하여 요순 태평세를 만들어
동포들이 배부르고 편안하기를 원하노라
(2012. 7. 18)

年末年例行事有感

每年歲暮又廻廻
今歲無違亦復來
豫算儉勤鎭壓廢
殘高浪費助長頹
厚磚交替如抛物
石甃撤除似棄財
富國强兵皆節約
我民先進不遠哉

해마다 연말은 돌고 돌아 다가오고
올해도 세모는 어김없이 다시 왔네
예산의 절약으로 폐단을 진압하고
잔고라고 낭비하면 퇴폐를 조장하네
성한 벽돌 교체함은 물건을 버림이요
굳은 옹벽 철거함은 재물의 낭비일세
국부와 병강도 절약에서 기인하니
우리도 절약으로 선진조국 이루리
(2009. 12)

鳴梁大捷

鳴 梁 大 捷 頌 歎 宜
十 二 軍 船 救 國 危
百 尺 芉 頭 存 敗 際
風 前 燈 火 急 難 時
盡 誠 誓 海 魚 龍 動
竭 力 盟 山 草 木 知
忠 武 精 神 輝 萬 歲
丹 心 無 日 不 深 思

명량진 대첩을 격찬함이 마땅하다
열두 척 군선으로 나라를 구했으니
나라는 백척간두의 존폐 위기요
풍전등화 같은 급난의 때이로다
진실로 바다에 맹세하니 어룡이 감동하고
힘껏 산에 맹세하니 초목도 호응하더라
충무공의 나라 사랑 만세토록 빛나리니
일편단심 깊이 생각않은 날이 없도다
(2014. 4. 20)

鄭地將軍觀音浦大捷讚

觀 音 大 捷 閃 朝 陽
赫 赫 戰 功 竹 帛 長
海 道 元 帥 揚 猛 氣
開 城 府 使 振 輝 光
滅 倭 勳 業 千 秋 秀
爲 國 丹 心 萬 代 芳
追 慕 退 庵 詩 軸 後
憶 公 帶 月 緩 歸 鄕

관음포 대첩은 햇빛처럼 번쩍이고
혁혁한 전공은 청사에 빛나리
해도 원수되어 용맹을 날리고
개성부사로 빛남을 떨쳤네
왜구 물리친 업적 천추에 빼어나고
나라 위한 충성심은 만대에 꽃다우리
퇴암장군 추모하는 시축을 벌린 뒤
공의 업적 생각하며 달빛 밟고 돌아오네
(2013. 5. 10)

崔慶會將軍矗石樓殉節有感

晋 爭 七 甲 又 回 春
三 壯 殉 難 永 遠 眞
邦 國 存 亡 風 火 世
人 民 生 滅 斷 腸 人
義 巖 義 魄 千 秋 赫
忠 毅 忠 魂 萬 代 親
誓 死 絶 詩 口 占 事
芳 名 竹 帛 歲 過 新

선생의 진주성전 七周甲 맞이하니
삼장사 순국의 진실은 영원하리
나라의 존망이 바람 앞의 등불 같고
백성들의 생멸이 창자를 끊는 듯
의암의 의백은 천추에 빛나고
충의공의 충혼은 만대에 새로우리
서사의 절명시를 말로써 전한 그 충절
꽃다운 그 이름 갈수록 새롭구나
(2013. 7. 23)

南坡張先生誕辰四百週年

先生偉績煜天光
追慕誕辰豈否當
淸拔詩文千古美
孤高品性萬秋祥
不知巖下金烏影
六若堂前洛水樑
懿德尊崇欽仰裡
名聲竹帛永垂芳

선생의 위적이 햇빛처럼 빛나니
탄신을 추모함이 마땅하지 아니할고
뛰어난 시문은 천고에 아름답고
고고한 품성은 만추에 상서롭다
부지암 아래는 금오의 그림자요
육약당 앞에는 낙수의 다리로다
의덕을 존숭하고 우러러 흠모하니
명성이 사적에 영원히 꽃다우리

(2014. 3. 27)

追慕順菴安鼎福先生

誕 辰 三 百 仰 先 生
追 慕 莫 休 再 照 明
地 理 陰 陽 無 塞 至
天 文 卜 筮 有 通 淸
爲 民 誠 念 千 秋 赫
輔 國 精 神 萬 古 情
偉 業 積 功 誰 不 讚
令 名 竹 帛 漸 高 聲

탄신 삼백주년 선생을 우러러며
끊임없는 추모에 재조명하는구나
지리와 음양에도 막힘이 없고
천문과 복서에도 모두 다 통청했네
백성위한 굳은 마음은 천추에 빛나고
보국의 정신은 만고에 정통했네
위대한 공쌓으니 누가 칭찬아니하며
역사에 빛난 이름 점점 높아지네
(2012. 9. 11)

懷古巴里長書

長 書 義 擧 累 過 年
懷 古 當 時 感 慨 先
俛 宇 名 文 千 歲 布
居 昌 倡 道 萬 秋 宣
賊 臣 賣 國 山 川 悴
倭 盜 强 侵 境 土 全
懺 悔 北 人 欣 快 合
吾 邦 統 一 願 成 傳

파리장서 의거한지 여러 해 지났건만
당시를 회고함에 감개가 앞서누나
면우 선생 명문장서 천세토록 알려지고
거창의 창도는 만대토록 떨치리라
적신들의 매국에 산천도 슬퍼하나
왜도의 강침에도 국토는 온전했네
북인이 참회해서 흔쾌히 단합하여
우리나라 통일을 이루기 바라노라
(2015. 6. 2)

梅軒尹奉吉義士義擧

梅 軒 義 擧 有 誰 先
八 十 週 回 亦 感 天
滅 寇 鬪 魂 何 不 著
殺 身 氣 魄 豈 無 全
丹 心 報 國 千 秋 貴
壯 志 盡 忠 萬 代 賢
赫 赫 勳 功 垂 竹 帛
流 芳 百 世 永 年 傳

매헌의 의거를 누가 있어 먼저하며
팔십주년 돌아오니 하늘도 감동하네
멸구의 투혼이 어찌 나타나지 아니하며
살신의 기백은 위대하지 아니하랴
보국의 단심은 천추에 귀하고
진충의 장한 뜻 만대토록 존경받네
혁혁한 훈공은 역사에 빛나고
꽃다운 그 이름 길이길이 전하리라
(2012. 9. 21)

己未三一懷古

此 節 逢 迎 感 慨 多
淋 漓 丹 血 喊 聲 波
怒 濤 絶 叫 天 門 到
鬱 氣 含 憤 地 裡 渦
倭 盜 蠻 行 滅 國 策
韓 民 義 擧 起 邦 科
兩 分 槿 域 千 秋 恨
懺 悔 北 人 遂 統 何

삼일절 맞이하니 감개가 많은데
붉은 피 질벅이고 함성은 물결쳤네
노도 같은 절규 하늘까지 다다랐고
못다한 울분은 땅 속까지 이르렀네
왜도의 만행은 멸국을 꾀했으나
우리 민족의거는 나라를 일으켰네
나라가 양분됨은 천추의 한인데
북인이 참회하여 통일 완수 어떨까
(2013. 3. 1)

二二八學生義擧頌

二儀振動喊聲鳴
二曜尤輝萬姓迎
八表播傳民主化
學徒蜂起自由成
生光功績千秋照
義烈忠勳萬代明
擧劾獨裁爭俠氣
頌稱靑史不虧名

천지를 진동하는 함성이 울리니
해와 달은 더욱 밝고, 만백성 환영하네
국경까지 울려 퍼져 민주화되었고
학생들 봉기로 자유를 찾았네
빛나는 공적 천추에 비치고
의열의 충훈 만대에 빛나리라
독재를 탄핵한 투쟁의 협기는
청사에 그 명성 끊이지 않으리라
(2013. 2. 28)

道德性回復

孔聖施仁永遠明
孟賢布義萬年英
先民思想光明重
後進精神暗鈍輕
鄒魯斯文開竭力
洛閩理學効傾誠
綱常扶植當然事
道德宣揚豈不行

공자의 시인은 영원히 빛나고
맹자의 포의는 만대에 아름답다
조상들의 사상은 빛나고 중후하며
후진의 정신은 어둡고 가볍다
공맹의 학문을 배움에 온힘 쏟아
낙민의 성리학을 본받음에 경성하네
강상을 부식함이 당연한 일인데
도덕의 선양을 어찌 아니하랴
(2014. 8. 15)

傳統文化繼承

繼承傳統冠吾東
美俗宣揚最大功
槿域千秋三善積
黎民萬代五倫崇
綱常扶植年深展
忠孝勵行歲久通
道不拾遺堯舜世
德修業廣起良風

전통 계승함은 우리가 으뜸이니
미속 선양함이 최대의 공이로다
우리나라 천추토록 삼선을 쌓아왔고
백성들은 만대토록 오륜을 숭상했네
강상을 부식함은 갈수록 펼쳐지고
충효를 여행함은 오래수록 통하였네
도불습유의 요순세를 맞았으니
덕수로 업광하여 양풍을 일으키세
(2013. 8. 13)

願祖國平和統一

平和祖國祈長年
統一完成永保全
弄月春花拏頂上
吟風秋菊白頭前
北胞懺悔欣降日
南族歡迎感動天
兄弟合心興敦穆
榮光江土子孫傳

조국의 평화 바란지 오래인데
영원히 보전토록 통일을 이루어
봄꽃이 만발할 때 한라에서 농월하고
국화 향기 그윽할 때 백두에서 음풍하리
북녘 동포 참회하여 흔쾌히 항복하면
남녘 겨레 환영하고 하늘까지 감동하리
형제간에 합심하고 흥에 겨워 돈독하여
영광된 강토를 자손에게 전하리라
(2013. 9. 10)

羅城韓人日制定四十周年紀念頌

祝 日 羅 城 四 十 周
韓 民 祭 典 賀 儀 幽
此 身 異 國 衷 情 切
一 片 丹 心 統 一 求

LA 한인의 날 사십주년 맞이하니
한민족 제전의 하의가 그윽하네
타국에 있는 이 몸 간절한 소망은
일편단심 조국통일 이루기 바라노라
(2013. 8. 27)

峨洋懷古

峨 洋 橋 下 水 流 汀
鐘 子 期 言 尚 更 聽
琴 打 伯 牙 何 處 在
知 音 故 事 使 人 銘

아양교 밑 흐르는 물가에
종자기의 말이 지금까지 들리는 듯
거문고 타던 백아 어느 곳에 있는고
지음의 고사를 떠올리게 하는 구나
(2014. 1. 1)

加洲冬季五輪金姸兒制霸頌

加 州 冬 季 五 輪 臨
出 戰 姸 兒 祝 願 心
氷 上 飛 行 如 鶴 翼
空 中 回 轉 似 仙 衿
宣 揚 國 格 無 量 寶
波 及 効 能 數 萬 金
制 霸 凱 旋 歡 待 宴
列 强 世 界 一 齊 欽

캐나다 개최 동계오륜 출전하는
연아양을 축원하는 마음이라
얼음 위에서 학이 날개 펴고 날아오른 듯
공중에서 회전할 때는 선녀의 옷깃 같네
국격을 선양함은 한량없는 보배이며
파급되는 효능이 만금이 되는구나
제패하여 개선할 때 환대하는 잔치에
세계의 열강들 일제히 흠모하네
(2010. 3. 5)

祝世界陸上選手權大會

陸上大邱祭典迎
市民祈願念功成
六洲觀衆歡呼溢
萬國蒼生感激盈
槿域山河精氣煇
達丘曠野熱狂聲
健兒欲勝桑蓬志
獲得桂冠竹帛榮

세계육상 대구제전을 환영하며
시민들 이 대회가 성공하기 염원하네
육대주 관중의 환호가 넘치고
만국 창생들이 감격이 가득하네
근역 산하에 정기가 빛나고
달구 광야에는 열광의 소리로다
건아들이 승리하고자 하는 웅비의 뜻은
월계관 머리에 쓰고 역사에 빛남이라네
(2011. 2. 15)

世界陸上競技夜間觀覽

電 光 繼 日 夜 猶 明
無 隙 立 錐 滿 席 驚
黑 白 短 長 人 種 市
黃 紅 大 小 色 容 城
欲 將 優 勝 揚 名 志
獲 得 桂 冠 愛 國 情
世 界 一 家 和 祝 典
合 心 善 戰 美 終 成

전광이 낮을 이어 밤이 오히려 밝은데
입추의 틈도 없이 꽉 찬 자리에 놀랐네
흑백 장단 인종의 시장이요
황홍대소 얼굴색의 성이로다
우승하여 내 이름날리고
월계관을 획득하여 나라에 충성하세
세계가 한 집되어 화합하는 축전에
합심선전하여 유종의 미 거두세
(2011. 8. 29)

追慕丹溪河先生忠節

晉 陽 華 閥 本 淸 眞
幼 少 非 凡 盡 五 倫
泰 斗 煌 煌 純 潔 士
顯 官 烈 烈 殉 賢 臣
寃 魂 端 廟 春 秋 慼
義 魄 彰 祠 竹 帛 彬
曲 曲 坊 坊 思 切 切
年 年 歲 歲 憶 伸 伸

진양 하씨 빛나는 문벌 본래 청진하며
어릴적부터 비범해서 오륜을 다했도다
태산 북두처럼 빛나고 빛나는 깨끗한 선비며
현관으로 열렬히 목숨 바친 어진 신하로다
단묘의 원혼은 역사에 슬프고
창렬사의 의백은 청사에 빛나도다
방방곡곡 선생을 사모함이 절절하고
연년세세 도리어 생각함이 이어지리라
(2009. 10. 7)

追慕新堂鄭鵬先生道學

先生道學冠吾東
淸吏廉行永遠通
燕主直言誰不仰
中朝正諫豈無崇
盡忠報國千秋赫
竭力牧民萬代功
問答冷山稀逸話
芳名追慕頌詩豐

선생의 도락은 우리나라 으뜸이요
청백리의 염행은 영원히 통하리라
연산군에 직언함은 누가 우러러지 않으며
중종께 간함은 어찌 숭상하지 않으리
진중으로 보국하니 천추에 빛나고
갈력으로 목민하니 만대에 공훈이라
냉산문답은 희대의 일화인데
방명을 추모하는 송시가 이어지네

(2012. 9. 22)

追慕孝簡公葛川林薰先生

先生偉績似春陽
到處儒林追慕長
兄友弟恭千古彩
父嚴子孝萬秋香
牧民盡愛堯時世
治縣咸誠舜代鄉
報國竭忠歎不絶
芳名靑史永無忘

선생의 위적은 봄빛처럼 빛나고
도처 유림의 추모가 이어졌네
형제간의 우애는 천고에 빛나고
부모께 효도함은 만추에 향기롭네
사랑으로 목민하니 요시의 세상이요
정성으로 치현하니 순대의 고을일세
갈충보국에 감탄이 끊이지 않고
방명이 청사에 영원히 남으리라
(2014. 4. 28)

巖谷書院告成

獻納宗英告院成
儒林詩載賀丹誠
顯官巖谷千秋赫
名將忘憂萬古明
大岳琵山先祖志
長江洛水後孫情
深恩報本皆忠孝
華閥郭門永遠生

종영들의 헌납으로 서원낙성 고유하니
유림들 시를 실어 진심으로 경하하네
현상인 암곡선생 천추에 빛나고
명장인 망우당은 만고에 밝도다
큰 줄기 비슬산은 선조의 지조이며
기나긴 낙동강물 후손의 정이로다
깊은 은혜갚는 것이 모두가 충효이니
빛난 벌족 곽씨 문중 영원하리라
(2010. 9. 2)

草廬歷史公園竣工

鷄龍名岳又回春
世市繁昌日日新
扶植綱常離俗士
宣揚道義繼明倫
布仁非獨無窮際
施德不孤必有隣
歷史公園竣賀裡
草廬偉績永傳眞

계룡명산에 다시 봄이 돌아오니
세종시의 번창 날마다 새롭구나
강상을 부식하니 속사를 떠났고
도의를 선양하여 명륜을 이었도다
인을 베푸니 비독해서 무궁제요
덕을 베푸니 불고해서 필유인이라
역사 공원 준공의 축하리에
초려선생 위적이 영원히 전하리라
(2014. 10. 6)

頌祝柳陵聖域化

柳陵聖域晩時情
內外同胞一念成
始祖大丞忠盡赫
後孫松老力皆淸
崇先睦族雲仍盛
愛裔惇親華閥聲
快擲巨金眞偉績
芳名世譜萬年明

유릉의 성역화 때 늦은 감인데
국내외 자손들이 한마음으로 이루었네
시조이신 대승공은 진충으로 혁혁하고
후손인 송강공은 힘을 다하였도다
조상 숭배 일가화목 후손이 번성하고
후예사랑 친척돈목 명문의 명성이라
거금을 쾌척함은 참으로 위대한 공적
아름다운 명예 세보에 만년토록 밝으리
(2014. 8. 31)

慶祝友山齋創建

友 齋 高 閣 倍 生 光
養 志 午 南 頌 善 匡
畵 棟 翬 飛 先 祖 闡
靈 區 燦 爛 後 孫 昌
事 親 孝 道 千 秋 祉
奉 祀 精 誠 萬 代 祥
擧 國 騷 人 爭 賀 裡
新 堂 雄 壯 偉 容 揚

우산재 높은 누각 광채가 빛난 중에
오남 선생 효행과 선광을 칭송하네
화려한 집은 선조를 천양하고
영구가 찬란하니 후손들이 번창하리
사친의 효도는 천추에 복되고
봉제사 정성은 만대에 상서롭네
거국의 시인들이 다투어 하례하고
웅장한 신당은 위용을 휘날리네
(2013. 10. 28)

祝古巖曺先生百壽韻

曺翁康健百年全
都鄙萬人頌祝筵
忠孝家傳家訓篤
敬仁世守世昭堅
競呈騷客能文溢
爭舞斑衣獻壽延
擧國儒林祈福席
德稱玉韻滿庭然

조옹께서 건강하사 백수를 하시니
경향의 모든 사람 수연을 송축하네
충효를 가전하니 가훈이 돈독하고
경인을 세수하니 세상이 밝고 굳도다
소객들이 능문을 다투어 드리는 중에
자손들의 헌수가 끊임없이 이어지네
거국 유림들이 축복하는 이 자리
덕을 기리는 시문 자리에 가득하네
(2012. 6. 5)

少堂先生九旬頌

光陰流水九旬人
刻苦硏鑽藝化身
穿硯正音文氣泊
琢磨書韻字芳辛
飛騰天上雄渾達
細柳風前軟美仁
報國育英高逸德
先生筆法萬能馴

유수같은 세월 흘러 어느덧 구순인가
각고의 연찬으로 예술의 화신이라
벼루 뚫는 노력으로 한글 문기 담박하고
절차탁마 힘을 쏟아 문자향 꽃답구나
용사가 비등하는 웅혼한 필적이며
풍전 세류같아 부드럽고 아름답네
육영으로 보국하고 고일한 덕을 지닌
선생의 필법은 모든 체에 뛰어났네
(2015. 5. 30)

賀石井黃在權喜壽

石翁渡日喜年春
慶祝高朋感慨新
奉仕安民忠盡國
報本反始孝咸親
斯文振作恒鞭己
倫理宣揚每敬人
庭滿斑衣爭賀席
不驚墨客豈淸貧

석옹께서 희수를 맞은 봄에
축하하는 벗들의 감개가 새롭구나
봉사와 안민으로 나라에 충성하고
구로지은 보본반시 효도를 다 했네
사문을 진작함에 자기를 편달하고
윤리를 선양하여 남을 공경했네
많은 자손들 다투어 하례하고
청빈함에 묵객들 놀라지 않으랴
(2011. 4. 22)

祝湖亭金在文翁喜壽

順天華閥節淸堅
忠孝博文代代連
鶴髮雙仙千載壽
紅顔五鳳萬年賢
興仁崇義恒先進
積德施恩永後傳
膝下斑衣歌舞席
湖翁喜宴頌功筵

순천 김씨 좋은 문벌 맑고 굳은 높은 절개
충효에다 박문약례 대대로 이어왔네
학발의 부부는 천년수를 할 것이며
홍안의 영식들은 길이길이 어질리라
사랑과 정의실현 언제나 먼저하고
덕을 쌓고 베풀기를 후세에 전하였네
슬하의 효자들 때때옷 입고 춤과 노래
호정공 희수연 송축하는 자리로다
(2009. 12. 3)

祝柱潤李宗遠先生喜壽

柱翁喜宴衆歡迎
報本綱常感盡誠
奬學育英忠國志
爲先積德齊家情
仙風琴瑟千年壽
道骨芝蘭萬歲榮
遠近朋親斑舞席
滿堂騷客賀詩爭

주윤 선생 희수연 모두가 환영하고
보본과 강상에 다한 정성 감탄하네
학문 권장 인재 육성 충국의 뜻이요
위선봉사 쌓은 덕은 제가의 정이로다
선풍의 부부는 천년수 할 것이요
도골의 자손들은 만세토록 번영하리
원근의 벗과 친척 자손들이 춤을 추고
만당한 시인들 다투어 시 올리네
(2013. 4. 16)

喜壽生朝有感

如矢光陰喜壽年
劬恩不報悔愆先
靑雲大志虛辭至
抱負壯心沫子遷
筆翰硏磨能莫致
墨文修鍊拙無全
生涯回顧多難續
一事未成恨嘆連

살같이 빠른 세월 어언간에 희수되니
부모 은공 갚지 못한 뉘우침이 앞서누나
청운의 큰뜻은 빈 말에 미치었고
품었던 장한 마음 물거품이 되었구나
글씨를 연마해도 능하지 못하였고
시문을 수련해도 서투를 뿐이로다
한 평생 돌아보니 다난의 연속이요
한 일도 못이루니 한탄만 이어지네
(2013. 2. 4)

祝泚汜先生八旬

泚翁才德出天因
不染塵埃至八旬
扶植綱常誰不讚
尊崇禮義豈無伸
育英獎學皆忠國
教子誠行竭奉親
騷客祝詩爭賀裡
康寧壽福日尤新

자옹의 재덕은 하늘에서 타고나서
진애에 물 안 들고 팔순까지 이르셨네
강상을 부식하니 누가 찬양 아니하며
예의를 존숭하니 어찌 신장 없을손가
육영과 장학으로 나라에 충성하고
교자와 성행으로 어버이를 봉양했네
소객들 축시로 다투어 하례하니
강녕과 수복 날로 더욱 새롭구나
(2014. 12. 31)

梧鳳八耋筵韻

梧 鳳 流 光 八 耋 春
紅 顔 白 髮 日 更 新
育 英 奬 學 躬 行 士
布 德 修 仁 實 踐 人
道 骨 四 麟 千 載 業
仙 風 雙 鶴 萬 年 身
京 鄕 墨 客 爭 詩 祝
壽 富 康 寧 永 遠 伸

덧없는 유수광음 오봉 선생 팔질인데
홍안의 백발 날로 다시 새롭구나
육영과 장학을 몸소 행한 선비요
포덕과 수인 실천한 인물일세
도골의 네 자녀 천년토록 영화롭고
선풍의 내외분은 만년토록 누리리라
경향의 묵객들 시축을 다투는데
수부귀와 강령 영원토록 누리소서
(2014. 5. 9)

東園鄭先生耋壽紀念讚

晉 陽 華 閥 冠 吾 眞
耋 壽 東 翁 第 一 人
愛 弟 至 誠 何 顧 眷
爲 公 竭 力 豈 思 身
盡 忠 輔 國 千 秋 久
奬 學 育 英 萬 代 新
感 泣 師 承 恩 莫 重
教 鞭 施 德 永 稱 伸

진양 화벌이 우리나라 으뜸인데
질수의 동옹이 그 중에 제일이라
지성으로 제자사랑 어찌 가족 돌보며
온 힘 쏟아 위공함에 어찌 내 몸 생각하랴
진충으로 보국하니 천추토록 오래 가고
장학과 육영 만대토록 새로우리
스승의 가르치심 은혜가 막중하고
교편에 시덕하니 영원히 칭송되리
(2014. 11. 7)

廣巖辛文善翁回婚頌

巖翁琴瑟自天緣
百歲康寧祝福筵
獎學育英恩莫重
綱常扶植德無邊
仙風鶴髮千年壽
道骨麟孫萬世全
累代單身隨八寶
回婚稀慶永家傳

광암의 금슬은 하늘부터 인연한데
백세의 강녕을 축복하는 자리로다
장학과 육영의 은혜가 막중하고
강상을 부식하니 그 덕이 끝없어라
선풍의 학발은 천년수할 것이고
도골의 인손들은 만세토록 온전하리
누대에 걸친 단신에 팔보가 따르니
회혼의 드문 경사 가정에 영전하리
(2013. 6. 1)

賀南溪沈鍾德翁回婚

南翁顧眄福多人
醮禮回婚慶喜辰
竭力恤民君子志
盡忠輔國丈夫身
仙風雙鶴千年歲
道骨五麟萬世晨
斑舞滿庭琴瑟樂
康寧壽富遂興仁

남옹 일생 돌아보니 복 많은 사람인데
게다가 회혼잔치 기쁘고도 즐겁도다
휼민에 갈력하니 군자의 지조요
보국에 진충하니 장부의 처신일세
선풍의 내외분 천년수를 할 것이요
도골의 다섯 자녀 만년을 누리리라
만정의 반무에다 부부금슬 즐거우니
수부와 강녕에다 흥인을 이루소서
(2014. 6. 26)

追慕石齋先生

八 能 天 賦 世 人 驚
四 海 名 家 追 慕 情
鳳 舞 詩 文 聲 赫 赫
鶴 飛 書 畵 氣 英 英
入 神 才 藝 千 秋 絶
豪 宕 風 流 萬 代 鳴
道 骨 仙 姿 塵 不 染
先 生 偉 績 史 垂 明

천부의 팔능은 세인들이 놀라는바
온 세상 명가들이 추모하는 정이로다
봉무의 시문은 명성을 떨치고
학비의 서화는 풍취가 뛰어나네
입신의 예술혼 천추에 뛰어나고
호탕한 풍류 만대에 드날리리
도골의 선자에다 속진에 물 안 드니
선생의 위적 청사에 빛나리라
(2014. 6. 11)

石齋先生追慕韻

先 生 書 畵 振 芳 名
豪 放 詩 文 四 海 明
道 骨 仙 風 高 品 逸
雄 渾 筆 法 一 家 成

선생은 서화로 꽃다운 이름 떨치고
호방한 시문은 사해에 드러났네
도골선풍에 높은 품격 뛰어나며
웅혼한 필법으로 일가를 이루었네
(2011. 7. 15)

追慕竹儂先生

先 生 書 畵 最 彬 彬
高 逸 性 行 脫 俗 塵
筆 力 雄 渾 歎 不 絶
名 聲 藝 苑 日 尤 新

선생의 서화는 빛나고 빛나니
고일한 성행은 속진을 벗어났네
필력의 웅혼에 탄성이 부절이니
명성이 예원에 날로 더욱 새롭네
(2014. 8. 6)

龜翁稀壽展頌

龜 翁 渡 海 七 旬 年
潭 壑 鳶 飛 慶 祝 天
金 玉 雖 堅 恒 努 琢
亨 嘉 亦 好 每 勞 硏
太 高 書 氣 螢 窓 起
古 拙 文 香 雪 案 緣
稀 宴 賓 朋 爭 頌 席
展 場 墨 客 賀 詞 筵

구옹이 어느덧 칠순을 맞으니
골짝의 소리개도 하늘에서 경축하네
금옥이 견고하나 노력해서 다듬고
행운을 맞았어도 연마에 힘썼네
높은 서권기는 형창에서 일어나고
고졸한 문자향은 설안에서 인연했네
희수연 찾는 벗들 송축을 다투고
전시장 묵객들 글로써 하례하네
(2011. 9)

空山先生喜壽展頌

空 山 藝 道 六 旬 筵
四 海 文 朋 祝 賀 連
宇 宙 光 靈 歎 不 絶
芳 名 竹 帛 永 垂 傳

공산 선생 예도가 예순해를 맞는 자리
온 세상 문붕들의 축하가 이어졌네
우주 광령 감상객의 탄성이 부절이니
방명이 죽백에 영원히 전하리라
(2014. 3. 3)

雲翁古稀展頌

雲 翁 渡 日 七 旬 回
谷 水 急 流 若 此 來
南 國 薰 風 生 萬 物
忠 言 溫 念 掃 千 災
吉 祥 書 氣 螢 窓 起
古 拙 文 香 雪 案 胎
稀 宴 斑 衣 歌 舞 席
展 場 墨 客 賀 詞 杯

운옹이 어언간에 고희가 돌아오니
곡수가 빨리 흘러 예까지 이르렀네
남국의 훈풍이 만물을 기르고
충언과 온념으로 모든 재난 물리쳤네
좋은 서권기는 형창에서 일어나고
고졸한 문자향은 설안에서 잉태하네
희수연 좋은 자리 반의들이 춤을 추고
전시장 묵객들은 잔 들고 하사하네
(2011. 7. 30)

愚巖金元重博士出版紀念頌

尋人著述頌金公
賀客滿堂慶賀鴻
待面溫和談笑傑
持心霜雪逐痾雄
修身勤學螢功遂
交友多情管鮑通
二女一男皆出衆
七顚八起不頹翁

사람을 찾습니다 펴낸 김공 송축하는 자리
수많은 하객들이 경하가 더없이 크네
사람 대함에 온화하고 호걸스러우며
서릿발 마음가짐 자기 병 쫓음 영웅이더라
몸 닦고 열심히 배워 형설의 공 이루었고
교우에 인정많아 관포와 통하도다
일남이녀를 잘 키워 다 출중하고
어떤 고난도 다 딛고 일어나는 늙은이로세
(2009. 10. 19)

尹詩伯詩集刊頌

深谷淸流遠海盈
山窓經讀大夢成
尹門閥族千秋振
鐘念賢孫萬世榮
植杖詠風誰不樂
詩豪弄月豈無情
集英鍊句相長裡
頌祝儒林獻壽爭

깊은 골 흐르는 물 바다에 차고
산창에 책을 읽어 큰꿈을 이루었네
윤문의 벌족은 천추에 떨치고
사랑하는 자손들 만세토록 번영하데
식장에 영풍하니 누가 즐겨 아니하며
시인들 농월하니 어찌 무정하리
영재 모아 연구를 연마하는 가운데
송축하는 유림들 헌수를 다투네
(2012. 10. 7)

靑藍孫炳鉉詩伯畢業頌

生 涯 專 念 教 鞭 忙
畢 業 功 成 慶 賀 光
對 面 情 談 如 暖 日
持 心 操 守 似 秋 霜
率 先 三 到 靑 藍 出
垂 範 百 家 玉 韻 揚
雙 鶴 高 堂 康 與 福
孫 翁 厚 德 壽 長 長

한 평생 오로지 교직에 전념하다가
정년 퇴임하는 자리 축하가 넘쳐나네
학생과 상담할제 햇볕처럼 따뜻하고
자기를 다스림에 엄하기 추상 같네
솔선하는 교육으로 많은 제자 배출하고
백가서 탐독으로 가작시 읊으셨네
고당의 학발부부 강녕에다 복을 더해
후덕한 손옹 길이길이 수복하소서
(2010. 2. 28)

石庵博士畢業頌

停年何急是誰期
怨望現行法實施
奬學育英恩莫重
綱常扶植德無衰
等身著述千秋寶
滿架論叢萬代熙
筆墨同緣鑽鍊裡
餘生福海壽如龜

정년을 왜 이렇게 짧도록 정하였나
현행법 시행이 잘못됨을 원망하노라
장학과 육영 은공은 막중하고
강상을 부식한 큰 덕은 한없어라
등신의 저술은 천추의 보배되고
만가의 논총은 만대에 빛나리라
필묵의 동문 인연 연찬을 계속하니
여생에 수복을 가없이 누리소서
(2013. 8. 31)

石鏡畵伯禮讚

石 鏡 眼 光 透 石 金
孤 高 品 性 俗 無 侵
斧 磨 針 作 王 維 遂
藝 苑 芳 名 日 益 深

석경의 안광은 금석도 뚫을 것 같고
고고한 품성엔 속진이 침범할 수 없네
마부작침의 노력으로 왕유를 따르니
예원의 꽃다운 이름 날로 더해 가네
(2012. 6. 25)

野崎ふしみ韓日交流頌

韓 日 交 流 二 十 年
敦 情 友 誼 倍 加 前
藝 工 和 紙 芳 名 振
絶 妙 秀 才 不 朽 傳

후시미 선생 한일교류 이십년에
돈정한 우의가 갑절로 되었네
화지공예로 꽃다운 이름 떨치니
빼어난 묘한 재주 영원하리라
(2010. 10. 10)

寅巖裵錫雲孝道友愛禮讚韻

寅 巖 孝 道 比 宗 祥
友 愛 六 璋 衆 叢 望
以 信 交 朋 誰 不 近
多 施 積 善 後 裔 昌

인암의 효행은 맹종 왕상에 비길만하고
육형제 우애는 모두가 부러워 하네
벗들과 믿음 돈독하니 누가 가까이 않으랴
좋은 일로 많이 베푸니 후예가 번창하리라
(2012. 7. 16)

金再夏社長市民賞受賞頌

金門華閥最吾東
再顧累仁事事通
夏扇博施推仰丈
社交奉仕慕欽翁
長慮善行千秋赫
受業芳名萬代崇
賞處市民歡祝席
頌稱讚美與人同

김씨의 빛난 문벌 우리나라 으뜸인데
누인을 재고하니 일마다 형통하네
때맞춰 베푸니 추앙받는 어른이요
더불어 봉사하니 흠모받는 원로로다
멀리 본 선행은 천추에 빛나고
수업한 방명은 만대에 높으리라
시민상 받는 축하의 자리에
찬미하는 칭송이 다른 사람 있을손가
(2010. 11. 8)

惜別金壹聲校長

嶺 門 修 學 五 三 叢
同 職 同 鄕 苦 樂 同
離 故 老 末 他 處 去
親 朋 餞 別 惜 情 隆

영대 동문 수학 오십삼년 함께 하고
같은 직장 같은 고향 고락도 함께
노래에 고향 떠나 타향으로 간다하니
친한 벗 보내려니 아쉬운 정 솟아나네
(2011. 2. 19)

金湖文集刊行頌

晩 秋 刊 後 續 秋 耕
生 路 於 口 又 著 驚
持 己 冷 霜 嚴 格 進
待 人 圓 滿 順 和 成
盡 忠 報 國 千 年 照
竭 力 爲 鄕 萬 代 明
多 述 日 添 誰 不 讚
湖 翁 文 藻 史 書 名

만추 간행 뒤 추경을 펴내고
삶의 길목을 또펴낸데 놀랐네
몸가짐은 서릿발 같이 엄격하고
대인에 원만해서 화순함을 이루었네
진충으로 보국하니 오래토록 비춰지고
힘 다해 고향위함 만대토록 빛나리라
책지음이 날로 더해 누가 칭송 아니하랴
호옹의 글재주는 청사에 이름나리
(2013. 12. 25)

民山玉文出版頌

民 山 畏 友 玉 文 刊
到 處 親 朋 仰 賀 歡
獎 學 育 英 先 祖 顯
施 仁 布 德 後 孫 安
等 身 著 述 千 秋 秀
無 數 講 論 萬 代 殘
出 版 慶 筵 爭 頌 祝
芳 名 竹 帛 豈 傳 難

외우 민산 구슬같은 문집 간행함에
도처의 친구들 우러러 축하하네
장학과 육영 선조를 현창하며
시인하고 포덕하니 후손들이 번창하리
등신의 저술은 천추에 빼어나고
무수한 강론은 만대에 남으리라
출판의 좋은 자리 송축으로 다투니
방명이 죽백에 전함이 어려울까
(2014. 5. 13)

祝奉仕進友會誌發刊

進 友 年 深 十 歲 迎
誌 齡 六 輯 續 刊 成
追 隨 指 導 千 秋 赫
繼 受 薰 陶 萬 古 明
靑 出 於 藍 賢 弟 志
氷 生 于 水 德 師 情
育 英 奉 仕 相 長 裡
日 益 隆 昌 不 朽 名

진우회 나이 들어 어언 열돌 맞이하여
여섯 번째 회지 펴내게 되었도다
추수지도는 천추에 빛나고
계수훈도는 만고에 밝도다
청출어람은 제자의 뜻이요
빙생어수는 스승의 정이로다
육영과 봉사로써 서로 도우니
나날이 융창하여 그 이름 영원하리

(2010. 9. 27)

書藝新聞創刊頌祝

書藝新聞祝創刊
正言直筆世人歡
昑翁努力精誠盡
日就繁昌豈不歎

서예 신문 창간함을 축하하며
정언과 직필 세인이 환영하네
금옹(昑齊翁)의 노력과 정성 다하여
날로 번창함을 어찌 감탄치 않으리요
(2014. 7. 5)

挽法頂大宗師涅槃

法 頂 巨 星 忽 落 城
人 悲 地 痛 率 天 鳴
生 前 唯 持 袈 裟 衲
死 後 猶 存 木 鐸 聲
濟 衆 話 頭 無 所 有
布 施 禪 語 不 須 爭
茶 毗 火 焰 青 山 哭
樹 下 菩 提 願 佛 成

법정 큰 별이 문득 성에 떨어지니
사람들 슬퍼하고 땅과 하늘도 울부짖네
생전에 가진 것이라곤 헤진 가사요
사후에 남긴 것은 목탁 소리 뿐이로다
뭇대중 화두는 무소유요
보시하는 선어는 다투지 말아라
다비의 화염에 청산도 통곡하니
보리수 아래에서 성불하기 비나이다
(2010. 3. 13)

挽石帶冶城宋公錫熙先生

溫 柔 圓 滿 百 年 身
不 覺 訃 音 夢 也 眞
能 筆 能 文 誰 授 去
欲 題 哀 挽 淚 添 巾

온유하고 원만해서 백년 수를 바랐는데
뜻밖의 부음이 꿈인지 생시인지
능필과 능문을 누굴 주고 가시었소
이 글 짓자하니 눈물이 수건을 적시네
(2013. 11. 20)

挽慕山沈載完博士

國 學 文 星 忽 落 城
門 生 痛 哭 萬 人 驚
等 身 著 述 千 秋 赫
欲 題 哀 挽 淚 海 成

국학계의 큰별 문득 성에 떨어지니
문생들은 통곡하고 만인들은 놀라네
등신 저술은 천추에 빛나는데
만장을 쓰려니 눈물이 바다를 이루네
(2011. 11. 17)

挽栢堂商山金公演哲教育監

在世栢翁八十年
生涯一片浮雲天
施仁積德千孫福
奬學育英後世傳

백옹께서 이 세상에 팔십수를 누렸으나
한 생애 돌아보니 한 조각 뜬구름
덕을 쌓고 어진 마음 베풀어 천손들 복누리고
장학과 육영하심 후세에 전하리라
(2010. 9. 30)

挽青巖朴會長

富國巨星忽落城
哭聲震動世人驚
資源有限青巖訓
創意無窮會長情
浦項粗鋼千歲赫
光陽製鐵萬年明
青翁神話何時聽
竹帛芳名永遠生

부국의 거성이 문득 떨어지니
곡성은 진동하고 세인은 대경실색
자원의 유한은 청암의 가르침이요
창의 무궁 회장의 정신이라
포항 조강은 천세에 빛나고
광양제철은 만대에 밝으리리
청옹의 신화 어느 때 들으리오
꽃다운 그 이름 역사에 영원하리
(2011. 12. 14)

挽松堂柳公英吉

三月野遊握手行
長歌詩唱踏春陽
送君今後何書會
哀挽欲題淚大洋

삼월 야유 때 손잡고 다니며
노래와 시창으로 봄볕을 노닐었네
그대 보낸 뒤 서가회는 어찌하라고
이 글 짓고자 하니 눈물이 바다같네
(2011. 8. 8)

挽慶州李公忠雨社長

健 康 疏 脫 百 年 身
不 意 訃 音 夢 也 眞
知 己 正 難 探 以 得
送 君 今 後 與 誰 親

건강하고 소탈해서 백 년은 살 줄 알았는데
뜻하지 않는 부음이 꿈인가 생시인가
지기는 찾아도 얻기가 아주 어려운데
금후 산행에 누구와 친구할고
(2011. 7. 30)

挽韓秉錫社長

山 行 定 日 不 參 兄
通 電 訃 音 岳 友 驚
去 月 野 遊 情 話 溢
欲 題 哀 挽 淚 江 成

산행 정한 날에 형께서 불참하여
전화 부음으로 회원들이 대경실색
지난 달 야유 때 정화가 넘쳤는데
슬픈 만장 쓰려니 눈물이 강이 되네
(2011. 6. 22)

挽鄭文德校長

健康天賦百年身
不覺訃音夢也眞
博學能文誰受去
歸依上帝永生人

타고난 건강으로 백년 수 바랐는데
뜻밖의 부음이 꿈인가 생시인가
박학과 능문을 누굴 주고 가시었소
하나님께 귀의하사 영생하소서

挽竹軒延州玄先生

多 情 豁 達 百 祈 身
崇 禮 德 仁 不 染 塵
能 筆 高 談 誰 授 去
瑤 臺 永 樂 化 仙 人

정 많고 활달하사 백년 수를 빌었고요
숭례하고 인덕 쌓아 속진과는 멀어셨네
능필과 고담을 누구를 주고 떠나셨소
요대의 신선되어 희락을 영원무궁 누리소서
(2014. 2. 23)

挽李淳牧會長

友 邦 星 落 忽 中 城
倫 嶺 同 門 一 齊 驚
多 事 未 完 何 急 去
送 君 哀 挽 淚 江 成

우방의 큰별이 성중에 떨어지니
대륜과 영대 동문 일제히 놀라네
못다 이룬 일두고 어찌 급히 떠나셨소
그대 보내려니 눈물이 강을 이루네
(2012. 8. 16)

晩碧松李根厚先生

碧翁品性遠風塵
高潔生涯不染塵
仁達禮崇何有俗
瑤臺仙化永無塵

벽옹의 품성은 속진에서 멀었고
고결한 생애 세속에 물들지 않았도다
예절을 숭상하니 인간 도리에 속됨이 있으리
벽옹이여! 요대에 신선되어 영원 무진하소서
(2015. 8. 12)

晩護國英雄樵耕全州李公

多 情 厚 德 百 年 身
不 覺 訃 音 夢 也 眞
業 務 營 農 成 屋 富
社 勤 節 約 免 家 貧
英 雄 護 國 旗 章 義
勇 士 盡 忠 表 揭 倫
虛 妄 人 生 如 草 露
送 公 哀 挽 淚 添 巾

다정하고 후덕하사 백년수 바랐는데
뜻밖의 부음이 꿈인가 생시인가
영농에 힘쓰시어 집안을 일으켰고
절약과 근면으로 가난을 면하셨네
호국의 영웅으로 받은 기장 정의롭고
충성 다한 용사의 수비가 마땅하네
인생이 허망하기 초로와 같은데
공을 보낸 슬픔 눈물이 수건을 적시오
(2014. 3. 2)

挽金元甲先生

衆望快愈願回春
不覺訃音夢也眞
蓋世拔山誰授去
情談諧謔奈時陳
北邙歸路靑山杳
斯世哭聲白日淳
滿座眷親哀慕席
送君荒挽淚沾巾

모두 쾌유되어 회춘을 바랐는데
뜻밖의 부음이 꿈인가 생시인가
역발산 기개에 누굴 주고 가시었소
정담과 해학은 어느 때에 다시 펼칠까
북망산 가는 길에 청산도 아득하고
이 세상 울음소리 백일로 젖는구나
뜰에 가득 일가 친구 슬퍼하는 자리에
그대 보낸 슬픈 만장 수건을 적시누나
(2010. 1. 3)

挽呂熙光大邱市行政副市長

不覺訃音夢也生
無私市政待人誠
公何火急邙山去
長樂瑤臺永遠明

뜻밖의 부음이 꿈인가 생시인가
사심 없는 시정에 대인정성 다했네
공은 무엇이 그리 급해 망산으로 갔는가
선계에서 오래토록 장락하소서
(2016. 2. 20)

3부

생의 片鱗들

미산 옛집에 핀 매화꽃

한 生을 돌아보며

10年이 今時同이라더니 80年도 역시 그렇다. 언제 이 나이가 되었는가.

慕山 先生 八耋 때 白水 先生께서 "慕山兄, 우리가 어떻게 하다가 이렇게 되었소. 하루해 보내기는 泰山 오르기 보다 더 힘들지만, 一年은 언제 간 지 모르니 말이요."라고 하셨다.

그날 들은 말씀이 어제 같은데 나도 어느새 八十이다. 人生七十古來稀라는 칠순을 넘겨 여든까지 나는 줄기차게 살아왔다고 생각이 된다. 지난 80년을 되돌아보니 한 생이 눈깜짝 할 새 꿈결처럼 흘러 가버렸음을 自嘆한다.

나의 幼年 시절

나는 1937년 9월 13일 경북 선산군 해평면 금호동 484번지에서 아버지 全州人 李性卓(洛庵)과 어머니 仁同人 張南巖 사이에 이남일녀 중 次男으로 태어났다. 족보에는 丙子年 12월 23일로 늦게 되어 있다.

내가 태어나던 1937년 무렵은 일제강점기의 마지막 발악기였다. 나라의 경제는 피폐할대로 피폐하였고, 개인의 삶도 송두리째 뺏혀 草根木皮로 연명하던 때였다. 그러나 내가 자란 선산군 해평은 낙동강을 낀 너른 들판이 있어 풍요로운 고장으로 그런대로 밥술이나 먹고사는 축에 들었다.

나는 어릴 때 대개의 아이들이 그렇듯 죽을 고비를 여러 번 넘겼다. 세 살 때 집 앞 도랑에 빠져 떠내려가는 것을 이웃집 平山 申氏 處女가 건져내어 살렸다고 한다. 또한 집에 불을 질러 혼비백산하였고, 낙동강에 빠져 떠내려 가다가 가까스로 강가로 밀려나 살아났다. 또한 높은 버드나무에 있는 까치집이 궁금하여 위로만 쳐다보고 올라갔는데 아래로 내려다보니 기가 질려 자칫했으면 떨어져 저승으로 갈 뻔 했고, 암소를 타고 가는데 뒤에서 황소가 기어올라 그 사이에 깔렸다가 떨어져 병원 신세까지 지기도 하였다.

기차를 타고 만주로

아마 다섯 살 무렵이었나 보다. 나는 어머니 등에 업혀 滿洲에 계시던 아버지를 찾아갔던 기억에 선명하게 남아 있다.

龜尾驛에서 히까리 列車를 타고 갔다. 도시락을 사주시는데 日食이라 싱겁고 매운 맛도 없었는 기억과 처음 맛본 미깡은 아직까지 기억에 선명하게 남아 있다.

어머니는 압록강을 지나면서 "의주 압록강이다."라고 하셨다.

아버지가 계시던 만주 봉황성으로 갔을 때 중국사람들이 나에게 입을 맞추자고 달겨 들었다. 나는 한사코 입술을 안으로 오므렸다. 어린 나이에 처음 본 중국 사람들이 더럽다고 생각되었기 때문일 것이다.

우리가 언제 귀국했는지는 생각나지 않는다. 어머니가 생존해 계실 때 물어보았어야 했는데 지금은 어쩔 수 없지 않는가. 이제는 다 지난 일이라 후회한들 어쩌랴.

집에 불을 내다

나는 지금 생각해도 어린 시절 악동이었다. 叔父님이 東山病院에 수년간 入院하셨다가 退院하셨을 때 어머니가 녹두죽을 끓이는데 너무나 먹고 싶었다. 나는 어머니께 좀 달라고 했더니 숙부님을 드린다고 주지 않으셨다. 어린 마음에 화가 나서 방 안에 있던 성냥을 가져와 사랑방 바깥마루 곁에 세워놓은 짚동이에 불을 붙였다. 짚은 타다가 금세 꺼져서 다시 성냥을 그어 붙였더니 그만 시뻘건 불이 처마 밑으로 빙 감아 도는 게 아닌가. 불은 순식간에 집 전체로 옮겨 붙고 말았다.

어머니는 막내 고모님에게 "애기씨, 상배 업고 빨리 나가라."고 하셨다. 나는 덜컥 겁이 나 울면서 막내고모의 손에 이끌려 산을 넘어 작은댁으로 갔다가 저녁이 되어서야 집으로 돌아 왔다. 일본 순사와 구장이 오고 온 집안이 벌집 쑤셔놓은 듯 소란스러웠다.

불이 나자 어머니는 활활 타는 지붕 위로 마당에 있던 멍석을 던져 올렸고, 사람들이 몰려 와서 가까스로 불길을 잡았다고 한다. 어머니는 어디에서 그런 초능력의 힘을 발휘했을까? 그것은 나를 살리려는 일념에서 였을 것이다. 그 불이 났던 고향집은 지금은 헐리고 없지만 타다 남은 마루와 검게 그을린 서까래 기둥을 볼 때마다 불을 내었던 철부지 어린 날이 떠올라 얼굴이 화끈거렸다.

초등학교에 입학하다

나는 초등학교에 들어가기 전에 할아버지께 千字文을 배웠다. 그때는 안 보고 다 외웠는데 글자를 마분지 뚫은 곳에 덮어씌워도 한자를 다 알았다. 내가 골목으로 나가면 동네 어른들이 나에게 千字文을 외우게 하고는 엿을 사주시곤 했다. 천자문을 다 떼고 孔字까지 音讀을 읽었다. 그때는 붙여 읽는다고 하였다.

해가 바뀌면 春帖이 새로 나붙는다. 나는 王考께 千字文을 배웠으므로 그것을 조금 읽을 수 있었다. 한 번은 만주에서 오신 선고께서 舍伯에게 "상배 공부 좀 하나."하고 물으니 "글씨는 좀 씁니다."고 한 기억이 아직까지 생생하다.

1943년 4월 海平公立國民學校(지금의 初等學校)에 入學하고는 할아버지로부터 한문 공부를 그만 두었다. 입학 때 교문 우측에 붙어 있던 海平公立國民學校라는 교명이 아직도 눈에 선하다.

그때는 入學하는 학생은 日本語로 말해야 했고, 학부모도 日本語로 말하도록 강요받았다. 일제강점기여서 우리말을 다 없애고 皇國臣民化, 즉 일본화하겠다는 일종의 문화말살 정책 때문이었다.

그때 日人敎師가 나를 보고 "모마이 오도상 나마이나니까. 구니모도 새다꾸 대스(國本性卓)"라고 했다.

높은 산은 다까이 야마, 낮은 산은 히꾸이 야마라해서 入學試驗에 合格하니 만 6세가 되지 않을 때였다. 내가 120명 중에 나이가 가장 어렸다. 무려 네 살이나 더 많은 학생도 있었다.

나는 비교적 어린 나이에 학교에 다녔다. 그것은 조부의 훈도도 있었지만 무엇보다 어머니의 남다른 교육열 때문이었다.

1946년 7월, 初等 4年 때였을 것이다. 학교를 마치고 점심도 가져가지 않아 배가 고파 집으로 바로 오려고 했는데 친구들이 억지로 미역을 감자고 해서 못 둑에 옷을 벗어 놓고 물 속으로 들어갔다. 기와를 굽는다고 못의 흙을 파낸 자리에 금방 쑥 내려 갔다. 눈을 떠보니 뿌연 물빛만 보였고 입으로는 계속 물이 들어왔다. 몸이 물에 빠져 허우적거리며 한 번 솟구쳤다가 빠지고 두 번 솟구쳤다가 내려가는데 옆집에 사는 이년 후배 徐敬石君이 못 둑에 버티고 서서 다른 사람들의 손에 손을 잡고 띠를 매어 나를 건져내었다. 얼마나 물을 많이 먹었든지 올챙이배가 되었다. 나는 못 둑에 엎드려 물을 토하였다.

그날은 집에 와서 식구들에게 못에 빠졌던 일을 얘기도 못하고 點心도 굶은 체 꼴망태를 메고 들판으로 나갔다. 뽕나무 밑에 누웠다가 해가 진 뒤에야 빈 망태를 들고 집으로 돌아왔다.

또, 한번은 보릿누름에 소꼴을 베러 갔는데 멀리서 "늑대야."하는 고함소리가 들렸다. 나는 황급히 소나무 위로 올라갔는데 발을 헛디뎌 그만 땅에 떨어졌다. 나뭇가지에 배가 찔려 피가 낭자했지만 늑대한테 물리지 않으려고 다시 소나무 위로 올라갔다. 그때 흉터가 70년이 지났어도 희미하게 배에 남아 있다.

해평중학교에 편입하다

1949년에 初等學校를 卒業하였다.

어머니께서는 "상배야, 사람은 일을 해야 산다."고 말씀하셨다. 당시 집안일은 어머니께서 주도하셨다. 그것은 아버지께서는 만주에 계시고 숙부께서 일꾼을 데리고 농사를 지었으니 혼자 계시던 어머니의 모습은 한 마디로 말이 아니었다. 오로지 대가족을 건사하려니 일에 포원이 지셨다. 그러니 초등학교를 졸업한 나는 어린 나이였지만 집안을 돕지 않을 수가 없었다.

50年度에 淸道 錦川까지 避難을 다녀와서 工夫하고 싶어 高等公民學校에 다니다가 善山郡 내에서 公立으로 처음 문을 연 海平中學校에 編入해서 卒業하였다.

대륜고등학교에 입학하다

2년간 놀다가 高等公民學校에 또 編入하느라고 1년 늦추니 同期들이 大學에 들어 갈 때 대륜고등학교에 入學하였다. 지금은 3年이 아무것도 아닌데 그때는 校服을 입고 校帽를 쓰고 故鄕에 오기가 부끄러웠다.

1957年 10月 24日 고등학교 3학년 때 軍에 召集令狀을 받고 學校 庶務課에 公納金을 다 낼 터이니 卒業狀만 달라고 하였으나 一言之下에 거절이었다. 軍入隊 送別宴 때 3학년 1반이었던 李致浩(전 국회의원)군과 여러 친구들이 놀다가 下宿집 방구들이 내려앉기도 하였다.

나는 고등학교 卒業狀을 못 받게 되자 先考께서 돈을 써서 永同까지 가 귀향증을 받아 다시 復校할 수 있었다. 우여곡절 끝에 대륜고를 卒業한 뒤 慶北大學敎 師範大學 國文科에 應試하였다.

첫날 試驗에 自信있어 친구들과 어울려 저녁에 一杯하였다. 이튿날 선택과목 시험을 치렀는데 입시 전에 『入試精解』의 시험 문제지를 30쪽까지 보고 잤는데 31쪽 문제가 나와 그만 落榜하고 말았다.

청구대학 1학년 때 군에 입대하다

나는 경대에 낙방하고 靑丘大學 國文科에 K2란 번호로 入學하였다. 1등한 학생이 不正으로 퇴교당해 내가 수석었다.

청구대학에 입학하고 慕山 沈載完 教授 研究室 407호에서 時調와 歌詞 원고 정리를 도왔다. 요새 말로 조교인 셈이다.

마침 학교 시간표를 보니 고향에 가 보리타작을 해주고 와도 학교 수업에 지장이 없을 것 같았다. 주간부였던 나는 고향에 가서 보리타작을 해주고 야간에 강의를 들으러 갔다가 10시경에 달성공원 앞에서 경찰의 不審檢問에 걸렸다.

이때가 1958년 6월 2일이었다. 불심검문에 걸려 大邱警察署 會議室에 연금되었다. 외부로 電話를 거는데 내 앞까지만 전화 통화가 허용되었다. 慕山 先生님께 전화 한 通話만 했더라면 풀려 날 수도 있었는데 붙들려 있는 나로서는 어떻게 해볼 재간이 없었다.

나는 어쩔 수 없이 집에도 연락을 못하고 무일푼으로 軍에 가게 생겼다. 마침 大邱大學에 다니는 송효익 군에게 100환을 구하고, 龜尾 막내 고모님께 160환을 얻었다.

論山訓練所에 입소하다

1958년 6월 9일 論山訓練所에 입소하였다.

21聯隊 1中隊 5小隊, 10357969. 軍番을 받고 軍服을 갈아 입는데 앞에 있는 훈련병이 태극기에 세면도구를 싸왔다가 기관사병에게 걸렸다. 그 훈련병은 태극기를 벽에 붙여놓고 하루 종일 국기에 대한 거수경례를 하는 벌칙을 받았다. 나는 그때의 일이 一生동안 國旗에 대한 尊嚴性이 教訓이 되었다. 美軍은 성조기를 게양할

때나 하강할 때 깃폭이 地面에 조금만 스쳐도 그 자리에서 소각한다고 하였다. 그만큼 성조기를 신성하게 여겼다.

내가 소속된 21연대는 기성연대라 여건이 좋았다. 다른 연대에 비하면 물도 흔하고 막사 주위에 나무도 많았다. 특히 21연대 5소대는 식수탕과 가까워 물을 마시기에 좋았다. 훈련병들은 三伏 炎天에 더위에 못 이겨 힘겨웠다. 나는 한밤중에 한 번은 식수탕에 들어가 목욕을 하는데 주번사령이 식수탕에 전등을 비추지 않는가. 나는 잡히면 죽는다는 생각이 스쳐 식수탕에서 나오자마자 죽을 힘을 다해 뛰었다. 내 뒤를 주번사령이 헐레벌떡 뒤따라 온다. 훈련소는 본부소대 1, 2, 3, 5소대가 일렬로 배치되어 있어서 通路가 본부소대부터 5소대까지 훤하게 보인다. 나는 3소대 쪽으로 가서 5소대로 들어가는데 불침번이 다 졸고 있어서 침상의 침낭 속에 들어가서 자는 척하였다. 조금 있으니 3소대 불침번이 주번사령에게 구타당하는 소리가 저만치서 들렸다. 3소대 쪽으로 가서 5소대로 들어 왔으니 3소대 불침번이 벼락 맞았다. 미안했지만 어쩔 수 없는 노릇이 아닌가.

나는 훈련소에서 내무반 서무계를 맡았다. 환경정리는 내 몫이었다. 아무런 도구가 없어 싸리나무를 두들겨 붓을 만들고 취사장 검정을 먹물삼아 환경정리를 하기도 하였다.

특무대에 근무하는 景氏는 水原 사는 분으로 내가 "우리 고향에도 景氏가 있다."고 하자 "自己와 같은 드문 姓氏가 있는 곳을 가르쳐 준다."고 매일 저녁 소주와 쇠고기를 가져 와 향도와 내무반장, 나와 넷이서 잘 먹었던 記憶이 새롭다.

12週의 훈련 도중 自殺者도 많았고, 밤에 파놓은 우물에 빠져

죽는 사람도 있었다. 한창 먹을 때라 밥의 양은 늘 모자랐다. 금방 돌아서면 배가 고팠다. 그때 부른 軍歌가 "양양한 炊事場을 바라 볼 때에 쇠고기 불고기는 장교가 먹고, 訓兵, 卒兵은 국물도 없다. 보아라. 하늘에 왜 벼락이 온다. 天地를 振動하는 된장국 냄새" 이런 가사로 불렀던 기억도 난다. 그만큼 훈련도 고되지만 늘 허기졌다.

12週의 訓練 중 崔相鶴(崔烈 부친), 張源百 두 분이 面會를 오셔서 나를 불러내어 崔烈, 張相龍과 같이 부대 안 面會場에서 대접을 받았다. 내가 "아버지는 왜 오시지 않습니까?"라고 했더니 "논 제방이 무너져 그 作業을 하시느라고 못 오신다."고 하셨다. 그리고 一週日 뒤 면회온 아버지께서 崔烈과 張相龍을 불러내어 소주 한 되와 계란 20개, 쇠고기 육회와 밥을 사 주셨다. 3명이 그것을 다 먹었다. 그때는 돌도 다 소화시키는 장정들이었다.

훈련을 마치고 배출대에서 대기 중 崔烈은 前方으로 간다고 통곡을 하였고, 나와 張相龍는 大邱 제5군관구 綜合教育隊로 배속되어 12週間의 운전교육을 받았다. 慶山 孤山에 있는 제5군관구 병기근무대 수송부에 운전병으로 배치되었다.

배속 받던 첫날, 新兵 5名이 왔다고 회식이 있었는데 막걸리와 오징어를 얼마나 먹었던지 취침 중에 토해서 內務班이 온통 오물 범벅이 되었다. 그 상황이 어떠했을까? 이튿날 나는 종일토록 침구를 빨며 보내고나니 완전히 농땡이로 지목받았다.

그때만해도 大學에 다니다가 軍에 간 사람이 극히 드문 때라 行政室에 勤務하게 되었다. 나중에는 연료계와 배차계를 겸하였으니 보직으로는 최고였고 돈도 많이 생기는 자리였다.

自由黨 때는 軍에서 유류, 타이어, 차량 부속 등이 나가지 않으면 사회가 마비되는 상태였다. 어떻게 하든 군수물자가 不正 유출

되어야만 사회가 돌아가는 그런 암울한 時代였다. 지금 생각하면 상상도 못하던 때였다.

해평중 서무과 임시직으로

1959년 3월부터 大學에 다닌다고 營外 居住하며 出退勤했다. 군에서의 學費가 고등학교 公納金도 안되었다. 入學金만 집에서 대고 나머지는 내가 軍에서 벌어 졸업해야 하였다. 學校에 다니려고 47개월 長期服務를 지원하였다. 남들은 하루라도 일찍 나가고 싶어하는 軍門을 나는 더 있겠다고 했으니 남 보기 부끄럽기도 하였다.

고향 자연부락 3洞에 우리 일가들이 많을 땐 100戶가 넘게 살았다. 入鄕祖가 11代祖인데 한 곳에 많이 살던 때였다. 대학 간다고 땅 팔고, 군에 안 갈려고 땅 팔고, 취직한다고 땅 팔고, 집 산다고 땅을 파니 대학 나온 사람은 땅을 팔기만 하니 마을에서는 대학을 보내지 않으려는 운동까지 벌어졌다. 3洞에서 초등학교 나온 사람은 공장에 다녀 돈 벌어 땅을 사는 반면 대학 나온 사람으로 땅을 산 사람은 내가 唯一無二하였다.

軍人學生으로 내는 증명을 해놓고 1962年 4月 30日부로 제대하고, 이듬해 1963年 2月에 청구대학을 卒業했다. 大學 卒業 뒤 집에서 1년 반동안 農事일을 하다가 先考의 後光으로 母校인 海平中學校 庶務科 臨時職員으로 勤務하였다. 그러니 自尊心이 상하기도 했다. 月給 4000원이었다.

해평중학교에 女敎師가 2名이 있었는데 文先生은 慶大 家政科를 나와 家政을 담당하였다. 鄭景泰 先生은 慶大 師大 英文科를 나와 學生課長이었고, 金昌文 先生은 慶北大 師大 國語科를 나온 國語敎師였다.

여선생인 文을 두고 두 선생이 이전투구식으로 사이가 좋지 않았다. 12月에 金先生이 召集令狀을 받고 軍에 入隊하게 되어 12月 24日 종업식 겸 送別會를 하게 되었다. 전직원이 送別會을 하는 市場에 모였다. 鄭先生은 大邱에 간다고 不參하였다.

나는 청부 禹泰岩氏와 送別會에 참석했다가 宿直敎師 교대를 위해 숙직실로 오니 낮에 대구로 간다던 鄭先生이 숙직실에 있는 게 아닌가.

나는 "鄭先生님, 金昌文 先生 送別式에 왜 오시지 않았어요."했더니 "그 개새끼 送別會에 내가 왜 가."라고 하였다. 내가 그 말을 받아서 "그러면 우리는 개새끼 親旧 아니오."하면서 서로 고함을 지르고 밀치기에 주먹을 휘둘렀다. 법보다 주먹이 가깝다고 했던가. 서무과 임시직원이 學生課長을 毆打했으니 事件이 어떻게 되겠는가?

정선생은 결국 警察病院에서 3주 진단을 끊어 김천검찰청에 나를 고소하였다. 3주 진단은 구속 사안이다. 鄭先生은 父親이 司法書士이고 異腹兄은 검찰청 用度係長이었다. 그런데 敎務課長 진정술을 제외하고는 校長, 校監 全職員이 鄭을 잘 때렸다하며 나를 옹호하였다. 그만큼 학생과장은 학교 내에서 인심을 잃었던 것이다.

金得煥이라는 農科 先生은 自己 叔父가 김천검찰청 安膺鎬 담당검사를 잘 안다며 나를 데리고 自己 叔父를 통해 저녁에 검사댁으로 찾아갔다. 이렇게 하여 事件의 槪要를 事前에 이야기하였다.

이튿날 검찰청 김천지청으로 청부 禹泰岩과 함께 갔다. 우씨는 傷痍軍으로 한쪽 눈이 義眼이었다. 검사 앞에서 안경으로 義眼을 두드리며 "황소 같은 사람이 싸우는데 어떻게 이 病身이 공모해서 때리겠소."라고 하였다.

鄭이 두 사람이 共謀해서 구타했다고 고소했기 때문이었다. 안 검사는 나에게 合議하라고 하였다. 鄭은 내가 구속될 줄 알았는데 合議하라니 合議金으로 5萬원을 요구하였다. 당시 월급이 월 4000원을 받았는데 5萬원은 거금이었다.

10원짜리 5,000장이니 한 가방이었다. 나는 돈 한 가방을 들고 父親 사법서사 사무실에 가서 돈을 내어놓으니, 鄭先生 이 "아버지, 이 돈 어떻게 할까요?"라고 하자 "銀行에 入金시켜라."고 하였다. 정선생이 돈을 가지고 은행으로 뛰어 가기에 내가 "合議書에 도장이나 찍어주고 가라."고 하였다. 그렇게 구타사건은 合意를 보고 學校로 돌아 왔다.

4,000원 봉급을 받으러 임시직으로 갔다가 5만원과 기타 경비 합쳐 10만원을 써버리고나니 눈에 보이는 것이 없었다.

순위고사를 보다

1965년 1月末, 敎師들이 順位考査를 보는데 專攻 외에 體育이나 音樂, 美術을 副專攻으로 해서 應試를 하란다. 당시 大邱에는 慶大 師大에 體育科가 있었고, 音樂이나 美術은 大邱에는 없었다. 釜山에 2年制 初大에 音樂科, 美術科가 있었다.

大邱中學校에서 2月에 시험을 보았다. 나는 體育은 달리기를 못하고, 音樂은 풍금을 못 다루었다. 그러나 美術은 붓글씨를 좀 쓰니 副專攻을 美術로해서 專攻은 4年間 공부했으니 좀 써넣었다.

敎職科目은 12學點 取得 후 5·16革命으로 무효화되어 敎師 資格證이 안나왔다. 그러나 理工系는 2級 正校師, 2級 正校師 資格證이 나오던 人文系는 準으로 되었다.

敎職科目 시험에 옆의 응시생에게 좀 가르쳐 달라고 하니 競爭인데 보여 줄 리가 없지 않는가. 하는 수 없이 책상 위에 冊을 내놓고 시험을 보았더니 감독이 옆에 와서 보지 말라고 하였다. 나는 "××야, 날 먹여 살릴래."하며 주먹으로 冊床을 내리쳤다. 지금 같으면 어떻게 되었을까? 그만큼 사회가 어수선하던 때였다.

1965년 6월에 대구시 포정동 道廳 學務課로 오라는 通知를 받았다. 實技시험 감독은 李景熙 大邱高 美術敎師, 김기현 미술과 장학사였다. 大邱郵遞局을 보고 그려라고 해서 그렸더니, 구체적으로 冊床 위에 의자를 올려놓고 그리라고 했다. 나는 우여곡절 끝에 실기시험을 마치고 집으로 돌아왔다.

금천중학교에 초임 발령을 받다

나는 대학을 졸업한지 2년째인 1965年 7月 5日 淸道 錦川中學校에 초임 발령이 났다. 당시 孫承睦 校長이었는데 그분의 姨姪壻가 美術獎學士로 '우리 妻姨母夫가 이 사람을 就職시키려고 하는구나.'했다는 後聞이다.

錦川中學校에 赴任하는 날 비가 부슬부슬 내려 家庭實習이었다. 林忠默 校監이 美術을 담당하다가 예천중으로 轉勤을 가고, 國語科 權寧俊 선생은 교장 마음에 안 들어 기필 내신을 냈다는 것이다. 권선생은 책상 서랍에 '禁酒, 禁煙', 거기다 '空酒, 空煙은

此限에 不在'라는 이상 야릇하게 문구를 써놓은 것을 校長이 보고 난 뒤 좋게 보지 않자 결국 기필 내신을 냈다는 것이다.

나는 錦川中이 초임이어서도 國語와 美術을 가르쳤다. 뒷날 알았지만 "지금 內申에 現狀維持는 되겠음."이라고 적었다는 것. 나는 말이 미술교사이지 미술에 대해 아는 것이 없었다. 美術時間만 되면 소가 도살장에 들어가는 格이었다. 나는 결국 교사로 살아남기 위해 죽기 살기로 미술공부를 했다. 美術用語를 몰라 百科事典을 찾는 것이 일과였다.

한번은 校長이 내가 붓글씨 쓰는 것을 보시고 "저 엉터리 어떻게 美術授業하나 했더니 글씨라도 가르치면 되겠구나."하면서 무릎을 쳤다고 했다. 당시 軍事政府라 차트文化가 유행이었다. 新學期가 되면 붓글씨로 차트를 다 쓰고, 環境整理, 거기다 面事務所에서 美術敎師라고 보리파종 立看板을 써달라는 부탁을 받아 나는 무딘 솜씨로 고생이 많았다. 그러나 美術敎師를 8年間이나 하였다.

錦川中에서 4年 8個月. 그때는 敎師 缺員이 생기면 學期中에 充員이 없어 缺員敎師의 授業을 교장까지 分擔해서 授業을 하였다. 그래서 나는 國語, 漢文, 文法, 美術, 世界史 등 一週日에 35時間 授業을 해야만 하였다. 금요일 6校時는 合班, 中學校는 月~金까지 30時間, 土曜日 네 시간인데 한 시간도 쉼없이 授業을 하였다. 거기다 夜間에는 中學校에 進學 못한 靑年들 모아놓고 靑年敎室이란 이름 아래 네 시간 수업을 하였다. 한마디로 중노동이었으나 혈기왕성한 젊은 교사로 책무와 열정으로 버틸 수 있었다.

孫承睦 校長께서 包山女高로 轉勤가시고, 후임으로 鄭鎭煥 校長이 오셨다. 靑年敎室 授業을 하던 敎師들이 아무도 나오지 않아 擔任을 맡은 내가 4시간 授業을 漢文을 가르쳤다.

3學年 擔任한 1967年度 앨범관계로 부산일보에 記事가 났다. 앨범업자가 2명으로 學校 內規로 交代해서 맡겼는데 鄭校長이 연거푸 한 사람에게만 맡기니 못 맡은 한 사람이 신문사에 제보를 한 것이었다.

鄭校長이 事事件件 나를 괴롭혀서 "校長 先生님, 新聞에 났습니다."라고 하자 정교장은 다시 "누구 때문에 신문에 났느냐."고 하기에 나는 "校長 때문에 났지요."라고 대꾸하였다.

"이놈 봐라."하기에 "큰아이 키우느냐. 어떻게 校長이 되었노."라고 나는 맞받아쳤다. "너는 校長 안 된다."고 하기에 "오냐, 校長 안 한다."고 한 뒤부터는 나는 아예 교장할 생각을 하지 않았다.

해평중학교 임시직 시절 鄭景泰와 싸운 뒤 李鍾律 人事係長이 孫承睦 校長께 "내가 있는 한 李尚培는 專任講師 딱지가 떨어지지 않는다."고 했다던가. 李鍾律 人事係長은 鄭景泰의 大邱商高 擔任이었단다. 손교장께 부탁해서 23個月만에 강사를 면했다. 1年이면 전임강사를 다 면하는데 人事係長이 自己 弟子를 때렸다고 그러했단다. 다 옛날 얘기다.

錦川中學校 在職時 青春의 情熱을 다 바쳤다. 初等學校와 高等學校 때 修學旅行을 못 간 것이 한이 되어 旅行費 못내는 學生에게 旅行費를 대어 주었더니 그 弟子가 오늘날까지도 잊지 않고 連絡이 온다.

教職에 있을 때 富者집, 또는 父母의 職場이 좋은 집 學生은 때리지 않았다. 그런 집 學生은 내가 때리거나 타이르지 않아도 父母가 다 알아서 할 것이니 구태여 神經 쓸 必要가 없는데 빈한하고 부모의 직장이 막노동하는 집 學生은 많이 꾸짖고 매도 대었다. 지도하고 나서는 꼭 귀가 때 불러 "네가 장난치고 수업에 태만할 때 너의 부모는 무엇을 하시고 계시겠나? 너의 집에서 네가 유일한 희망인데 부잣집 아이들 본보지 말라."고 타이르면 학생이 눈물을 흘리곤 하였다. '讚勝於撻楚'라고 했는데 지금 생각하니 "왜 學生들에게 매를 많이 들었는가."하는 後悔가 된다. 그러나 후회는 늦은 것, 어찌하랴.

고향 해평중으로 전근 가다

1970年度에 先考께서 "너 大邱로 들어오지 않을래."라고 하셨다. "아버지, 저는 아직 經力이 日淺한데 되지 않습니다."라고 하자 先考는 "教育監이 대구로 들여보내 준다."고 하셨다. 용기백배하여 內申을 내었더니 國語科 裝學士 呂永和에게 괘심罪에 걸려서 故鄕인 海平中學校로 보내졌다. 나를 해평중으로 발령내고난 뒤 教育監에게 혼이 났다는 말을 들었다.

"자네 자제가 학교에 있다면서 대구로 들어오지 않으려는가."

"내 査下生이 教育監아닌가."했다고 했다.

교육감 弟 金時永氏의 丈人이 先親의 親旧였다.

海平에 가 이사짐을 내리는데 禹泰岩 氏가 와서 "자네 자리 정해졌다."하였다. "뭔데"했더니 學生課長이란다. 알고 보니 6個月째 學生課長 자리를 비워 둔 상태였다. 하도 海平 人心이 까다로워 아무도 學生課長을 하지 않으려고해서 그렇게 되었단다.

母校에서 庶務課 任時職員으로 있다가 싸움을 하여 교직에 들었다가 6年만에 고향으로 돌아왔다. 감회가 새로울 수밖에. 2年間 봉직하다가 말 못할 애를 먹고 대구의 安心中으로 전근되었다.

신설 안심중학교로 전근 가다

安心中學校는 新設學校로 三學年이 처음 생긴 때라 내가 一學年 女學生班을 처음으로 맡았다. 6교시 수업을 마쳐도 退勤時間까지는 세 시간이 남았다. 반 학생들을 귀가시키지 않고 每日같이 漢字를 가르쳤다.

교사생활 8年間 알뜰히 모은 돈이 85만원. 125만원 짜리 5곡 기와집을 신암동에 샀다. 삼분의 이는 남의 집이나 다름 없었다. 방 한 칸에 일곱 식구가 가로 세로 누워 잤다. 그대로 平生 내 집이 처음이라 얼마나 좋고 흙을 실어다가 화단도 만들어 단란한 생활을 했다.

安心中은 校歌는 있었으나 應援歌가 없었다. 나는 校長의 付託을 받고 作詞하였더니 校長 왈 자己 이름으로 하고 싶다고 해서 그렇게 하라고 했다. 얼마나 솔직한가. 또 침산중학교는 처음에는 달산중학교였는데 初代 校長께서 校歌 作詞를 依賴해서 지었더니 自己 名義로 하고자 하기에 "그렇게 하십시오."라고 하였다.

그 뒤 동부공고에 근무 시 校歌 作詞를 했더니 校長이 단어 몇 자를 바꾸었다. 그것도 말도 되지 않게 바꾸어 자기 이름으로 하는 醜態를 보고 뒤집히는 속을 꾹꾹 참은 일까지 있었다.

별별 사람을 다 보았다. 校訓을 짓는데 協同하는 創造的 技術人으로 해놓아 後任 校長이 誠實, 創意, 自律로 채 2년도 못가고 뜯어 고쳤다.

경일중으로 옮기다

경일중으로 옮긴 뒤 서예가 南石 李成祚 선생을 만났다. 같이 근무하게 되어 본격적으로 서예에 入門하였다. 출퇴근 시에 소동파의 「赤壁賦」를 하루에 몇 자씩 외어 다 암기하였다.

교사들은 退勤 때 모여서 술을 마시곤 했는데 내가 參席하지 않으니 學生들 課外指導를 하는 줄 알고 미행하는 사람까지 있었다. 慶北高等學校로 內申을 내었는데 교무주임이 人事書類를 册床 위에 둔 것을 모 교사가 보고 술집에서 "내가 慶高로 간다."고 떠들어 옆방에 있던 중앙정보부 요원이 듣고 나의 人事는 2年間 꼼짝도 못한 일까지 겪었다.

경일중에 근무할 때 교장선생님과 여러 차례 일화가 있다.

1978년 2월 나와 같이 4년간 경일중학교에서 근무하던 金正男 선생이 대구중학교로 전근을 가셨다. 김선생은 경일중에 나보다 먼저 와서 5년 만기로 떠났는데 같이 근무하던 때에 병을 얻었다. 대구중학교로 전근 가자 不治의 重病으로 한 달 만에 休職을 하였고 5월말에 別世를 하였다. 상가집에 가보니 경일중에서는 떠났다고 問喪客이 없었고, 또한 대구중에서는 부임 한 달만에 休職했다고 손님이 별로 없었다.

6월 4일이 장례일이라 나는 학교에 연락도 하지 않고 영대병원 옆에 있는 喪家로 갔다. 그러나 금방 靈柩車가 떠났다고 하지 않는가. 부랴부랴 택시를 잡아타고 팔달교까지 쫓아가서야 영구차에 동승할 수 있었다. 그 해는 봄 가뭄이 심해 八公山에 잇따라 산불이 나고 농작물이 말이 아니었다. 의성군 안계면 양곡리로 가는 길가에 김선생의 養祖母가 길바닥에 앉아서 "내 팔자가 험해서 네가 죽는다"고 大聲痛哭을 하여 보는 사람의 눈시울을 적시게 하였다. 평소에 "김선생 양조부가 12세 때 처가에 다녀오다가 노상에서 별세하셨다."고 하며 우리 할머니는 처녀라는 말을 자주 하셨다.

나는 장례를 마치고 돌아와 알아보았더니, 교장 선생 왈 "이선생이 학교 수업도 빼먹고 틀림없이 김선생 葬地에 갔을 것이다."고 하면서 학교 안에서 야단이 났다고 전한다. 그러나 수업도 수업이지만 떠나간 고인에 대한 예의가 먼저가 아니겠는가. 교직 25년에 장지에 한 사람도 가지 않았다.

경일중학교에서는 매년 6월 5일 앞산에서 寫生大會를 하였다. 다음날이 현충일이라 사생대회를 마치고 하루 반을 쉰다. 나는 남보다 먼저 사생대회장으로 나가 교장 선생이 오기를 기다렸다. 저만치 교장이 나타났다.

나는 "교장 선생님, 어제 김선생 장지인 안계에 다녀 왔는데 제가 교장 선생님 때문에 人事를 많이 들었습니다."고 운을 떼자 교장은 의아한 표정을 지었다. 나는 "의성교육장, 군수, 국회의원, 경찰서장 등 많은 機關長이 다 모여 있는데 고인은 대구중에 근무하고 있는 걸로 아는데 어떻게 他校에서 왔느냐"고 하였습니다. 저는 "교장 선생님께서 보내주셔서 왔습니다."고 했더니 교장이 누구냐고 묻길래 존함을 말씀드렸더니 "아, 그분 같으면 그러고도 남을 분이라고 합니다."라고 臨機應變으로 꾸며내어 말하였더니 교장은 꾸중은 커녕 도리어 수고했다고 칭찬까지 하였다.

이제는 다 지나간 일로 그때를 생각하면 절로 웃음이 나온다.

방학 때 進學指導한다고 出勤해서 授業을 마치고 學生들을 歸家시키고 맥주를 사서 마시고 있었다. 마침 校長이 들어 와 누구에게 물어보고 어디에서 飮酒하느냐고 怒發大發하였다. 내가 딱 받아서 "술을 몰래 마시는데 왜 들어 왔으며, 앞으로도 술을 마실 때 결재를 올리겠으니 허락해야 한다."고 하였다. 그리고 난로가에 앉으려는 교장을 내가 맥주 두 잔을 따루어 억지로 마시게 하였다. 그분은 담배는 줄담배였지만 술을 일절 못하여 억지로 마시게 했더니 금세 얼굴이 홍당무가 되었다. 그 교장은 약자에게는 강하고, 강자에게는 약한 분이라 그 다음부터는 나를 아예 상대하지 않으려 했다.

自己 先考가 5분이 늦어서 33人에 못 들었다는 獨立鬪士라 큰소리 치는 분이었다. 한 번은 내가 사택에 갔다. 거실에 교장 부친의 肖像畵이 걸려 있어서 내가 再拜했더니 自己 집에 그 많은 사람이 찾아와도 절하는 사람은 처음이라고 하였다.

그날 마침 동료가 와서 令息의 四星을 쓰고 있기에 나는 "다음에는 주임 한 자리 주셔야 합니다."했더니 동료는 四星主任이 되었다. 술 한 잔 달라고 했더니 洋酒를 두 병이나 내주었다. 그때는 洋酒를 가지고 다니기 어려운 때였고, 양담배도 피우다 들키면 벌금을 하던 때였으니 지금 생각하면 今昔之感이다.

그 이듬해 내가 타교로 전근을 가고 난 뒤에도 學校人事를 자문해와 영향을 주었다. 그분은 전임교장이 3년 동안 교실 한 칸을 짓지 못했는데 赴任하자 바로 교육청에 전화해서 3일만에 착공하기도 했다. 學校가 고지대라 수돗물이 잘 나오지 않았는데 地下水를 끌어올려 食水難을 解決하는 有能한 교장이었다.

대구고로 옮기다

大邱高 勤務 時 殺人事件으로 校長이 직위 해제되는 일이 생겼

다. 교장은 직원을 소집하시더니 "내가 德이 없어 두 번이나 이런 일을 겪는데 평소 도장만 찍고 봉급을 받았는데 이럴 때 책임을 지라는 것 아니냐. 모든 책임은 내가 지니 先生님들은 조금도 동요하지 마시고 學生지도에 만전을 기해 주시기를 바랍니다."하시고 떠나셨다.

그날 저녁 몇이 모여 맥주 한 박스를 들고 방문해서 밤늦도록 마셨다. 그렇게 仁慈하신 校長께서도 三豊百貨店 火災 때 子婦를 잃고 晩年에는 自盡하는 비운을 맞았다. 사람의 운명이 꼭 善하다고 善하게만 돌아가는 것은 아닌 모양이다.

學校 안에 교장 사택을 지어놓고 100명의 職員 앞에서 말하기를 "우범지대에 교장사택을 지으니 한 곳은 해소되었다. 강당 뒤에 가 문제라."는 長廣舌을 늬까리기에 나는 "校長先生님, 좋은 方法이 있습니다."라고 했더니 "뭐냐"고 물었다. "교장 선생님, 校監 舍宅을 지으십시오."라고 했더니 교장은 얼굴이 무안함으로 가득했다.

그 뒤 서무과장이 직원회의에서 "학교에 전화비가 많이 나온다." 말하기에 내가 "좋은 방법이 있다."고 하자 교장이 무엇이냐고 하였다. "교장실부터 공중전화를 넣어 오는 전화만 받고, 거는 전화는 돈을 넣고 하면 된다."고 하였다. 지금 생각해보면 젊은 혈기에 교장에 대한 항명이라 웃음이 나온다.

대구공고로 옮기다

나는 內患으로 精神을 못 차리고 있는데 期必 內申을 내어 "李尚培는 實力이 없어 人文學校에 勤務할 수 없다."고 했단다. 奬學士가 在學時 우리 집에 자주 왔던 분으로 너무나 잘 아는 터이라 알아보니 校長과의 마찰로 그런 줄 알고 實業界 大邱工高로 전출되었다.

대구공고에서 처음으로 學年主任을 맡았다. 主任 點數가 없을 때는 가는 곳마다 學生 아니면 學年主任을 맡았는데 승진의 加算이 있고부터는 나에게는 돌아오지 않았다.

人文系에 있다가 實業系에서 人文科를 맡으니 別天地였다. 그러나 실업계 학교는 울고 왔다가 울고 떠난다는 곳이기도 했다. 더욱이 夜間部에 근무하게 되니 下午 5시 가까이 출근해서 정전이 되거나 비가 오는 날이면 일찍 퇴근하였다. 그러니 글씨쓰기에 얼마나 좋았는지 모른다.

蹴球部 創設로 40명의 특기생에게 숙식 제공의 비용이 만만찮아 쌀을 거두거나 돈을 거두게 되었다. 대회에 出戰해서 銅賞도 받은 적이 없는데 쌀 아니면 돈을 거두려고 하기에 간부회의 때 내가 "벼룩도 코가 있고 빈대도 낯짝이 있는 데 노상 꼴찌를 면치 못하는데 어떻게 자꾸 거둡니까?"라고 했더니 校長이 "오호 이 사람 봐라, 나는 아침 8시 이전에 출근해서 저녁 9시가 넘어 퇴근하는데 야간부 교사는 5시에 출근해 9시에 다 나간다."고 하였다. "저를 학교 교장시켜주면 학교에서 자고 봉급도 받지 않겠습니다."고 했더니 더 이상 교장은 말이 없었다.

그러던 분도 2013년 10월에 90壽를 一期로 他界하셨다. 問喪갔다가 그분의 제자인 全斗煥 前 大統領도 뵈었다.

대구공고에서 더 있고 싶어 일 년간 유보하다 더 이상 있을 수 없어 아쉬운 마음으로 女高에 가게 되었다.

경덕여고 시절

출퇴근하는데 80분 이상 걸리는 먼 거리라 긴 시간을 잘 이용하자며 出師表 627字를 하루에 몇 字씩 익혔다.

1987年度에 도시락 가방을 들고 만원버스를 타고 한 시간 이상 가는 거리였다. 어떻게 갈까 하고 앞을 보니 한 사람이 내릴듯이 가방을 들기에 그 사람 뒤에 섰더니 앞에서 젊은이가 쏜살같이 와 자리에 앉는 것이 아닌가. 얼마나 부끄럽든지 나는 그 사람 무릎에 앉았다. 80kg에 도시락과 책가방을 들고 의자를 잡아 위로 당기면서 눌러대었다.

나는 '그처럼 빠르니 88올림픽에 나가거라. 자리 양보는 못할망정 어떻게 그럴 수가 있느냐. 욕 좀 보아라.'하고 눌러대니 그 청년은 앉은자리에서 빠져나가려고 몸부림을 친다. 한 정거장을 가더니 억지로 빠져나가 내렸다. 그때도 내 머리는 백발이고 나이도 쉰이 넘었을 때였다.

학생 서예실기대회 심사를 맡다

초·중학교에서 학생을 대상으로 하는 사생이나 백일장, 또는 서예 실기대회 심사위원에서는 초·중학교 교사는 배제되고, 고교 교사들이 심사를 하게 된다. 한 번은 동부교육청 관할 행사에 서예부문 심사를 하게 되었다. 동부교육청은 당시 경북대병원 맞은 편에 있었다. 앞에 택시에서 내리는 젊은 부인이 내 주머니에 봉투를 넣어주고 가버렸다. 봉투를 열어보니 10만원과 학생 이름이 적혀 있었다. 이름을 가리고 심사를 하는데 대상을 받은 학생이 쪽지에 적힌 이름이었다.

나는 이튿날 그 부인을 만나 "학생은 이 돈이 아니라도 대상이었고, 내가 이 돈을 가져도 되지만 내 양심이 허락하지 않는다. 너도 알고 나도 알고, 하늘과 땅도 안다."는 楊震의 '四知' 이야기를 하면서 돈을 돌려주었다. 꼭 사례를 하고 싶으면 술 한 잔 사라고 했더니 다음에 술을 한 병 가지고 온 일도 있었다.

아직도 많은 심사를 해도 십 원짜리 한 장도 받지 않았다.

경덕여고에서 서예부를 창설해 慶墨會라는 동아리를 조직하여 4년간 지도하다가 떠났다.

다시 대구고로 옮기다

몇 년 전에 期必 내신을 받았던 대구고로 9년 만에 다시 전근을 갔었다. 나는 대구고와는 인연이 좋지 않은 곳이다. 갈 때마다 돈을 좋아하는 校長만 만나 나는 미움을 받았다.

각 학교마다 卒業 20주년이면 당시의 恩師를 招待行事에 모신다. 거기에서 "人文系에 實力 없어 부적합하다."고 內申을 낸 校長을 만났다. 내가 어떻게 할까하고 벼르고 있는데 본인이 먼저 와 술을 권하기에 참았다. 그렇던 그도 이제 자리에 누웠다는 소식이다. 人生無常이다.

해평중학교에서 내 돈 5만원 물려 먹은 정교사도 대구고에서 다시 만났다. 내가 赴任 人事를 마치고나니 찾아 와서 사과를 하였다. 그렇게 하지 않았으면 "앞으로 조심하라."고 마이크를 잡고 말하려 하였다.

그도 얼마 살지 못하고 不歸의 客이 되고 말았다.

서울에서 열리는 敎育會 大邱市 代議員으로 내가 參席해서 決議分科에서 "校長任期制 관철하자."고 口號에 넣었다. 그날 저녁 서울 시내 교장들 야단났다고 들었다.

이튿날 大會에서 내가 發言權을 얻어 大邱에서 온 이상배라고 紹介하고 "여러분들, 임기제 없는 것이 뭣인지 아느냐."고 했더니 모두들 의아해 했다. 그래서 "첫째는 부모다. 20대 부모가 되던 30대에 되던 죽을 때까지 부모고, 둘째는 校長이다. 한 번 교장이 되면 퇴임할 때까지 교장이라고 한다. 모든 공무원들이 다 계급정년이 있다."고 하였다.

그래서 교장 임기제에 나도 한 몫을 했다고 自負한다.

대통령 취임식에 초대받다

나는 1998년 2월 25일 15대 김대중 대통령 취임식에 參席하라는 연락을 받았다. 내가 "대구 일번지 학교 교장께 서울 갈 때 동승합시다."고 했더니 "서울은 왜요?"한다.

"대통령 취임식에 일번지 고등학교 교장이 안 가십니까?"했더니 "그런 일 없다."고 했다.

학교에 출장을 요구했더니 교장도 안 가는데 안 된다고 하였다. 서무과장에게 만약 교장이 초대받았으면 어떻게 하겠느냐고 했더니 말이 없었다. 내가 "그럼 취임식에 가지 않을 테니 출장 명령을 못 낸다는 증명이나 하나해주시오. 어느 놈 모가지가 더 센가."했더니 출장을 허락하였다.

나중에 알고 보니 大邱市內에서 교육자로는 나 한 사람뿐이었다. 교육감도 참석 못했다.

나는 도포 입고 유건을 쓰고 참석해서 金大中 大統領과도 악수를 하였다. 그때 "通貨基金憂病國 成仁明德再生民"이란 족자를 선물했다. 그해 2월 20일 大統領 當選者 金大中으로부터 감사장을 받았다.

제983527호

감사장

이상배

귀하께서는 제15대 대통령선거에서 새정치 국민회의와 자유민주연합이 손잡고 이룩해 낸 半世紀만의 수평적 정권교체에 열과 성으로 헌신해 온 그 공헌을 높이 기려 이에 감사장을 드립니다.

1998년 2월 20일

국민회의 자민련 야권 단일 후보
제15대 대통령 당선자 金大中

외우 김원중 박사

내가 어려울 때마다 物心兩面으로 진정으로 위로해준 愚巖 金元重 博士를 잊을 수 없다. 내가 우암에게 맏딸 主禮를 부탁하면서 내 아이들의 主禮를 모두 맡아 달라고 하였다. 맏딸 예식을 지금은 없어진 궁전예식장에서 하기로 했는데 12시가 되어서도 主禮가 오지 않는 게 아닌가. 나중에 알고 보니 동촌에서 차가 막혀 30분이나 늦게 도착했다.

그때 우암이 浦項工大에 근무할 때였다. 그 뒤로 우암은 서울 같으면 하루 전에 가고, 대구에서도 한 시간 전에 간다고 했다.

正午 때 禮式 時間을 정하니 다음 예식에 밀려서 두서가 없음을 보아 온 터라 下午 네 시에 시간을 잡으니 다음 예식이 없어 좋았다. 맏이 이후는 전부 다 시간을 넉넉히 정해서 혼인예식을 하였다. 막내 딸은 전통혼례로 향교에서 12시에 했다.

셋째 딸 미정이의 주례를 선 김원중 박사

나는 슬하의 6男妹의 주례를 모두 우암에게 맡겼다. 만약 나보다 나이가 많은 은사께 부탁드렸다면 6남매를 혼자서 못했을 것이다.

우암과 나는 동갑이다. 2002년 우암이 퇴임하고 뇌졸중으로 쓰러져 입원했을 때 "내 딸마저 주례 서 주고 가야한다."고 하였다.

2006년 우암의 令息 起顯君이 東亞日報 러시아 지사장으로 있을 때였다. 모스크바에 불편한 몸임에도 내가 가자고 했더니 "작년에 다녀왔고, 올 8月에 기현이가 영구 귀국하는데……."하면서 어려움을 토로하였다. 그러나 다시 권하여 우암을 앞세워 5명이 막무가내로 러시아를 다녀온 일도 있다.

난생 처음 러시아 여행은 가는 곳마다 칙사 대접을 받았다. 식당에 들어갔었는데 불러내기에 나가니 예약표가 이 식당이 아니고 2층으로 가란다. VIP 대접이었다. 물론 동아일보 러시아 지사장 덕분이었다.

우암은 철인이다. 그의 의지는 대단하다. 아픈 몸을 이끌고도 어느 곳에나 잘 다닌다. 보통 사람 같으면 불편한 몸을 남이 볼까하여 모임에도 나오지 않을 것인데 "남이 나를 살려주지 않는다. 오직 내가 살길은 나만이 할 수 있다."는 신념으로 사는 우암같은 친구가 있다는 것만으로도 든든하기 짝이 없다.

위암 수술을 받다

나는 평소에 건강에 자신이 있었다. 그러나 건강검진 결과 위암 판정을 받았다. 2008年 9月 17日부로 그렇게 많이 피우던 담배를 끊었다. 그러나 술만은 끊을 재주가 없었다. 나는 애주가로 入院하기 2週 前까지 많이도 마셨다. 이왕 수술 받는 것이니 그 전에 많이 마셔두자는 심산이었다.

2008年 10月 1日에 위암 수술을 동산병원에서 받았다. 知人들이 問病을 와서 慰勞를 하였다. 나는 지인들에게 "만약 내가 在職時에 得病했다면 동료들이 補講에 들어가면서 나를 얼마나 원망할 것인데, 退任도 했고 부모님도 돌아가셨으니 이제 내 차례로 늦게 병에 걸렸으니 얼마나 多幸한가."라고 했더니, 모두들 "자네 마음 먹는 것보니 快癒되겠다."고들 하였다.

나는 退院하면서 趙光範 博士께 "술을 조금 마셔도 되겠느냐."고 했더니 조박사는 어이가 없는지 웃음을 머금고 조금만 마시라고 한다. 70이 넘었으니 살만큼 살았고 보니 그렇게 대답했으리라.

1년도 채 못되어 2009年 8月 1日, 입원 이틀만에 외과 趙博士의 執刀로 수술을 받았다. 4인 병실에 제일 늦게 입원했는데 나는 병실 안에 있는 화장실은 세면이나 소변 정도로 하고 가급적이면 밖에 있는 큰 화장실을 사용하자고 제안하였다. 모두들 나의 제안에 찬동하였다. 상앙이 제가 만든 법에 눈을 빼었다고 하더니, 한치 앞을 못 본다고 했던가. 나는 아내가 6시경에 집에 간 뒤 밤 11시쯤에 화장실에 들어가 얼마나 피를 쏟았는지 하늘이 노랬다. 밖에 나갈 형편이 못되었지만, 5분도 안되어 또 들어갔다가 나올 때는 엎드려 기어 나오는데 다른 환자가 보니 피범벅이더란다.

간호사실로 연락하여 의사가 왔다. 응급실로 옮겨야한다며 보호자에게 연락하라는 소리가 귀에 들렸다. 혈압약을 먹고 수술을 받았으니 피가 응고되지 않고 종일 배 안에 차 있었던 모양이었다.

아내가 얼마나 놀랐던지 급히 병원으로 왔다. 한참 후에 이제 응급실로 가지 않아도 되겠다 했다. 만약에 독방에 있었다면 꼼짝없이 죽었을 것이다. 좋은 의사 선생님을 만나 수술이 잘되었고 지금은 완치되었다. 아직 나는 건강이 허락되어 지금도 반주로 막걸리를 즐겨 마신다. 2008年 10月 이후 두 달에 한 번씩 병원에 가는데 아직까지 한 번도 빈손으로 간 적이 없다. 술, 곶감, 과일, 음료수, 과자 등을 가지고 갔다.

형님 별세하시다

내가 일생을 살아오면서 제일 슬프게 운 것이 1991年 3月 형님別世 때였다. 父母님 보다 형님이 먼저 돌아 가셨다. 형만 믿고 있었는데 이제는 부모님이 내 責任이 된 것이다. 원래 맏이로 태어났으면 부모님에 대한 相助契라도 미리 준비했을 것인데 兄 死後 1年 만에 또 先考께서 別世하셨다. 그리고 1998年에 先妣 別世 때는 형님 별세 때 눈물이 말라 나오지 않았다.

나는 가장 슬픈 일도 가장 기쁜 일도 조카들에게서 받았다. 형님 별세가 내게 가장 큰 슬픔이었다고 생각했었는데 그보다 더 애통하고 절통한 일이 또 기다리고 있을 줄은 꿈엔들 생각했겠는가. 내 뒤를 이어 교직을 택한 셋째 조카 종욱이가 유명을 달리한 것이다. 나는 그 아이를 가슴 한 켠에 묻었다. 학교업무로 바쁜 와중에도 고향 가는 길에는 꼭 동행하였다. 그런 믿음직한, 지금도 그 아이의 웃는 모습이 눈에 선해 가슴이 아리다.

次侄 鍾律 소설가로 등단하다

또한 내 一生에서 가장 기뻤던 일은 한 번도 겉으로 내색은 하지 않았지만 제일 믿고 의지되는 큰조카 종규의 사업 번창이다. 형님 별세 후 그 빈자리를 메워주는 長侄은 집안의 기둥으로 든든하다. 표현을 하지 않은 것은 아마도 어릴 때부터 성실함을 보여줬기에 당연하다는 생각을 한 것 같다. 표현 못해 주어 못내 미안하다.

次侄 鍾律이는 어릴 때부터 작가가 될 것을 예견을 한 것처럼 다양한 경험을 하면서 자랐다. 그는 여러 직업을 거쳐 지금도 포크레인 기사로 건설업체를 운영하고 있다.

언제 문학공부를 했는지 鍾律이가 2008년 每日新聞 新春文藝에서 小說이 當選되었다. 나는 신춘문예 施賞式場인 每日新聞 11층에서 형님 생각이 나서 마이크를 잡고 주책스레 울었다.

종률이는 직업이 포크레인 기사이다. 포크레인 技士가 소설가가 되었다고 都下 新聞에 大書特筆이 되었다. 每日新聞 記事를 朝鮮日報, 東亞日報, 嶺南日報에서 내어 줄 리 있겠는가.

富裕한 家庭에 태어나 文學授業을 正道로 받았다면 하는 마음이 앞선다. 그러나 한편으로 생각하니 꼭 그렇게 되는 것만도 아닌 것이다. 或者는 春園이 學閥이 좋아 그런 것도 아니라는 것이다. 나는 소설가가 된 조카에게 노벨상이라도 받기를 期待해 보고 앞으로 熱心히 해 叔侄間의 文學館을 만들어 보자고 일렀다.

언젠가 설날 歲拜 돈으로 10만원을 내놓았다. 나는 부모님께도 드려 보지 못했는데 이 거금을 내게 주느냐고 했더니 "TV에서 어릴 적에는 어른들로부터 돈을 받고, 成家하고 職場을 가지면 어른들께 돈을 드리라."고 하더라면서 돈을 주기에 온 마을에 다니면서 자랑을 했다.

나는 큰조카 종규는 큰 기업인으로, 홍사에게 文運이 長久하기를 빌고 또 빈다.

반세기만에 책값 드리다

나는 1958年 青丘大學 國文科에 入學하였다. 兪昌均 先生의 國語史 講義時間에 『朴通事諺解』라는 冊을 받았다. 나는 그 이튿날 군기피자로 몰려 軍에 불려갔다가 復學을 했는데 그 과목이 없어졌다. 그리고 책을 받았던 일마저 까마득하게 잊어버렸다. 그러니 자연 책값을 드리지 못하고 반세기를 후딱 넘겨 버렸다.

2007年 6月 30日 나는 집으로 몇 분을 초대하였다. 물론 東溪 成炳禧 博士, 海巖 吳相寅 校長, 美都茶房의 惠晶 鄭仁淑 女史와 同席한 자리에서 兪昌均 은사님께 2萬원을 드렸다. 당시 『朴通事諺解』 冊代가 1,500원이었다.

그러고 보니 반세기가 지나서 책값을 돌려 드린 셈이다. 나는 한결 마음이 후련하다.

교직 35년 외길 인생

나는 다른 職場에 있은 적이 없다. 오직 학교에만 35年 勤務하고 명예퇴직하였다. 退任할 때는 1日 校監으로 退出 一期로 나왔다.

그동안 수많은 弟子를 輩出했지만 出世한 弟子는 별로 없다. 오랫동안 교직에 있다 별일이 다 생긴다. 弟子들에게 속기도 하고, 公納金을 대어 주었더니 學校에 나오지 않고 돈을 빌려가고는 그만이었다.

요즘도 弟子가 스승을 구타하고, 子息이 아버지를 구타한다는 일이 종종 있다고 하는데 90年代도 있었다. 이런 일이 생기면 그러면 누가 더 나쁘냐고 묻는다면 스승과 아버지가 더 나쁘다고 나는 말한다. 감히 제자나 자식이 어떻게 부모를 때릴까? 맞을 짓을 했기에 맞았다고 생각한다.

내가 初等과 高校 때 修學旅行을 못간 것이 한이 되어 擔任한 學生은 100% 다 가도록 만들었다. 아주 어려운 學生은 여행비를 대주어 데려 가기도 했다. 수학여행 대신 授業에 들어 간 學生들이 旅行에 못 간다기에 半額을 몇 명 대어주기도 했다. 60年代에서 아직까지도 그 제자들과 因緣을 유지하고 있다.

제자 이야기

70年代까지만 해도 校長의 停年 退任式 때는 全校生은 물론 學父母, 地域機關長 등 수 百名이 雲集했다. 弟子의 送別辭를 비롯해서 學生과 教職員의 膳物 등 성대한 잔치가 벌어지곤 했다.

그때 3學年 擔任을 해서 送別辭를 지어 내가 맡은 반의 실장에게 송별사를 읽도록 하니 죽어도 못 읽겠다고 하였다. 다른 교사들은 "學生會長이 읽어야 한다."고 하기에 "校則에 校長 退任時에 送別辭를 꼭 學生會長이 읽어야 한다는 규칙을 보자. 만약 그렇다면 당신이 지어라."하고 한 바탕했다.

8월말이라 강당도 없는 학교에서 경부선 열차의 기적소리는 계속 울렸다. 덥기는 더운데 마이크의 성능은 잡소리만 나는데 송별사를 읽는 실장에게 "읽는 흉내만 내라."하고 억지로 행사를 마쳤다.

내가 실장인 呂熙光에게 "고목에는 비료를 주어도 별로 나타나지 않으니 어린 나무는 성장의 효과가 확연하니 네가 앞으로 가면 내 말 할 때가 올 것이다."하고 타일렀다. 卒業式 때 강당이 없어 지금은 없어진 西部劇場을 빌려 卒業生 代表로 送辭를 같은 실장에게 읽으라고 했더니 그때는 경험이 있어 순순히 응했다.

呂熙光君이 고교 졸업 후 대학에 입학한 뒤 찾아 왔다. 高大에 낙방하고 동국대에 入學했는데 一流에 入學한 學生은 後輩를 모아 놓은 자리에서 나는 이렇게 工夫했다는 경험담을 얘기하는데 저는 그 대열에 끼이지 못하고 지금 죽고 싶은 심정이라고 하였다. 나는 "고대는 어느 대에 지원했었나."라고 하자 "法大입니다."라고 하였다. 나는 "法大는 왜?"하였더니 "考試를 위해서 입니다."라고 대답하였다. "高大 法大는 全員 司法考試에 合格하느냐."고 재차 묻자 "꼭 그렇지는 않습니다."고 대답하였다. 나는 "한 번 실수는 兵家之常事이니 一流大 합격자들이 지금 술 마시며 놀 것이니 너는 지금 바로 가서 영어 공부부터 하고 捲土重來하여라."하고 돌려보냈다.

나는 그 일을 까마득 잊고 있었는데 大學 4年 겨울 放學 때 그가 찾아 와 "선생님 제가 行政考試에 合格했습니다. 그때 선생님께서 저에게 그렇게 타이르지 않으셨으면 오늘의 제가 있지 않았을 것입니다."라고 하면서 마당에서 큰절을 하였다.

呂熙光은 첫 발령으로 대구광역시 공무원 교육원 교수가 되어 강의를 처음 할 때 중학교 시절 수천 명 앞에서 송별사와 답사를 읽은 적이 있었는데 기운이 생기더라는 것이다. 그 뒤 승승장구하여 젊은 나이에 대구광역시 교통국장이 되었다.

나는 그에게 "어떤 일이 있어도 考試 出身의 名譽를 걸고 뇌물 받지 마시게. 事務는 실수가 있어도 뇌물 받은 것은 실수로 하지 않는다. 남자가 도적질 두고는 다 하라 하지 않았더냐."고 하였다.

내가 회장으로 있는 大邱書藝聯合會展이 大邱市立中央圖書館에서 열었을 때 呂熙光 행정부시장을 초대하였다. 이 날 전시장에서 과분한 祝辭를 하고 그 많은 내객들과 만찬을 하게 되었다. 呂 부시장은 스스럼없이 많은 食代를 내주어 나는 書藝人들에게 좋은 제자를 두었다는 讚辭를 받았다.

그 얼마 뒤 臥病 중이라는 청천벽력 같은 비보를 접했다. 나의 唯一한 考試 出身의 제자, 그것도 가장 아끼던 제자가 아프다니 내 마음이 이렇게 아픈데 본인이야 말하여 무엇하랴. 친하게 지내는 제자에게 통장번호를 물어 약소하나마 30만원을 송금하여 전하라고 하였다.

2015년 9월 15일 다른 제자에게 요사이 건강이 어떠냐고 물었더니 많이 좋아져서 괜찮다고 하기에 내가 용기를 내어 전화했더니 音聲이 좋았다. 安否를 묻고는 "체면 없는 소리를 해야겠는데…"하니 "선생님, 뭣인데요."해서 "올해 내가 여든이라 모아 놓은 글과 여러 사람들의 글을 받아 冊을 내고 싶다."고 하면서 原稿請託을 했다. 다음날 아침에 글을 곧바로 보내왔다. 다른 사람은 몇 달씩 걸리는데 하룻밤 사이에 뚝딱 원고를 쓴 것ㅇ이다.

나는 呂熙光 부시장이 부디 쾌유되어 復職하기를 빌고 또 빌었는데 애석하게도 2016년 1월 12일 이승을 떠나고 말았다. 오호, 애재라 통재라. 인생살이가 그렇게 허무하단 말인가.

校職에 있을 때 나는 모가 난 사람이라 3年 擔任이 잘 돌아 오지 않았다. 모처럼 3학년 담임하고 실장 선출을 하는데, "2학년 때 실장한 사람 있는가?"했더니 한 학생이 "야가 했다."하며 한 학생을 을 가리켰다. "네가 해라."고 했더니 죽어도 못 하겠다는 것이었다. 그 학생은 父母님이 60이 넘고, 兄으로부터 學費를 받는 형편이라 어렵다고 하였다.

初等 때는 반장하려고 모든 能力을 發揮했는데 中學校에 오면 初等 6年 때까지 힘들어 서로 회장을 하려고 하지 않았다. 나는 選擧를 하지 않고 指名을 했다. 그때는 會長이 되면 環境整理며 淸掃용구 등 학생들로부터 갹출하던 때라 會長이 되면 陰陽으로 학급을 위해서 신경을 많이 쓸 때였다.

"1, 2학년 때 會長하지 않은 사람은 괜찮지만 오뉴월 불도 쬐다가 그만 두면 서운하다하는데 네가 해라. 그리고 그 뒷받침은 내가 한다."고 설득하여 겨우 실장을 시켰다. 학생의 별명이 명주고름이었다.

나는 교직에서 많은 試行錯誤도 겪었다. 그 가운데도 김팽찬이란 제자가 생각난다. 전체 朝會時間에 학교에 있는 감나무에 올라가 감을 따는 것이 아닌가. 敎師는 학생을 향하고, 학생은 교사를 향하는 조회시간에 감을 땄으니 말이다. 나는 그 학생을 불러 아카

시아 회초리로 피가 나도록 때렸다. 그 뒤 그 학생은 "先生님, 어떻게 그처럼 때립니까?"하고 항변하였다. "네가 맞을 짓을 했잖나."라고 했더니, "선생님, 저는 감을 따러 간 게 아니라 매미를 잡으러 감나무에 올라 갔습니다."고 하지 않는가. 지금 생각해 보아도 자초지종을 듣고 매를 들었어도 늦지 않았을 텐데 하는 미안함이 앞선다.

呂 대구시행정 副市長과 김팽찬은 동기생이다.

나는 나름대로 신념을 가지고 교직에 임했다고 자부한다. 오랜 교직 생활에서 가급적 스트레스를 받지 않으려고 노력하였다. 그것은 교장이 되겠다는 생각을 애당초부터 마음에 담아두지 않았기 때문에 웃사람의 눈치를 보지 않고 곧잘 쓴 소리를 하였다.

나는 젊은 혈기에 이런 교장을 만나면 거침없이 면박을 주었다. 지금 생각하니 讚勝撻楚인 것을 機關長을 그렇게 辱보이는 것도 아니다 싶다. 그때는 不義를 못 보는 혈기가 넘치던 때였다. 기회를 잘 타고 굽신거렸다면 그 좋은(?) 한 자리라도 차지할 수 있었을 것이다. 그러나 後悔는 없다.

學校의 일을 적나라하게 파헤치기는 뭐하지만 時效가 지나고 민주화가 이루어진 지금이라 조금도 구애됨이 없이 말하려고 한다. 존경받고 청렴한 교장도 있지만 그렇지 않고 돈만 밝히는 교장도 많다. 어떤 교장은 수학여행을 한 해 두 번씩이나 보내고, 학교 건물에 도색해서 돈 빼 먹고, 엄동설한에 건설 현장에 버리는 찰흙을 화단과 나무 밑에 넣고 돈을 받아 먹는다. 과학기자재 구입한 뒤 업자가 교장에게 사례한 뒤 담당교사에게도 사례해야 한다고 하자 "교사를 그렇게 길들이지 말고 자기에게 다 달라."고 하는 구린 교장도 있다. 그런 교장을 돈석구라고 뒷통수에다 대고 수군거렸다.

서예의 길

예술은 길고 인생은 짧다고 했던가.

鈍才가 남을 따라 가려면 노력뿐이다. 어떤 사람이 에디슨에게 묻기를 "선생의 대발명은 천재라서 그렇지요?"했더니 에디슨은 "나의 발명은 1%의 靈感이요, 99% 노력입니다."라고 했다던가.

나의 座右銘은 "남만큼 하고서는 남 이상 될 수 없다."이다.

내가 글씨를 배운지 10여 년만인 1986년에 51세로 첫 個人展을, 그리고 1996年에 回甲展으로 2회 個人展을 열었다.

70에 古稀展을 열면서 "이제 個人展은 끝이다. 健康이 유지되면 八旬 때 가서 文集이라도 한 권 내겠다."고 스스로 다짐한 바 있다.

나는 어려서부터 나름대로 글씨에 관심이 많았다.

1943년도 초등학교 입학 때 門柱 우측에 붙어 있던 海平公立國民學校라는 교명이 아직도 눈에 선하다. 4학년 담임 李龍奎 선생의 習字指導, 고등공민학교 때 洛亭 李慶載 선생의 南怡將軍 시 「北征」을 一筆揮之함을 보고 집에서 흉내도 내보았다. 湖山 재종숙께서 一八세에 썼다는 「完山世橋」에도 깊은 감명을 받았고, 중 3 담임 權奇沃 선생의 陶淵明 勸學詩 「盛年不重」와 朱文公의 「少年易老學難成」의 힘차게 쓴 글씨, 고교 때 글씨로 文檢에 합격한 六村 朴炳轍 교장의 글씨, 雲松 崔育鍊 선생, 慕山 沈載完 선생의 행초 板書는 나에게 많은 영향을 끼쳤다.

그러나 무엇보다 나를 서예가로 이끈 분은 南石 李成祚 선생이시다. 1974년도 南石 선생과 같이 慶一中學校에 근무하는 吉緣으로 본격적인 書藝指導를 받게 되었다. 그 해 5월 15일 입문하니 남석 선생님은 나에게 "백일만 꾹 참고 나오라."고 하셨다. 서예는 백일만 되면 道가 터지는가 보다 하고 하루도 빠지지 않았다. 宿直 때도 일단 서실에 가서 점이라도 하나 찍고 오기도 했다. 그러나 道는커녕 붓도 바로잡지 못했다. 그러나 나는 서예에 더욱 몰두하기로 하였다.

좋아하는 술자리에 빠지지 않다가 퇴근시간만 되면 달아나니 개인지도나 하는 줄 알고 미행을 당하기도 했으며 道展에 입선하니 그제서야 오해가 풀리기도 했다. 한 그릇에 七十원하는 우동으로 저녁을 해결하고 집에 가서 참고서 원고를 집필해서 용품대를 메우기도 했다.

나는 방학 때 서울 淸眞書室로 曉楠 선생을 찾아가 여관에 투숙하며 공부하고 저녁이면 對酌했다. 술값은 내 차례가 되지 않았다. 도무지 기회를 주지 않았다. 선생의 지도와 사랑도 많이 받았다. 취기가 돌면 許交하자는 청도 받았다. 물론 사양하였다.

7년 만에 경주에서 찾아온 제자가 屛書 체본을 써 달라는 請에 曉楠 선생은 왼손에 漢詩集을 보고 오른손은 화선지에, 弟子는 文鎭과 종이를 옮기기에 바빴다. 曉楠 선생은 七絶 八幅을 단숨에 내리썼다.

한 번은 아내와 같이 정릉동 선생댁으로 문병을 갔다. 선생은 전지에 쓴 孟郊의 「遊子吟」과 중국산 먹을 선물로 주셨다. 나는 문병차 30만원을 넣어 갔다가 귀한 선물을 받고보니 약소한 마음이 들었다. 변소에 가는 척하고 주머니를 털어 50만원을 드린 것이 이승에서의 마지막이었다.

내가 薄福하여 幽明을 달리하시니 왜 더 열심히 하고 잘 모시지 못했는가하는 때늦은 후회가 밀려온다. 선생이 주신 孟郊의 「遊子

吟」과 중국산 먹을 家寶로 물릴 작정이다.

나는 서예의 길로 접어들어서 菁南 선생의 風流, 是菴 선생의 精確, 曉楠 선생의 豁達, 南石 선생의 社交와 大膽, 좋은 선생을 모셨으나 그 어느 하나도 제대로 따르지 못했으니 내 노력의 부족과 愚昧 때문이리라.

한중서예교류전

제3회 韓中書畵藝術 交流展이 秦皇島市에서 2015년 9월 4일부터 9월 25일까지 개최되었다. 9월 17일 우리 일행은 大邱空港에서 출발하여 北京國際空港에 오후 2시에 도착해 迎接 나온 中國人들로부터 열렬한 환영을 받으며 承德市로 향했다. 이곳은 청나라 首都로 康熙皇帝가 만든 피서산장이 紫禁城의 8倍인 200만 평이나 된다고 한다. 이곳을 만드는데 무려 85年間에 걸쳐 완성되었다고 하는데 국토가 좁은 우리로서는 상상을 초월했다.

9월 20일 하북성 진황도시 북대外龍騰書畵院에서 1시에 開展式을 잘 가졌다. 나는 自作詩「秦皇行幸島名由」〈何故誰知此處遊/騷客古今思想裡/忽然 往事使人留〉를 出品하였다. 이 시는 秦始皇이 不死藥을 구하려고 童男童女 500서복에게 命하여 찾은 港口 都市라는데서 由來된 地名을 인용하였다.

나는 이번 한중교류전에 "9月 3日 抗日戰勝 70週年 紀念式에서 시진핑 主席이 朴槿惠 大統領과 潘기문 총장을 열렬히 환영해 주신 것을 고맙게 생각하며 우리나라 商品을 많이 사주시고 南北統一에 힘을 보태 달라."는 引率團長으로 인사말을 하였다. 현장 휘호와 歡迎 晩餐 등 분에 넘치는 대접을 받았다.

관광을 다녔는데 바다를 구경하는데 돈을 내기는 처음이었다. 開展式 오후에 鴿子公園에 갔더니 나무 뿌리로 사자상을 彫刻해 놓았는데 정말 솜씨가 빼어나 形容詞를 있는 대로 다 붙여도 不足할 지경이었다.

일행 중 道庵 申福均 先生이 "조카가 오려고 했는데…"하며 초조하게 기다렸다. 이 넓은 곳에서 어떻게 만날까 의구심이 생겼다. 우리 一行은 食堂으로 가는 車內에서 道庵 先生이 마이크를 잡고 차분하게 조카 申鉉浩 社長을 소개하였다. 그는 現在 深圳에 살고 있다고하여 일행이 다 놀랐다.

道庵은 中國旅行이 두 번째라 조카가 北京 近處에 사는 줄 알았는데 飛行機로 세 시간, 배로 한 시간, 버스로 30분 도합 4시간 반이나 걸려서 왔다고 하였다. 조카라고 했는데 三從侄이라고 하였다. 三從叔이 모처럼 중국에 온다고 하니 몇 만리를 달려 온 것이다. 친조카라도 올동말동한데 三從侄이 그 멀리에서 찾아 왔다.

世態가 각박하고 人心이 朝夕으로 변하는데 그것도 三從侄이 그 멀리서 그것도 事業 바쁜 분이 찾아온다는 것은 생각할 수 없다. 나는 平素에 道庵 先生이 집안을 어떻게 다스렸으면 먼 곳까지 오겠는가. 道庵 先生은 平素에 근엄하고 언제나 正裝으로 흐트러짐이 없이 君子의 風貌를 지닌 大人이다. 申鉉浩씨는 膳物로 글씨 쓰는 三從叔을 위해 벼루와 文鎭, 그리고 巨金을 내놓았다.

中國飮食도 며칠간 먹으니 싫증이 났는데 密陽에서 갈치 韓食을 먹으니 우리 음식이 얼마나 좋은지 異口同聲으로 嘆聲이 나왔다. 中國가이드에게도 봉사료를 주고 점심값도 道庵이 計算했다.

이번 韓中交流展을 통해서 아마 中國에 30餘 回 旅行하는 중에 가장 뜻 깊고 감명을 많이 받았다. 무엇보다 한 집안의 友愛 있고 手下가 집안 어른을 尊敬하는 近來에 보기 드문 일을 보았다. 中國旅行에서 가장 보람 있는 여행이었다.

한 생을 회고하며

한 생을 뒤돌아 보면 須臾같다. 이렇게 빠른 시간의 흐름 속에 나는 全部가 지각이다. 중·고등학교를 초등 동기보다 삼년씩 늦었고, 대학은 사년이 늦다. 게다가 書藝는 더 늦다. 빠른 것도 하나 있으니 그것은 출생신고였다.

'樹慾靜而同不止 子慾養而親不待'라더니 부모님이 오래오래 사실 줄 알고 넉넉하면 봉양하려 했는데 이제 막상 돌아가시니 후회가 된다. 부모님은 기다려주지 않는다는 말을 일찍 깨닫지 못하고 지금에사 느끼니 어찌 자식들이 부모 마음 알아주기를 바랄까? 부모님이 돌아가시고 나서야 하는 이치를 어찌 미리 알기를 바랄 수 있겠는가? 나 역시 그러했던 것을…….

70년대 무렵 墓祀날이었다. 그날은 무척 추운 날씨여서 내가 끼고 있던 장갑을 아버지 손에 끼여 드렸는데 그때가 내가 처음 잡아 본 아버지의 손이었던 것으로 기억된다.

그런데 나 역시 아이들의 손을 다정하게 잡아주지 못했고, 칭찬과 따뜻한 말보다는 꾸중이 앞선 아버지였다. 큰아이가 사무관 시험에 합격했다는 소식을 들었을 때도 나의 첫마디는 "잘했다. 수고했다."는 말이 아니라 "어떻게 합격을 했냐"고 했었으니……. 그 말이 너무 좋고 기특해서 한 표현이었는데 큰아이는 그러려니하는 표정이었다. 室人은 좋으면 좋다고 하지 표현을 왜 그렇게 하느냐고 역정을 냈던 적도 있다. 왜 좋으면 좋다고 표현해주지 않고, 내 마음과 달리 표현을 했는지 그게 나인 것을 어쩌랴.

이제 아이들이 내 말을 섭섭해하지 않고 알아들을 때쯤에서야 칭찬을 하고 있는 나를 발견한다.

지나간 人生 돌아보니 뜬구름 같다. 구름 같았던 내 人生 남은 餘生을 어떻게 해야 하겠는가. 지난 80 生涯가 다가오는 하루만 못하다고 생각되니 서글프기 짝이 없다. 時代가 변하고 民主가 자리잡고는 良心에 苛責되는 일은 하지 않았다. 만약 내가 고위직에 있다가 퇴임 후 5층 건물을 지었다면 指彈받았을 것이다.

그러나 在職 時 夜間部 學年主任이 나에게 제일 큰 벼슬이었으니. 人生을 마무리한다고 원고청탁도 하고 自身이 또한 글을 쓰고 보니 人生 팔십이 언제 갔는가 느낌이 없다. 身老心不老인데 어릴 적 마을 70代 어른이 지나가면 젊은이들이 떡냄새 난다고 했다. 돌아가시면 떡을 얻어먹는다는 말이다. 人生七十古來稀라는데 언제 어떻게 하다가 80이 되었는가. 나는 늙지 않을 줄 알고 지냈다. 지금 80이라도 마음은 이팔청춘이다. 아직도 젊은 女性을 보면 마음이 動하고, 老人들을 보면 어찌하다 저렇게 되었는가 하는 마음이다. 아직도 마음은 젊다.

내가 젊었을 때 울적하는 마음으로 치고 박고 해서 고소도 당하고, 기관장을 욕보이고 하는 등 말할 수 없는 일들이 주마등처럼 스쳐 지나간다. 이제 모든 것이 돌이킬 수 없는 過去다. 지난날의 明滅한 일들이 주마등처럼 눈 앞에 스친다. 모든 것이 과거로 통한다. 그러나 나는 말년에 서예가로 立身하였다. 나는 그 어떤 일보다 서예가로 내 생을 마무리할 수 있어 그나마 다행이다.

4부

雜惟錄

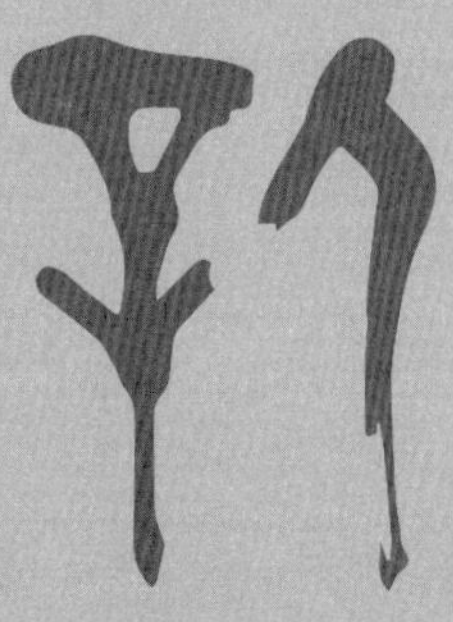

예술로 부흥하는 도시, 대구를 위하여
—석재 서병오 선생 작품전에 부쳐

작년에 이어 두 번째 '석재 서병오 서화전 2012'를 개최함에 충심으로 찬사를 보낸다. 선생을 추모하기 위해 마련한 '한중일 국제서예특별전'은 늘어난 참여 작가와 더 많은 작품의 전시로 동호인들의 관심이 높아 매우 반가운 일이다.

특히 금년은 탄생 150주년이 되는 뜻 깊은 해로 이 행사는 별다른 의미를 갖는다. 어느 사람에게도 長短과 功過가 있기 마련, 書與其人이라 하듯 작품의 평가는 그의 인품에 정비례하는 것이다. 가령 매국노나 역적이 아무리 글씨를 잘 썼다고 해도 그 작품으로 補壁할 사람이 있겠는가? 선생께서 1910년대 중국 여행 중 산동성을 지날 때 영국령 威海威에서 영국 총독 駱任廷에게 주었다는 「詠菊贈駱任廷」(石齋詩書畵集 下 252) 시를 보면 당시 백인들이 지구를 주름잡을 때 황인종이 최고라 하여 동양인에 활력소를 불어 넣은 시는 그분의 지조와 긍지가 어떠 하였는가를 보여주는 단면이기도 하다.

속담에 '東家의 孔丘'라는 말이 있다. 어떻게 보면 이곳에 사는 사람으로서 부끄럽기 짝이 없다. 一世를 풍미하던 그분에 대하여 너무나 모르고 또 알리지도 않았기 때문이다. 문화와 교육의 도시 또는 예술의 도시라 운운하면서 아직도 어느 누구의 기념관 하나 없는 곳이 대구이다. 너무나 한심한 일이다.

서로가 이제 늦어나마 마음의 씨앗을 뿌리고 있으니 멀지 않은 장래에 싹이 돋아 결실을 맺으리라 본다. 선생의 자취를 살피고 그 분이 우리 서예계에 미친 영향을 재조명하여 문화 예술의 도시에 걸맞은 작업을 지속적으로 진행하면 우리 시대에 주어진 責務는 완성될 것이라 믿는다.

세 번째 전시회를 기획한 (사)비움서예포럼의 열의에 찬 노력은 석재 서병오기념관 건립의 원동력이 될 것이며, 이 기념관은 서화계의 요람이요, 서예인의 구심점으로 나아가 문화도시 대구의 얼굴로서 우리 고장을 역사에 길이 빛나게 할 것을 과히 확신한다.

끝으로 전시회를 위해 노고를 아끼지 않으신 (사)비움서예포럼 송정택 이사장과 관계자 여러분께 감사를 보낸다.

(2012. 8)

石齋 詩에 나타난 詠物과 思想

독재 정권에 항거하여 우리나라 민주화의 효시가 된 2·28학생 의거가 우리 현대사 민권 쟁취의 주맥임은 주지의 사실이다. 누구나 젊을 때는 혁신적이고 진보적인 사고를 가진다고 하겠으나 노령에 접어들면 복고적, 또는 보수적인 색을 띤다고 하겠다. 2·28세대도 이제 그런 세대 일이다. 2·28이 학생들이 단체적으로 행한 운동으로 우리 대구에서 탄생한 의거였다면, 19~20세기에 걸쳐 개인적으로 웅혼하고 호탕한 기질과 예술계에 독보적으로 우리나라 뿐만 아니라 동양 삼국을 누빈 石齋 徐丙五(1861~1936) 선생의 정신이 2·28로 이어졌다고 해도 과언이 아니리라 생각한다.

東西古今을 막론하고 어느 한 부문에서 한 시대를 風靡한다는 것은 쉬운 일이 아니며, 더욱이 韓中日 동양 3국에서 여덟 개 분야로 그 偉名을 떨친다는 것은 천재가 아니면 불가능한 일이다. 우리 고장이 낳은 서예가 석재 선생은 이런 의미에서 천재라 할 수 있다. 대구는 물론 우리나라가 자랑하는 偉才임에도 불구하고 우리나라

서예사에서 제대로 조명되지 못하고 역사 속으로 망각되어가고 있다는 사실은 크나큰 손실이라 아니 할 수 없다. 이는 서예인과 대구 시민의 무관심에서 비롯된 것이며, 스스로 부끄러워해야 할 일이다.

石齋 선생의 생애와 학문, 서화 등은 이미 많이 논의 된 바 있고 詩도 많이 다루어져 蛇足의 感이 없지 않다. 그러나 선생의 四君子 畵題와 동양인의 우수성을 은연중에 나타낸 작품, 그리고 호방한 성격으로 妓女들을 다룬 詩 몇 首를 발췌하여 詩에 나타난 詠物과 思想에 주목하여 살펴보고자 한다.

重到鷄林再見君
花容綽約玉氤氲
爲寫老梅傳繾綣
佳期無負月黃昏

거듭 계림에서 그대를 다시 보니
꽃 같은 얼굴에 가냘픈 손 따뜻하네.
매화 한 폭 그려 깊은 情 전하오니
황혼 밤 아름다운 期約 저버리지 마소서.

'거듭 경주에 와서 그대 다시 보니'라는 起句에는 까닭이 있다. 1924년 가을 경주에 간 石齋는 그곳 名妓들과 모임을 가졌는데, 여러 사람의 請으로 거문고를 타고 바둑 대국도 하며 揮筆도 했다. 그리고 위의 시는 시중을 들던 眞玉이라는 名妓에게 준 「墨梅」 작품의 畵題이다.

수년 전 경주에 왔을 때 詩와 술로 여러 날을 보낸 적이 있었는데, 그때에 경주의 한 富豪가 石齋의 四君子 병풍 한 벌을 받아갔다. 다음날 병풍을 받은 그 부호는 비서 김홍기에게 사례를 얼마나 할까하고 물었다. 그의 마음을 읽은 石齋는 "작품을 다시 보아야 어느 정도 가치가 있는지 알겠다."고 했더니, 병풍을 다시 가져옴에 작품을 받아 펴보지도 않고 먹을 갈며 수발을 들고있던 기생 眞玉에게 "너는 내 書畵를 좋아해서 며칠씩이나 먹을 갈며 시중을 들어주고 있으니 이 병풍은 네가 가질 자격이 있다."며 주어버렸다.

석재는 작품 가격을 깎으려던 富豪에게는 눈길 한번 주지 않았다고 한다. 그 뒤 다시 경주에 와서 眞玉에게 墨梅 한 폭을 선물한 것이다. 이런 사연으로 '重到鷄林再見君'이라고 한 것이다.

楚人餐後名傳遠
晋士採來香不休
雪白猩紅多別種
也知黃色最居頭

屈原이 먹은 뒤에 그 이름이 널리 전해졌고
陶淵明이 딴 뒤에 향내 계속 풍겼다네.
흰 국화 붉은 국화 그 종류 많다 하나
알건데 黃菊이 그 가운데 으뜸일세.

이 詩는 중국 威海威에 있는 영국 총독인 駱任廷에게 선사한 「黃菊」의 畵題이다. 국화의 종류에는 흰색, 붉은 색 등 많으나 그 중 黃菊이 으뜸이라 한 것은 黃人種의 우수성을 隱喩的으로 표현한 것이다.

憶昔同君萬里行
楚山吳水路縱橫

記曾威海船頭別
淚眼相看去住情

옛날 그대와 함께 만릿 길 간 것 생각하니,
초나라 산과 오나라 물을 이리 저리 다녔지.
威海의 뱃머리에서 이별하던 일 기억하는가.
눈물 어린 눈에서 가고 멈춘 情 보았지.

隨意揮來筆一枝
東坡書體士亨詩
其人如玉兼三絶
歷數臨池更有誰

마음 따라 휘두르던 붓 한 자루,
蘇東坡이 글씨체요, 士亨의 詩로다.
그 사람 玉과 같이 三絶을 겸했도다.
글씨 쓰는 이 두루 헤아려 본들 누가 또 있는가.

蘭摧桂折不堪聞
萬事人間盡化雲
怊悵靈魂招不得
舊山黃葉雨紛紛

난초와 계수나무 꺾인 소식 차마 못 듣겠네.
인간 만사 모두 뜬구름되었구나.
슬프다 영혼마저 부를 길 없네.
옛 산에 낙엽만 비 오듯 하네.

首弟子요 독립투사인 肯石 金鎭萬(1876~1934)의 別世에 제

자를 哀悼하는 心境을 읽을 수 있다. 제자 긍석의 孤高한 선비정신을 높이 평가하고 아꼈던 터라 중국 주유할 때에도 동행하였다. 그러므로 그의 죽음은 노서예가의 가슴을 더욱 아프게 했다.

舌弊唇焦出苦言
朝朝喚起自家魂
細看字字行行意
不是煤痕是血痕

혀 닳고 입술 타는 쓰디쓴 말 쏟아내어
아침마다 외치며 민족의 自家魂을 불러 일으키네.
글자마다 글줄마다 그 뜻 자세히 살펴보니
그것은 먹 자취가 아니라 핏자국이 분명하구나.

仁村 金性洙(1891~1955) 동아일보 사장이 석재를 방문했을 때 '仁村'이라 號를 지어주고 「激勵 仁村 金性洙 東亞日報」라는 題下에 이 詩와 함께 「虛心友竹」이란 石竹圖를 1929년 2월 14일자 동아일보에 실었다. 이는 民族魂을 대변하는 民族紙를 극찬한 詩라고 하겠다.

金剛奇絶冠西東
天下何山可與同
突兀是峰還是石
清凉非雨亦非風
十方菩薩來空外
萬朶芙蓉出海中
若使解看眞面目

六根塵滯一時通

금강산 奇絶한 경치 동서양에 으뜸이라
천하에 어느 산을 같다할 수 있겠는가.
뾰족한 봉우리는 다시 보면 돌들이요
맑고 서늘한 것은 비바람도 아닐레라.
十方世界의 보살님네 하늘에서 내리신 듯
만송이 연꽃들이 바다에서 솟아난 듯
금강의 참 얼굴을 알고 보신다면
六根의 진채를 한꺼번에 통하리라.

이 詩는 전국 금강산 詩 公募에 뽑힌 壯元作으로 선생의 뛰어난 文才를 말해주는 것이며 당시 많은 사람들에 膾炙되었다고 한다.

馳名羅綺更無倫
七十鴛鴦第一身
多恨多情元是病
爲誰憔悴爲誰嚬

紗窓에 그 명성은 짝하리 없었으니
경상도 온 고을에 첫째인 원앙새여.
恨 많고 情 많은 게 애초에 病이라네
누굴 위해 몸 여위고 누굴 위해 찡그렸나.

晋州 妓生 槿英에게 준 두 편의 詩 중 한 편으로 선생의 風流와 豪放함을 엿볼 수 있다.

春風秋雨幾回新

己向虛空付此身
出自無心歸亦好
白雲還似望雲人

봄바람 가을비 몇 번이나 바뀌었나
이 몸 이미 虛空에 붙여졌네.
無心하게 떠올라 돌아가는 구름 또한 좋나니
흰구름이 도리어 구름 같은 이 사람 바라보는 듯하네.

全 生涯가 藝道 一色으로 點綴된 豪宕한 선생도 「生朝古稀吟」 題下의 詩에서 無心하게 떠있다가 사라져 버리는 뜬구름과 같은 삶을 노래한 老境의 心懷를 엿볼 수 있다. 그러던 선생께서 他界하셨을 때 우리나라뿐만 아니라 일본의 신문에도 半島가 낳은 偉才가 逝去했다며 詩書畵琴棋碁醫藥 등에 탁월했던 선생의 재능을 보도했다고 한다.

石齋의 藝術은 단순한 技가 아니라 事物에 대한 哲學的 認識과 藝術的 表現의 所産이라 할 수 있다. 豊富한 想像力과 特殊한 感覺, 그리고 손과 가슴의 一致는 보다 높은 동양적 사상과 예술성을 가능케 하는 要因으로 작용했음을 알 수 있다.

선생의 운필법과 난 치는 법을 다음 글에서 엿볼 수 있다.

風竹用筆 尤不可緩 靜聽如有聲 方是合則(風竹은 붓을 놀림에 있어 더욱 느슨히 해서는 안 된다. 고요히 들으면 소리가 있는 듯해야 비로소 법칙에 부합된다).

寫蘭有神來氣來處 學此者 先有胸中伍千卷 腕下金剛然後 始可與語蘭(난초를 그림에는 神韻과 生氣가 있어야 한다. 이 그림을 배우는 자는 가슴 속에 5천 권의 책을 쌓고 팔에는 금강 같은 힘을 기른 뒤에야 비로소 서로 더불어 난초를 말할 수 있다).

蘭在深山 與蕭艾雜處 終歸束薪 又自畫圖寶籤繡帶 在高堂巨壁之間蘭 徵物也 而己遇不遇 蓋如是(난초가 깊은 산에 쑥과 섞여 있어 마침내는 땔나무로 돌아가고, 또는 畵圖 寶籤 蕭帶로부터 高堂의 巨壁 사이에 있기도 한다. 난초는 微物이지만, 그 만나고 못 만남이 대개 이와 같다).

石齋 선생이 남기신 수많은 작품 중에서 四君子 작품의 畵題를 중심으로 몇 작품을 들어 그 작품의 탄생 경위와 作詩의 心境을 간략하게나마 살펴보았다. 아주 斷面的이기는 하지만 예로 든 작품들에서 一貫되게 나타나는 것은 藝人으로서의 風流와 심오한 學問과 뛰어난 文學的 素養의 發現이다. 그리고 동양인의 優越性과 自矜心이 선생의 정신을 지배하고 있음을 알 수 있다.

선생의 위대하신 삶을 추모하며 발족한 기념사업회에서 추진하고 있는 石齋紀念館이 하루 속히 건립되기를 기원한다.

이에 선생을 추모는 「追慕石齋先生」을 바친다.

八能天賦世人驚
四海大家追慕情
鳳舞詩文聲赫赫
鶴飛書畵氣英英
入神才藝千秋絶
豪宕風流萬代鳴

道骨仙姿塵不染
先生偉績史垂明

천부의 팔능은 세인들이 놀라는 바
온 세상 명가들이 추모하는 정이로다.
봉무의 시문은 명성을 떨치고
학비의 서화는 풍취가 뛰어나네.
입신의 예술혼은 천추에 뛰어나고
호탕한 풍류는 만대에 드날리리.
도골의 선자에다 속진에 물 안 드니
선생의 위적 청사에 빛나리라.

(『석재 서병오 기념전 도록』, 2014. 8)

外柔內剛의 참 선비

道庵 先生의 稀壽展을 衷心으로 慶賀드립니다.

童顔인데 벌써 古稀라니 實感이 나질 않는다. 일흔을 아마 지금은 不稀라고 해야 옳을 것 같다.

人書俱老 書如其人이라 했듯이 道庵의 글씨는 古拙하고 老熟하며 文氣가 흐르고 또 道庵의 모습에 雅號도 걸맞아 外貌부터가 道士의 風貌에 풍기는 멋 또한 예스럽고 언제나 침착하고 조용하며 外柔內剛에 儒家의 氣稟을 타고났다. 溫柔한 氣稟에서 말없이 實踐하고 누구에게도 負擔을 주지 않는다.

이러한 性品의 所有者이니 그의 作品 또한 하나같이 文字香과 書卷氣가 넘쳐나는 法古創新이다. 그래서 잘 쓰는 글씨라기보다 좋은 글씨다.

秋史도 詩書畵는 人品에 따라 높낮이가 있다고 했다. 蘭 치는 法은 隸書와 같고, 東坡도 대(竹)는 奇異하기가 春秋左典과 같고

幽深하기는 屈原의 離騷經과 같다고 하였으며, 退筆이 如山과 같아도 貴한 것이 아니라 萬卷의 册을 읽어야 神과 통한다고 했다.

蘭竹은 모양새에 있는 것이 아니라 神韻에 있다고 했으니 道庵의 作品 모두가 能熟하여 他의 追從을 不許하는 것이 아니라 文氣 흘러 神韻이 감돈다고 할 것이다.

道庵 詩를 말하는 것은 畵蛇添足이러니와 眞面目을 볼 수 있고 平素 刻苦의 所産임이 如實하다. 詩 指導를 받은 사람으로서 祝辭를 드린다는 것이 주제 넘는 일이라 極口 辭讓하였으나 過敬은 非禮라 厚顔을 무릅쓰고 붓 잡아 쓰고 보니 滋滋하기 그지없다.

앞으로 더욱 健康하시고 이번 展示 좋은 결과 있기를 바라며 이 古稀展이 令息들의 孝心發露하 하니 斑衣之戱 많이 받기를 바랍니다.

(2013. 4)

南谷 遺作展에

死生이 有命이라 하지만 급히 갈 줄은 몰랐네 누가 빨리 오라고 재촉이라도 하던가. 四苦中 三苦를 一時에 同行했으니 자네는 奇人 중 奇人일세. 去年 11月 10日 土曜日(陰 十月 초하루) 下午 네 시를 좀 넘겼을 무렵 "아버지께서 방금 殞命하셨습니다."하는 자네 令愛의 울음 섞인 音聲으로 悲報를 접하고 精神이 昏迷해서 어쩔줄 모르다가 마음을 안정시켜 맨 먼저 靑吾께 알리고 知人들게 連絡했지.

翌日이 墓祭라 부득이 12日 問喪 가려고 安東燒酒甁을 내는데 박살이 나더군. 書室 안은 술 냄새로 가득하고 심히 좋지 않은 마음으로 東山病院으로 향했지. 靈前에 이르자 痛哭이 절로 나오더군. 가지고 간 輓章을 魂床에 놓고 焚香하고 獻酌 뒤 問喪하며 내 전화번호를 어떻게 알고 연락했냐고 물으니, 연락처 중에 제일 윗자리에 있어 가장 먼저 했다고 함에 나 죽은 뒤에 연락하라고 知人들의 전화번호를 적어내려 갈 때 그 心情이 어떠 했을까를 생각하니 가슴이 막히더군. 이른 시간이라 食堂 문도 열지 않아 올린 술을 마시며 포도로 안주하니 속이 메스꺼워 자꾸만 껄꺼럼했다. 下午에 嵐溪가 問喪 가자고 하기에 殯所에서 술 마신 일이며 아침에 술을 꺼내다가 깨진 일과 속이 메스꺼워 기분이 좋지 않다는 얘기를 했더니 두 분이 워낙 친하니 그 술은 南谷이 마시고 간 것이라고 좋게 말해줘 그만 속이 시원해졌다. 그러자 室內에 가득 차 있던 45℃의 독한 술냄새가 일시에 사라졌다.

12月 28日이 49齋라 畏友 金光雄(南谷과 大學同期)에게 알리니 今始初聞이란다. 같이 寶光寺로 가서 焚香하고 令愛에게 "先親께서는 在世時 個人展 한 번 못했음을 恨했는데 遺作展兼 作品集도 發刊토록 하는 것이 어떨까? 주선은 모두 내가 해줄테니 그렇게 하도록 하고 아울러 竪碑도 함이 좋을 것이다."하고 했더니 令愛도 알고 있었다고 欣快히 應했다.

지난 3月 28日 자네 令息 男妹와 풍천 자네 墓所에 갔었지. 獻酌하고 자네 從兄 金元煥 初代警察長 墓所에도 갔었지. 그것은 碑文과 碑石 크기 등을 보고 자네 山所에 參考를 위해서였지. 碑文을 컴퓨터 처리했더군. 왜 자네가 쓰지 않았느냐고 원망했지. 그 이후 嶺南書藝人聯合會彙錄을 蕙汀께 부탁해서 撮影에 들어갔는데 三券은 찾지 못해 漏落되었지. 近間에 자네 碑文을 貴門에서 撰했단 말을 들었는데 碑文은 客觀性을 考慮해서 他門에서 받는 것이 慣例처럼 되었지. 자네의 洛江 淸流가 滔滔흐르고 鄕里가 바라 보이는 山紫水明한 先塋下 萬年 幽宅에 영면했으니 蔭德내려 자네 令息 錫圭 하루 속히 成婚시켜 주게.

平素 健康管理와 端正한 몸 가짐으로 일년 내내 기름 안 바른 날 없이 지내던 자네가 天壽를 누리고도 남을 줄 알았는데, 아마 靈界에서도 자네를 必要로 했던 모양이지. 우리 이승에서 잠시 만났다가 자네가 좀 먼저 갔으니 나도 得病해서 자네가 入院했던 그 곳에서 手術받았고 머리엔 서리를 맞은지 이미 오래라 白頭는 不遠 青山行이라 했으니 만날 날이 멀지 않겠지.

靈界에 公閑席이 있거덜랑 나를 위해 茅屋 한 칸 마련해놓게. 南谷 그 곳에서도 水泳 많이 하고 飛齊의 날개 활짝 펴게. '斷者는 不可續이요 死者는 不可生이라'했으니 어찌 하겠는가. 이제 仙界에서는 蓮花臺瑤池에서 東方日出과 月出照耀를 받으며 이승에서 못다한 일 마음껏 펼치고 在世時 願하던 作品展이 盛況裏에 끝나기와 자네의 冥福을 비네.

(2008. 12)

石雲 書展에 부쳐

먼저 石雲 書展을 衷心으로 慶賀드린다.

石雲과 나와의 만남은 1979년 겨울 방학이라 記憶된다. 그동안 往來는 더러 있었으나 食少事煩하다가 다시 몇 년 전부터 또 만나게 되어 琢磨하고 있다. 文人畵를 비롯한 여러 분야에 골고루 心醉하며 손대지 않는 곳이 없을 정도로 登山을 비롯해서 山蔘 採取에도 一家를 이루었다. 그리고 敎職에도 熱과 誠을 다하여 敎職의 꽃이라는 校長의 職位까지 올랐으니 一言而蔽之曰 立志的 人物이다. 敎職에 있지 않은 사람은 頂上까지 오르는데 그 競爭이 어떠한지를 모른다. 士別三日에 刮目相待라더니 校長이 되어 몇 년 전부터 因緣을 이어 相互 琢磨하게 되었다.

누가 말했듯이 그 사람이 좀 배웠으면 甁을 뒤집을 것이라 하지만 배우면 그렇지 않다. 無識이 勇敢하다는 말이 있듯이 알면 그만큼 어려워진다. 石雲은 書如其人이라 했듯이 謙讓에 君子의 氣

風이다. 무게가 한없다. 뿐만 아니라 石雲은 始終如一하고, 待人春風이며 外柔內剛이다.

내가 斯界에 손을 먼저댔다 뿐이지 모든 면에 배움이 많다. 하나도 하기 어려운데 1인 數役을 감당하니 남모르는 苦衷이 어떠했으리요. 恒常 謹嚴해서 그것이 작품에도 그대로 반영되어 있다. 몇 년 전부터 發表展을 勸했으나 한사코 마다했다. 이제 停年退任을 앞두고 아무런 부담없이, 그리고 누구에게도 마음 쓰지 않는 作品展을 退任紀念으로 한다니 이번 展示가 盛況裏에 이루어지고 餘生에 더욱 幸과 福이 兼備하기를 冀望합니다.

(2009. 5)

龜潭 書展에 부쳐

龜潭과의 因緣은 敎職에 같이 勤務함으로 맺게 되어 三半世紀 넘게 交流하며 書藝同好人으로 지내왔다. 人性이 强直하고 不義에 누구보다도 抗拒함에 앞장서며 每事에 率先하는 분으로 알고 있다. 또한 孝子로서도 이름나고 宗事에도 力量을 發揮하여 一大革命에 가까운 일을 한 것은 自他가 다 認定하는 바다.

敎職에 있으면 다 機關長이 되는 것으로 알지만 그 어려운 고비를 다 넘기고 學校經營에도 높이 評價받았고, 退任 후에는 營農과 書藝에도 몰두하여 在職 때부터 하던 書藝에 心醉하여 이번에 두 번째 個人展을 가진다.

人書俱老란 말과 같이 圓熟期에 접어들어 豪放한 筆致에 法古創新하며 雄豪素朴한 멋을 보여주고 있다. 專門書家도 하기 어려운 個人展을 두 번이나 가짐은 龜潭의 끈기있고 勤勉한 努力의 結果라고 본다. 純眞無垢하며 假植없는 作品을 통하여 그의 眞面目을 볼 수 있다.

같이 工夫를 하면서도 지루함을 모르게 하는 諧謔으로 좋은 분위기를 만든다. 統率力도 넘쳐 親睦을 圖謀함에 앞장서고 있다. 같이 琢磨하는 중에 不斷의 努力은 教育界에 勤務한 經驗의 延長이라 하겠다.

앞으로도 더 圓熟하고 더욱 많은 榮光이 있기를 祝願합니다.

(2011. 9)

雲谷 古稀展에 부쳐

雲谷의 네 번째 書展을 衷心으로 祝賀드린다.

이번 展示는 古稀를 紀念하여 令胤들이 周旋한다니 그들의 孝心에 讚辭를 보낸다.

30대 초에 同門 修學했는데 어언 古稀라니 세월의 무상함을 다시 한 번 切感하는 바다. 雲谷은 外柔內剛한 性品으로 남에게 負擔이나 拒否感을 주지 않는 性格의 所有者다.

70年代 末 書藝院을 같이 經營하며 數年間 苦樂을 함께 하기도 했다. 섬세하고 알뜰하며 勤儉節約이 몸에 밴 사람이다. 글씨도 그의 性品대로 假飾이 없으며 純眞無垢하다. 法古遠俗하고 書卷氣와 文字香이 가득하며 創新의 氣가 넘친다. 質朴하여 누가 보아도 陶醉되며 書如其人이라 했듯이 작품마다 따뜻이 감싸주는 느낌을 준다.

어떤 일에도 肯定的이며 남에게 피해를 주지 않는 그의 人間味가 작품에 고스란히 나타나 있다.

十年이 今時同이라더니 四十年이 今時同이다.

거듭 慶賀 드리고 더욱 健康하여 餘生에 書福이 많기를 빈다.

(2011. 9)

槿菴 退任紀念展에 부쳐

먼저 槿菴 退任紀念展을 衷心으로 慶賀해 마지 않는다.

淡涼世態가 한둘만 모여도 남의 얘기하기 마련이며 對象에 대하여 好, 不好를 따지게 되고 대체로 좋다거나 그렇지 않다거나 하는 評이 나온다.

그런데 몇 사람을 건너도 人格에 대하여 하나 같이 好評으로 一貫된 사람이 있으니 바로 郭博士다.

寡黙하고 事理가 分明하며 항상 肯定的이어서 대하면 便安하다. 말에 條理가 있고 남을 헐뜯거나 不平不滿하지 않고 音聲을 높이는 일이 없고 조용하며 謙讓을 한 몸에 지녔다.

畏友 弘岡 門下에서 俗氣없는 글씨를 써 書如其人이란 말과 같이 格調가 높고 世俗에 물들지 않아 屈原의 말이 아니라도 獨醒淸[1]으로 孤獨한 人格의 所有者라고 생각한다. 不屈의 意志로 어

---

1) 屈原의 「漁夫辭」 중 '擧世皆濁我獨淸 衆人皆醉我獨醒'에서

려운 與件을 무릅쓰고 誠實한 姿勢로 學問에 임하여 環境工學分野는 물론 大邱環境教育研究會長으로서 環境教育의 分野에 이르기까지 一家를 이루었으니 흔히 말하는 身言書判을 다 갖추었다고 하겠다.

近來 上下를 莫論하고 面從腹背와 朝降慕叛을 일삼으며 가짜로 얼룩진 社會에 이와는 거리가 멀며 하나를 하기도 어려운데 環境工學碩士, 理學博士 學位를 取得後 2世 教育을 위해 다시 環境教育學 碩士學位를, 게다가 耳順이 넘어도 保健 博士課程 履修中이라니 그의 意志는 他의 追從을 不許한다.

그의 逸話 하나를 紹介하면 三半世紀 전 江倉橋 아래 汚染된 琴湖江 물을 보고서 淨化를 마음에 두고 環境分野에 關心을 갖게 되었다니 무엇을 보더라도 마음의 눈으로 보는 洞察力이 오늘과 같은 學問의 金字塔을 이룬 것이라 하겠다. 60 餘年 蒐集한 民俗資料 數萬点을 國立民俗博物館에 寄贈하고 "活用은 後輩들의 몫"이라고 한 民俗學者 任東權 博士에 대한 記事를 읽고 槿菴을 聯想케 했다.

育英에 學問에 게다가 蒐集 熱意를 가져 鍊磨한 書藝作品들 중에서 골라 年度別로 묶고 先人들의 작품을 모으고 또 韓國畵를 비롯한 西洋畵 彫刻 등을 모아 作品集을 만들었으니 俗談에 구슬이 서말이라도 꿰어야 보배라 했는데 이를 實踐에 옮겼으니 바로 畵龍點睛이라 하겠다.

作品 展示와 더불어 書集 出版紀念會도 한다니 같은 길을 걸어

온 한 사람으로 하여금 反省의 機會를 가지게 한다.

郭博士와의 因緣은 大學校 先後輩로, 敎育의 同志로 中等敎員 書藝동아리로, 또 弘岡書室을 往來하면서였다. 展示場에서 相逢할 때가 많았는데 언제나 思考하는 모습이다.

退任書展이나 畵展은 더러 가지나 自己가 蒐集한 作品을 가지고 敎職을 떠나는 마당에 出版紀念會와 더불어 展示會를 가짐은 본적이 없다. 각 職種에 勤務하는 이들에게 龜鑑이 되리라 생각하며 그의 삶을 一言以蔽之하면 俯仰不愧[2]요 精神一到何事不成으로 結論 짓는다.

此後에도 항상 健康하시고 더 좋은 作品活動과 環境과 保健學分野에 泰斗가 되기를 빌고, 蛇足의 글이 累가 되지나 않을까 두렵다.

(2007. 가을)

---

2) 孟子의 「君子三樂」 中 '仰不愧於天 俯不怍於人二樂也'에서

人事 말씀

大邱書家會 창립기념으로 中國 安徽省文化廳과 韓中書畵交流展을 향토 대구에서 개최하게 된 것을 참으로 기쁘게 생각합니다.

이번 서화교류전은 한·중 새시대를 맞이하여 그동안 양단체 서예인들의 적극적인 관심과 노력의 結晶인바 서화교류를 통하여 상호 善隣友誼를 다지고 아울러 한중문화에 대한 새로운 지평을 여는데 그 의의가 있다고 하겠습니다.

이번에 출품된 작품은 중국 안휘성서화원 작가 10명의 작품과 대구서가회 회원 33명의 작품으로 모두 100여 점이 출품되었습니다. 이번 전람회에 출품된 작품에서 우리는 양국의 각기 다른 書風과 獨自性을 감상할 수 있게 되었습니다.

따라서 이는 우리 서예계의 자극과 반성의 계기가 됨은 물론 향토 예술문화 발전에도 기여하는 바 크리라 믿습니다.

이번 행사가 양국 문화에 대한 상호 이해와 友好 增進에 큰 역할을 담당하게 될 것을 기대하며 우리 서예계의 위상정립과 나아가 國際性에도 시야를 넓히는 좋은 계기가 될 것은 믿어 의심치 않습니다.

어려운 여건임에도 불구하고 중국측 작가 여러분이 한국을 방문하시게 됨을 진심으로 환영하는 바이며, 귀빈들께서는 이곳 서예인을 비롯한 각계 인사들과 격의 없는 환담도 나누시고 한국의 風物 또한 살피시어 韓中 和親時代에도 一役을 더해주시기를 기원합니다.

이번 交流展이 韓中 國交 正常化 후 우리나라에서 가장 먼저 열게 되었음에 자부를 느낍니다.

끝으로 이 행사를 위하여 물심양면으로 협찬을 아끼지 않으신 許勇 한국미술협회 대구지부장님의 노고에 심심한 감사의 뜻을 표하는 바입니다.

모처럼 개최되는 이번 행사에 사계동호인을 비롯한 문화예술인 여러분의 많은 성원과 관람을 바랍니다.

(1993. 6)

萬古常靑
—鶴의 모습 慕山 先生님

모산학술연구소에서 보내온 원고 청탁서의 여백에 "원고 청탁자가 개인적인 의뢰를 해 주시면 더 좋겠다고 해서 이 청탁서를 보내노니 나와의 관계에 대해 기억할 만한 일들이 있으면 회상하여 써 주게나"란 모산선생님의 添記를 읽고서도 한 달이 지나도록 붓을 들지 못하고 지나왔다.

나라의 큰 선비이신 선생님의 전기자료집 편찬에 이 노둔한 문생이 졸문을 써드린다는 것은 가당치 아니한 느낌이 들었기 때문이다. 그러나 선생님께서 친히 보내오신 청탁서를 받고 고사함도 제자의 도리가 아닌지라 정신을 가다듬고 용기를 내어 몇 가지 소감을 엮어 보기로 하였다.

이 문생은 어릴 때 6·25 전란으로 가산이 파탄되어 학업을 계속할 수가 없었다. 그리하여 동년배들보다 고등학교를 3년 늦게 입학하게 되었으니 동년배들이 대학에 입학하던 해인 1955년 비로

소 海平에서 대구로 나와 대륜고등학교에 입학을 하게 되었다. 생이 선생님을 처음 뵈온 것은 대륜고등학교 1학년 국어시간이었다.

처음 뵈온 선생님의 인상은 바로 '鶴의 모습'이었다. 선생님에 대한 그 인상은 40여 년이 지난 지금에도 변함이 없다. 軒軒長身의 체격이며 高雅淸新한 기품은 모든 학생들로 하여금 흠모 존경하는 정감을 자아내게 하였으며, 흑판에 쓰시는 板書 글씨는 더욱이 생을 놀라게 하였다.

선생님께서 판서를 하실 때는 대체로 흑판 우측에서 縱書로 쓰시는데 한 번은 상형문자에 대하여 강의하시는 도중 '龜'字를 草書로 쓰시는 것을 보고 귀가 후 밤늦게까지 흉내를 내어보았으나 근사하게 될 까닭이 없었다.

생은 선생님의 그 멋진 글씨를 선망한 나머지 부지불각중에 필묵을 가까이 하게 되었으며, 교직에 몸담은 이래 종서로 판서를 함도 그때 선생님의 手迹을 따르고 있기 때문이다. 생이 국문과에 진학함과 서예에 관심을 갖게 된 것은 다 선생님의 영향이었다. 교과서 내용과 관련된 '鄕邸 蘺下에 만개한 黃菊'에 대한 말씀은 저희들로 하여금 향수에 젖게 하셨으며, 단어와 문장 해석을 하실 때는 비유와 擧例를 빠뜨리지 않으셨다. 그리고 高聲으로 학생들을 질책하시거나 조급하게 성을 내시어 학생들을 체벌하신 적이 없었다.

한 번은 선생님께서 퇴근시에 우산을 쓰고 가시는 것을 본 적이 있었다. 손잡이가 대나무 뿌리로 된 고급 우산이었다. 비가 멎자 그 대나무 뿌리 손잡이 우산을 걷어 짚고 가시는 선생님의 모습은 더욱이 멋이 있어 보였다. 그 우산을 짚고 가시는 선생님의 거동을 모방해 보고자 대나무 뿌리 손잡이로 된 우산을 구하기 위해 서문시장을 몇 번이나 돌아 다녔던 그때의 기억은 지금도 생생하다. 알고보니 그 우산은 일본에서 제씨가 보내 주신 것이었다.

선생님께서는 1년간 대륜고등학교 교사로 재직하시다가 청구대학 교수로 자리를 옮기셨다. 생은 만학으로 인해 고등학교 3학년 때 召集令狀을 받아 충북 영동까지 갔다가 귀향증을 받고 돌아왔으며, 졸업을 한 뒤에는 선생님께서 봉직하시는 청구대학 국문과에 입학하여 407호 연구실에서 선생님의 종생질 金相俊 군과 같이 수집하신 「內房歌辭」를 정리하면서 한글 궁체와 여러 서체에 대한 가르침을 받았다. 그러던 중 뜻밖에도 군기피자로 몰려 논산 육군 제2훈련소에 입소하게 되었다. 이때 선생님께서는 다음과 같은 엽서를 보내주셨다.

"반가운 군의 편지 잘 보았어. 軍門에 들어 학교에서 못 겪던 귀중한 경험을 많이 하게 되었지. 지난 번 군이 대구를 출발하게 된 뒤에야 알게 되어 진작 연락을 아니해 준 군이 원망스러웠어. 상준에게 오·육일 후에야 듣고 알았어. 407호에는 학생들이 교대로 와서 이용하고 내 칠일부터는 교양과목 시험이지. 군을 믿고 일 맡기던 일에 지장이 있을 때마다 아쉬운 마음 간절하네. 학생과에 연락하니 군이 입대하게 된 줄 잘 알고 있더군. 본가에도 잘 알려 드렸는가. 간혹 편지도 해주기 바라네. 무엇보다 건강에 유의하기 바라네. 昨日은 甘雨 내리는 속에 鷺山 선생 시조집출간기념회가 있었어. 비온 뒤 연구실은 시원하기도 하네. 먼 곳 군을 그리면서"

이 엽서는 1958년 6월 29일 선생님으로부터 받은 유일한 편지였다. 지금까지 당시 훈련소에서 쓴 일기장 속에 고이 간직하고 있다가 이 기회에 원문을 그대로 옮겨 본 것이다. 그때 선생님 연세가

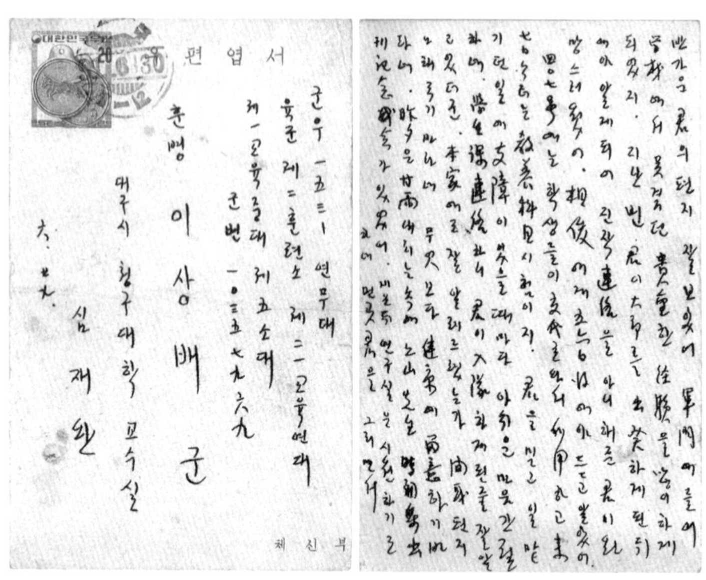
우편엽서
군우 一五三一 연무대
육군 제二훈련소 제二一교육연대
제一교육중대 제五소대
군번 一〇三五七九六九
훈병 이상배 군
대구시 청구대학 교수실
심재완
체신부

불혹이셨는데 주옥같은 글씨는 지금까지도 한결 같으시다.

선생님의 雅號인 慕山은 先大人 退山 선생을 사모함의 뜻이라 하니 선생님의 효심은 추측하고도 남음이 있다. 선생님께서 맹장염과 담석 제거 수술로 인해 두 번 입원을 하셨을 때에는 모든 것을 초월하신 듯 담담한 표정으로 문병객을 맞으셨다.

병 속에 넣어둔 담석을 가리키시며 "저 밤알만한 것이 몸 속에 들어 있었으니 어찌 아프지 않았겠는가."하시면서도 미소를 잃지 않으신 선생님의 여유로운 모습은 위로하러 간 문병객들을 도리어 위로해 주셨다.

이와 같이 당신의 건강에 대해서는 담담하기 그지 없으시면서도 일본에 계시는 李氏의 臥病 소식을 접하시고는 몇 번이나 渡日하여 문병을 하셨으며, 그 사후에는 유골 일부를 선대부인 묘소 옆에 옮겨와 장례를 치르고 묘비를 건립하기까지 했으니 그 형제 우애가 얼마나 돈독했던가를 보여 주시는 일이었다.

菲才薄學한 생이 간혹 무례하게 전화로 여쭐 때도 선생님께서는 번거로움을 무릅쓰고 언제나 친절하고 상세하게 가르쳐 주셨으니 그 아랫사람에 대한 관대하고 인자하신 정이야 어찌 생에게만 베푸신 것이었겠는가.

1996년 봄, 생이 회갑기념 서예전을 계획할 때 厚顔을 무릅쓰고 모산학술연구소로 선생님을 찾아가 서문을 仰請하였다. 그때 선생님께서는 쾌히 승낙, 서문을 써주셨는데 그 문장 속에 다음과 같은 구절이 들어 있었다.

"막상 펜을 드니 얼른 글이 나오지 않는다. 20대의 상배(尙培)가 청장기(靑壯期)를 거쳐 이제 갑년(甲年)을 맞는 백발의 남헌(南軒)으로 변모한 모습이 눈앞에 떠오르니 새삼 세월, 인생을 생각하는 감회에 젖어들기 때문일까!"가 그것이다.

참으로 생의 가슴을 울려 주신 대목이었다.

선생님께서 강의하실 때는 흥미진진한 故事를 얘기해 주시기도 했고, 시조 강의 때엔 故 靑霞 柳一之 선생을 뫼시어 唱을 들려주심으로써 시조의 문학적인 요소와 음악적인 진미를 이해할 수 있도록 해주시기도 했다.

선생님의 정년퇴임기념식 때 故 洛雲 金演權 선생은 그 祝辭에서 "모두 慕山 보고 점잖다고 하는데 술집에 가면 아가씨 손목은 제일 먼저 잡는다."라고 하여 하객들의 폭소를 자아내게 한 적이 있었다.

선생님께서는 그런 풍류도 있으셨던가보다. 그러함에도 불구하고 생은 아직 선생님께서 술 취한 모습을 한 번도 보지를 못했으니 선생님은 眞君子였음에 틀림이 없으시다.

선생님에 대한 기억은 한이 없으나 그 중에도 求書逸話 몇 가지는 아무리 시간이 흘러도 잊을 수가 없다. 1959년 동아일보에《釋譜詳節》제11권을 소장하게 된 경위와 影印本 간행, 또 何紹基의 법첩 두 책값에 한 달의 하숙비를 지불하고 구입하신 1930년대 경성사범 재학 때 일화 등은 그러한 예에 해당한다.

선생님의 종질(宇正) 형의 말에 의하면 사모님께서는 큰댁에서 치르는 四代奉祭에 한 번도 거르시지 않고 제수를 올리시며 시부모님을 섬기심에 있어서는 효성을 다하시고 동기간의 우애를 위해서는 희생봉사를 하셨다니, 사모님은 儒家의 효우돈목정신과 불가의 자비사상을 몸소 실천하신 분이었다.

봉덕동에 계실 때 門生 荊妻의 得病 소식을 들으시고는 친동기가 병석에 누운 것처럼 걱정을 해주시고 또 사계의 권위자인 전문의를 소개해 주시던 일은 날이 갈수록 더욱 새로워진다.

이와 같이 선생님께서는 琴瑟의 복을 갖추었을 뿐만 아니라 슬하의 영식 오형제가 모두 사회의 지도급 인사로 활약하고 있으며, 여러 손자 손녀들마저 총명 준수한 자질을 타고나 건전히 자라고 있다니 축복할 일이로다.

선생님께서는 만수무강하시어 영남학맥의 주봉자리를 지켜주시고, 槿域江山의 희망과 빛이 되어 주시길 간절히 기원할 뿐이다.

(모산 심재완 박사 팔질기념문집, 1998. 12)

선생님들의 追憶

母校인 大倫과의 인연은 반세기 훨씬 전으로 돌아간다. 붉은 벽돌의 높은 건물로 漢江 이남에서 제일 크다는 講堂은 한번 들어가 보지도 못했고, 넓은 運動場은 副官學校로 밟아 본 적도 없다. 軍駐屯으로 防川길은 포장되어 雨中에도 흙은 묻지 않았다. 짚차로 出退勤하시던 金準基 校長 先生님, 같은 體育科 出身으로 教務 崔仁浩, 學生 潘基華 先生으로 체육과 일색이었다.

비 오는 날은 鳳德洞 방면에서도 壽城橋까지 내려가 登校했음은 신천 전체에 수성교, 경부선과 대구선 철교와 칠성교, 산격교 뿐이었으니 그럴 수밖에 없었고 동신교 자리엔 나룻배가 있었다. 3년 동안 등하교길에 버스 한번 타지 않았다. 아니 탈 수가 없었다. 당시 대구 市營버스가 30대가 있었는데 칠성시장, 서문시장, 남문시장, 수성교가 종점이었다.

여름이면 下校길에 종종 '太白山이 높솟고'로 시작되는 교가의 작사자 민족시인 尙火의 「빼앗긴 들에도 봄은 오는가」라는 시의 소재가 되었던 수성들, 그 들의 복판으로 흐르는 범어천에서 미역감고 밤이면 신천에서 몸을 씻었다.

초등학교 동기들이 대학에 들어갈 때 고등학교에 들어갔으니 고향 갈 때는 교모를 쓰지 않았다. 지금처럼 두발 자율화가 아니라 언제 머리를 길러 볼꼬 하는 마음, F字의 학교 표지를 붙이고 T字가 왜 그렇게 부럽던지 지금은 70km로 달리는 세월인데 그때는 왜 시간이 그리도 안 가던지, 일흔이 훨씬 넘고 보니 아무것도 아닌데 하는 생각이다.

又玄 朴命祚 先生님은 美術時間에 江邊에 돛단배를 畵題로 "片舟一棹歸何處 家在江南黃葉村"라 쓰셨는데 나는 이 글을 더러 쓰기도 하였다. 2008년 7월 嶺南日報에 先生님의 海印寺 一柱門과 徐東辰 議員의 舊大邱 韓國銀行을 그린 것이 나와 있어 그때의 노트를 뒤적였더니 위의 화제는 1955년 11월 23일자였다. 履歷을 보니 1920년에 大邱高普에 입학하였다. 아무리 늦어도 우리를 指導하실 때 年歲가 쉰이 훨씬 넘어섰을 것이다.

美術時間이면 선생님께서는 웃으시면서 "이놈들" 하시던 모습, 그분이 우리나라 미술계에 큰 별인 줄은 미처 몰랐다. 朴炳轍 校長과 又玄 선생, 雪松 崔有鍊 선생이 合作한 詩畵가 複道에 揭示되었고, 樂隊 큰 나팔에 대륜이란 푸른 바탕에 희게 고딕체로 쓴 글씨는 市街行進 때 눈에 확 띄었다. 대구미술 다시보기 零科會과 鄕土會員展이 2008년 7월 22일~8월 17일까지 대구문화예술회관 4, 5전시실에서 열렸는데 선생님의 작품 앞에 서니 눈시울이 뜨거워졌다.

당시의 선생님들께서는 그렇게 위엄이 있고 곁에 가기도 겁이 났는데 又玄 선생과 漢文의 李逌雨 선생님이 제일 훈훈한 바람이 났다. 학생들과 장난치기를 좋아하시어 아랫도리를 만지셨다. 平生 教職에 몸담았던 사람으로 나에게서도 그때 선생님들의 위엄을 찾을 수 있었을까 하는 마음이다. 곁에 가면 찬바람이 났던 雪松 崔有鍊 先生님이 한번은 웃으면 統一된다고 했다. 雅號도 어떻게 性品과 꼭 같을까 언제나 色眼鏡을 끼셨는데 한번은 안경을 닦으시는데 눈언저리에 동그랗게 희고 눈은 한일자로 보기만 해도 무서웠다. 그러니 色眼鏡을 끼신 모양이다.

1957년 5월 13일 國史 시간에 元曉大師 얘기를 하시며 元曉가 서라벌 장안을 돌면서 "誰許沒柯斧 我斫支天柱 외치니 眞平王이 瑤石公主와 同寢케 하여 薛聰을 낳았다."는 얘기를 하실 때 한번 웃으시는 것을 보았을 뿐이었다. 1957년도 『샛별』 5호에 表紙畵는 又玄 선생님께서 石榴를 그리셨고, 題字는 朴炳轍 교장 선생님의 글씬데 故 朴前大統領 恩師로 日帝强占期 全鮮에서 書道로 教員資格證을 획득한 유일한 분이라고 알고 있다. 명덕로터리 2·28 學生義擧紀念塔碑(지금은 두류공원으로 옮김) 글과 達成公園에 있는 旺山 許蔿 선생 순국기념비의 한글 제자가 다 朴校長 선생님의 글씨이다.

3學年 擔任이셨던 曺永鎭 先生님께서 金晉燮의 隨筆文學小考를 縱書로 板書하신 것은 達筆이셨으며 졸업앨범에도 실렸다. 그때 선생님께서는 36세의 노총각이셨는데 제일예식장(지금은 없어짐) 일 층에서 있던 혼례식 때 故 이치호와 함께 꽃을 가져갔는데 나는 화환을 들고 치호는 꽃다발을 들고 들어가니 하객들이 화환을 신부의 목에 걸어주라기에 사모님의 면사포를 눌러 목에 걸어 드리니 하객들의 박수와 함께 식장이 떠나갈 듯 웃었다. 모르고 시키는대로 했는데 하객들은 제자들이 짓궂게 일부러 하는 줄로 알았던 모

양이다. 실은 그런 것도 아닌데 지금 생각하니 완전 바보였다.

地理科 韓永愚 선생님의 板書는 하도 잘 쓰시어 明滅하는 追憶 속에 지금도 눈에 선하다. 年齡制限을 피해 私立인 母校에 入學試驗을 보고 合格枋에 揭名을 보신 先考께서 어쩔꼬 하시던 모습, 그때 母校는 입학금이 公立의 세 배였다. 논을 팔아 入學金을 냈다. 지금의 내 나이 그때 어느 선생님보다 훨씬 많아지고 보니 다시금 세월의 無常함을 느낀다.

그때는 학교 안에 軍人이 주둔해 있었고 군에서 쓰는 電柱가 別途로 있었는데 언젠가 校門에 들어가는데 전주 위에서 작업하던 군인이 퍽하는 소리와 함께 땅에 떨어져 시체로 옮겨지는 참상도 보았고, 고향 갔다 올 때 보리쌀 한 말을 자루에 넣어 새끼로 묶어 경북여객 버스로 대구 역전에 내려 자루를 메기가 부끄러워 짚차를 타고 동인동 풀장까지 오니 보리쌀 한 말보다 차비가 더 많아 이것이 알려져 다시는 나에게 붙이지 않았다.

그때는 운전기사가 달라는 대로 요금을 주던 시절이었다. 다시금 세월의 덧없음을 느끼며 그때 恩師로서 生存하신 분으로서는 記憶에 母校에 校長을 歷任하신 詩人 李聖洙 선생님으로 알고 있는데 해마다 年賀狀만 올리고 있다.

母校도 수성벌 시대는 가고 桑田碧海라더니 이제는 晩村時代 나날이 母校의 無窮한 發展을 冀望하며 아 大倫이여 永遠하라.

모교의 이름을 넣어 읊어 본다.

大德君子之道, 倫理人生之綱.
大鵬雄飛九萬天 倫序衆鳥千年伏
(『샛별문화』 33호, 2010)

碧松常青

붓을 들기가 어려워 미루고 또 미루다가 이제 더 미룰 수가 없는 시점에 이르러 들게 되니 만감이 교차하는 순간이다. 사람이 살아가는데 부러워하는 일이 한두 가지가 아니다. 俗談에 절에 가면 중되고 싶다는 말이 있듯이 부러워하는 데도 그 대상이 여러 가지가 있으리라.

學者를 보면 그의 學問에 머리가 숙여지고 金權力을 가진 사람을 보면 그 또한 부러움을 느낀다. 좋은 家系를 보면 그 家門의 傳統이 부럽다. 세상에 부러움의 대상이 수없이 많다. 거리가 먼 사람이야 그렇거니 하지마는 가까이서 자주 대하는 사람을 부러워하는 대상으로 삼을 때가 많다. 오르지 못할 나무는 쳐다보지도 말라는 말이 있지만 '오르지 못하니 쳐다라도 봐야 할 것이 아니냐' 하는 말로 바꾸고 싶다. 자신과 거리가 먼 사람이야 거리가 멀기 때문에 별로다. 사촌이 땅을 사면 배가 아프다는 말이 있다. 남이 사는 것보다는 나을 터인데 왜 이런 말이 나올까. 가깝기 때문에 그러리라. 꼭 배가 아프다기보다는 부럽다는 뜻이 아닐까.

20년 전 碧松會長의 華甲紀念論文集을 우리 嶺南大 國文科 同門會의 主管으로 낸 적이 있었는데 그때 저의 나이 40대 말, 별로 부러움도 없이 그냥 그렇게 하는가 보다 하고 넘겼다. 그런데 陳腐한 말이지만 그 일이 벌써 江山이 두 번이나 변하는 세월이 흘러 이제 또 望九紀念論文集을 우리 國文科 同門會가 主管하여 만들어 드리고자 하는데 왜 이렇게 부럽겠는가. 솔직히 말해서 저는 부러워하는 대상이 한정되어 있다고 자부한다. 왜 그러냐고 묻는다면 글씨에 能하여 좋은 작품을 남기는 사람이라고 단정할 수 있다. 두 마리 토끼를 잡으려다가 다 놓친다는 말이 있듯이 바라는 것도 이렇게 서예 한 가지로 여기고 이 분야에 대해서 좀 노력하고 있지만, 마음만이 앞설 뿐 아직까지 마음에 드는 作品 하나 못해서 계속 힘을 기울이고 있는데 근래에 와서 碧松會長을 여러 해 모신 바 있는 사람으로서 부러워하는 대상이 되고 말았다.

그 첫째로 人性과 健康이다. 嶺南大 國文科 同門會 總務를 20年間 맡으면서 아마 17年을 會長으로 모신 것으로 記憶되는데 性品이 外柔內剛이시다. 부정적인 말이나 거절 같은 것은 듣지도 보지도 못했다. 어떤 말을 하면 첫말에 "그래요(그렇게 해요)"라는 것이다. 사람이 살다가 보면 화가 날 때도 있고 表情이 변할 때도 있는데 그런 면을 보지 못했다. 그러니 한 마디로 不慍의 君子이다. 또 外貌로 봐서 體軀가 長大하다거나 健康美가 넘치는 運動選手처럼 보인다거나 물가에 서서 자양분을 마음껏 섭취해서 푸르름을 자랑하는 버드나무처럼 보이는 것도 아니며, 마을 앞에서 높이 솟아 마음을 수호하는 느티나무처럼 큰 나무의 모습을 지닌 것도 아니다.

한마디로 말해서 척박한 땅에서 오랜 가뭄에도 시들지 않고 끈기있게 생명력을 이어가는 바위틈에서 자라 自然盆栽가 된 나무처럼 季節의 變化해도 그대로 끈질기게 생명을 이어가는 나무에 비하면 비유가 잘못된지는 몰라도 표현을 그렇게 하고 싶다. 20年 전이나 지금이나 한결같아 앞으로 또 20년이 지나도 그럴 것이라 생각해서 부러워하는 것이다.

다음으로는 글이다. 우리 선조들은 세 가지 빌리는 것이 없어야 한다고 했다. 글과 사람, 재물이라고 했다. 돈보다 글이다. 가문에 글이 있어야 한다. 그런데 碧松會長께서는 글이 대단하시다. 누구나 글을 지어본 사람은 알겠지만, 漢詩를 짓다가 말을 맞추다 보면 平仄에 어긋나고 平仄을 맞추다 보면 본래에 의도한 바와는 엉뚱한 방향으로 가버려 글이 되지 않는데 碧松會長은 그렇지가 않다.

會長으로 모시는 동안 同門會 基金造成次 同門訪問이나 學位取得 祝賀宴, 停年退任式, 古稀宴, 出版紀念會, 問喪, 同窓會野遊會 等 많은 곳을 다녔다. 通度寺 맞은 편 內院寺, 居昌 搜勝臺 等 많은 곳을 찾았다. 兪培根 宋安立 奇玉洐 會長들은 이미 幽明을 달리했으니 감회가 새롭다. 그중에 淸道 雲門寺에서 있었던 일 하나만 더듬어 보면 數百名의 동문들이 한 곳에 모여 科別로 노래도 하고 장기자랑이며 才談도 하며 별별 놀이를 하면서 學窓時節로 돌아간 적이 있었는데 우리 국문과에서도 뭔가 해야겠기에 총무인 제가 시원찮은 목소리로 蘇東坡의 「前赤壁賦」를 完誦하고 난 다음 碧松會長께서 마이크 앞에 나가 卽興的으로 嶺大同窓會라는 主題로 시를 지어 읊었다.

入學少年不今天　입학 때 젊던 몸이 이제는 늙었구려
破顔握手舊相親　웃으며 손잡으니 옛부터 친했도다

青雲立志心中脈　청운의 뜻을 세워 심중에 기맥있고
螢雪接書物外身　형설에 책을 읽으며 몸을 소중히 하였다
振國宣揚先輩逸　선배들은 국위를 떨치고자 힘썼고
逸民富强後世陳　후배들은 국부를 위해 힘썼네
京鄕各地痲逢會　경향 각지에서 서로 돕는 모임 있으니
嶺大同窓日日新　영대 동창은 나날이 새로워 지리라

이렇게 읊고 설명을 곁들이니 과연 그날 총동창회에서는 우리 국문과가 당연히 으뜸이었다. 그때 제가 마이크 앞에 다시 나가 '우리 국문과는 과연 선비과라 돈과 권력보다는 글이요.' 하면서 蛇足을 다니 우레같은 박수가 쏟아졌다. 저는 평소에 늘 마음에 텅 빈 곳이 있다. 붓을 들고 화선지에 먹칠할 때 '碧松會長의 발치라도 따를 수 있다면 錦上添花가 아니겠는가'하는 것이 솔직한 告白이요 또한 부러워함이다.

한 수를 끄적거려 보는 데도 진땀을 흘리는데 어떻게 즉석에서 그렇게 나올까. 평소에 얼만큼의 노력이 뒤따랐을까를 마음에 새기면서 저의 서예에 대한 努力은 아직 싹도 트지 않았으니 더 열심히 하는 것뿐이구나. 평소에 좌우명으로 '남만큼 하고서는 남 이상 될 수 없다'는 것을 다시 한 번 더 다짐했다.

碧松會長은 본업이 事業이다. 사업하면서도 詩文에 情熱을 쏟아 타의 追從을 不許하는 좋은 작품을 많이 남기는데 나는 뭣 하는가 하면서 부러움의 대상이 되곤 한다. '못에 고기 부러워 말고 그물 지어 낚아 보세'라는 신체시의 구절이 아니더라도 노력을 해야겠지만 '미꾸라지가 아무리 노력해도 고래가 될 리 만무하지 않을까'하는 自嘆하는 생각도 해보면서 부러워만 하고 있으니 歎息만이 나올 뿐이다. 一生을 敎職에 있었던 사람으로서 글 한 편 쓰기가 힘드는데 한번은 故 金炯秀 교수의 親喪으로 河陽에 갔다가 오는 길에 新岩洞 先烈墓域에 들러서 碑文을 보는데 故 金兌鍊, 金正勳 父子의 墓碑 앞에서 왜놈에게 抗拒하다가 殉國한 아들의 묘비를 세운 金兌鍊 義士의 '己未三一義血淋漓乃爺苦賃 立石朝陽'이란 碑文이 父子의 碑에 틀리게 적혀 있음을 보고 "金石文에 저렇게 誤字가 있으니 寒心하지 않는가."하면서 碑門作法이며 金兌鍊 父子의 三·一運動 때의 逸話를 들려주어 同窓會報에 投稿하기도 하였는데 金石文에 대한 該博함에 고개가 숙여질 뿐이다.

그 다음으로 社會活動面이다. 儒林, 宗事, 同窓 등 이루 다 말하거나 열거하기조차 힘들 정도다. 다른 분들이 많이 논했기에 重言은 피하지만 두드러진 社會活動活動이 쉬운 일이 아닌데 눈부신 社會活動相을 보면서 정말 대단한 분이구나하는 생각을 해 본다. 사람이 하는 일을 남으로부터 칭찬이나 인사를 받기 위해 하는 것은 아니지만 '碧松會長도 寡福하구나'하는 면도 없지 않다. 개구리 올챙이 적 생각 못 하고 물에 빠진 사람 건져주면 내 보따리 내놓으란 말이 있듯이 덕 본 사람치고 덕 봤다고 하는 사람 드문 세상이다. 잘되면 자기 노력의 결과요, 못되면 조상 탓으로 돌린다더니 이번 文集刊行을 위해 原稿請託을 해서 보내준 글들을 보면서 꼭 그 분 같으면 이런 글을 쓰리라 했는데 기대가 크면 실망도 크다는 말과 같이 혜택을 입은 분들이 言及을 좀 했으면 했는데 그렇지가 못하니 內心으로 '이 분도 이런 면이 있구나'하는 생각이 들기도 했다.

大學 在學 땐 大先輩께 入學 전에 卒業하셨으니 一面識조차 없었는데 地方으로 전전하다가 大邱로 轉入되면서 同門會에 나가다가 뜻하지 않게 總務를 맡으면서 先輩들을 알게 되었다. 70년대에 碧松先輩를 알게 되었으니 於焉 30星霜이 가까워져 오고 있

다. 전에는 非師系 出身하면 人文高에 가기가 힘들었는데 同門會에 나간 덕에 靜波 尹象孝 先輩를 알게 되어 人文高로 가게 된 점 지금까지도 잊을 수가 없다. 이제야 30年 가까운 세월이 흘렀으니 時效도 勿論 지났기에 하는 얘기지만 樵丁 朴斗抱 會長 後任으로 靜波 先輩를 同門會長으로 推戴하면 後輩들 人事에 影響을 주리라 생각하고 바빠서 도저히 맡을 수 없다는 분을 半强制로 會長으로 모시니 꼭 1年만 하겠다면서 그 바쁜 중에도 同門會 發展과 동문찾기에 힘을 기울이고 基金造成을 위해 浦項方面으로 迎日郡守 孫鍾秀 先輩를 찾아가 억지를 좀 대고 다시 永川郡廳에 근무하는 岐軒 張弼星 同期를 찾아가 하룻저녁을 靜波, 東坡 오상인 선배와 같이 筆舌로 다 表現할 수 없는 東坡 先輩의 巨大한 實力行事에 모두 입을 다물지 못한 일은 酒案에서도 두고두고 追憶에서 지워지지 않는 일이기도 하다.

靜波 會長 다음으로 同門會가 活性化되자면 뭐니뭐니해도 基金이 있어야 됨을 절감했으니 事業하는 분을 會長으로 모셔야 한다는 동문들의 意見을 따라 碧松先輩를 會長으로 모셔 17年間을 고생시켰으니 앞으로 이런 長期執權은 前無後無하리라 여겨진다. 물론 오래하다 보면 功도 크지만, 過도 따르게 마련임은 다 아는 사실이나 淸霞 金相一先輩를 모시려니 서울에 계시고 呂元煥先輩를 모시기로 의논이 다 되었는데 不意의 交通事故로 不歸의 客이 되고 말아 어쩔 수 없이 오래도록 회장직에 머물게 되었다. 故 呂 先輩의 葬禮式에 성주로 가면서 靜波先輩와 함께 碧松會長의 〈丈夫雄志立身修 盛業名勝母校頭〉로 始作되는 七言律의 輓詞를 앞세우고 뒤따르면서 우리 국문과는 가난한 선비과라 대개가 敎職에 있어 經濟的으로 넉넉지 못한데 여동문을 회장으로 推戴가 다

되었는데 이런 일을 당하니 앞으로 어떻게 할 것인가하며 一杯酒를 靈前에 올리면서 落淚하시던 일, 後輩의 죽음에 그토록 哀悼의 情을 표하시던 분은 일찍이 보지 못했다. 또 母校 敎授로 在職하다가 오랜 鬪病 끝에 別世한 玄谷 李鉉奎博士의 喪家에서 밤을 새우다 싶이하면서 "同鄕으로 어렵게 工夫해서 이제 좀 괜찮다 싶더니 이렇게 되었구나."하면서 卽席에서 『語文硏究千篇發 國學功成一翼新』이란 含聯의 句節에 방에 가득한 弔客들로 하여금 눈물을 금치 못하게 하였다. "지금도 참 玉人이었는데…"하시면서 늘 안타까워하고 있다.

또 黃仁秀 先輩와 같이 玄谷 問喪 時 "碧松兄, 나도 다음에 저렇게 하면서 身恙으로 아마 오래 가지 못할 것이니 꼭 輓詞를 부탁한다."는 말을 되새기며 先輩 靈前에 「邙山輀駕何時會, 永訣終天淚自然」하면서 落淚하던 일이며, 아득한 後輩 故 成樂中님의 訃音을 접하고 "人生無常이구나! 태어날 때는 先後가 있으나 갈 때는 차례가 없으니."하면서 다음에는 꼭 同門會長을 맡을 분인데 하시면서 會長職을 물러난 뒤에도 오직 동문회에 관심이 많으셨다.

浦項高等學校 靜波 先輩 退任式場에서 祝詩 七言律을 朗讀과 함께 說明을 곁들이니 慶北 一番地 高校 講堂을 메운 賀客들의 박수는 우리 국문과의 위상을 높이기도 하였고, 聞慶西中 吳東坡 先輩 퇴임식 때도 祝詩 朗讀과 아울러 說明 외에 祝辭에서 "多方面에 能力이 있지만, 그중에서도 특히 뛰어난 實力 한 가지는 他의 追從을 不許한다면서 賀客들을 향하여 구체적으로 말씀드리지 않아도 다 아실 겁니다."하며 弄을 곁들이면서도 듣기에 거북하지 않게 해학적인 말로 하니 학생들은 눈이 둥그레지고 賀客들은 웃음바다를 이루었다. 아마 눈치챘던 모양이었으며 지금도 十年 전의

일이 쟁쟁하다.

80年代만 해도 博士學位 受得 때는 동문회 아니면 自祝宴이 있었는데 愚巖 金元重學兄의 學位受得宴에서 國民學校만 書簡部고 大學院까지 全部 夜間學校로만 一貫된 苦痛의 連續 뒤에 받은 學位라 더욱 보람되고 그간의 어렵던 일들을 잊고 이제는 책을 너무 보지 말고 視力保護에 힘쓰라고 하면서 私費로 마련한 선물이며 李東英 先輩 學位受得의 喜報를 접하시고 大邱로 招請해서 賀宴과 紀念品 등 個人的으로 負擔하는 事例가 많았다. 이 외도 故 金炯秀, 李鉉奎同門 등 私費로 祝賀宴을 베풀었으며 알게 모르게 많은 일을 하셨다.

碧松會長 後任으로 愚巖 金元重博士가 2年間(1998~1999) 會長을 맡으면서 앞으로는 2年씩하고 連任을 하지 말도록 하자며 제가 2年間(2000~2001) 會務를 맡아 創科 50周年 紀念式을 2000年 5月 20日 母校 國際館에서 갖기도 했다. 同門會에 나가다가 總務에 이어 會長職을 맡은 榮光도 누렸다. 出他하고 없는 사이 理事會에서 愚巖의 强壓으로 會長職을 맡게 되었음에도 다 碧松會長의 後光으로 생각하며 2年間의 任期가 만료되어 2002年 1月 理事會에서 尙州大學校 總長인 金基卓 同門을 半强制로 會長에 推戴해 놓고 알렸으니 온 강제인 셈이다. 金會長이 지난 4月 國文科 野遊會를 주선함에 여태껏 가지지 못했던 동문회 나들이에 많은 동문들이 참석해서 尙州大學校로 가 金總長으로부터 學校 案內를 받으니 처음 가본 尙州大學校의 施設과 規模 全國的으로 고루 분포된 학생 현황 기숙사며 나날이 발전 일로에 있는 학교에 우리 동문회 회장이 總長으로 在職함에 가슴 뿌듯함을 느꼈다. 洛東江 1300里에서 가장 경관이 뛰어나다는 擎天臺를 둘러보

고 醴泉 民俗飮食店에서 金會長이 베푼 창포를 곁들인 점심 대접을 받으면서 한사코 거절하던 碧松會長의 望九紀念論文을 우리 국문과 사업의 일환으로 刊行할 것을 金會長이 發議하여 滿場一致로 合議를 보아 착수하게 된 것이다.

平素에 物心兩面으로 恩惠를 입어 報恩의 기회를 엿보던 차 文集刊行事務所를 寓居書室로 하니 자주 碧松會長님을 뵙게 되었다. 돌아보면 4半世紀 동안 相逢아니면 通話를 하니 近朱者赤으로 많은 것을 배웠다. 數年前 梅田 芮鍾淑先輩 母親喪에 葬地로 올라가면서 벽송선배는 운을 뗐다.

"南軒"

"예."

"이야기 하나 할까? 高杜谷 先生 알지. 그분이 산길을 가게 되었는데 해는 정오 배가 고파 사방을 둘러봐도 인가가 없는데 한 곳을 보니 葬禮하는 곳이 있어 무조건 찾아갔더란다. 곡식 죽은 데는 먹을 것이 없어도 사람 죽은 데는 먹을 것이 있다 하니 저곳에 가서 요기나 하고 가자고 갔는데 망자가 누군지도 모르는 터라 問喪도 못하고 대뜸 紙筆墨을 가져오라고 한 뒤

客過青山路　객이 푸른 산길을 지나다가
空谷葬者誰　빈 골에 장례 지내는 사람은 그 누구냐
生前無所知　생전에 아는 바 없으나
存沒可憐悲　삶과 죽음이 가히 슬프구나

이렇게 읊으니 그 날 그 많은 輓詞中에 당연 수작이라 喪制들로부터 음식 대접은 물론 노자까지 두둑이 받았다는 얘기가 있지. 글이란 假飾이 없이 眞率하게 써야 하는 거야. 양반 글덕, 상놈 발

덕이란 말은 이런 일을 두고 하는 말이야."

杜谷은 바로 저의 故鄕 분이다. 會長님의 多方面으로 該博함에 다시 한 번 놀랐다. 길을 가거나 자리를 같이할 때 많은 것을 듣고 배웠다. 俗談에 無識하면 勇敢하다는 말이 있듯이 碧松會長 華甲 때 『碧松常靑』이라고 祝書한 것이 있는데 지금도 그렇지만 볼수록 가소롭다 할 뿐인데 碧松은 푸른 소나무다. 게다가 常靑이라 붙이니 푸른 소나무가 푸르지, 푸르지 않은 소나무가 어디 있으랴 하고 自問하다가 碧松은 雅號이니 恒常 健壯하시라는 뜻으로 쓴 것인데 言語는 呪術性이 있다고 하니 그대로 된 것 같아 기쁘다.

이번에 文集名은 『碧松常靑』으로 한다니 어떻게 보면 조금은 先見之明이 있었다고나 할까 주제넘게 自讚도 해 본다. 앞으로 또 文集이 나올 때는 碧松又常靑이 어떨까. 당신께서는 웃지 않고 남을 웃게 만드는 話術도 보통이 아니다. 한 번은 부르기에 "예"하였더니 다 큰 딸아이가 골목을 누비며 말만한 계집애가 함부로 뛰어다닌다 하며 어른들이 꾸중하는데 왜 소나 코끼리가 말보다 더 큰 데도 소나 코끼리 같은 계집아이라 하지 않고 말에다 비유하는지 아는가.

碧松會長은 달변이 못되고 다소 어눌한 면이 있을 때가 있다. 빨리 하지 못하고 좀 더듬으며 하기에 더욱 우스워 "글쎄요. 듣고 보니 그러네요."하니 "그것을 몰라. 말은 사람의 乘用이 아닌가. 그러니 理解가 가지."했는데 곰곰이 생각해 보니 우리 선조들의 말솜씨가 대단하고 그런 말을 그냥 생각 없이 하는데 다 까닭이 있음을 알았다.

또 한번은 딸아이 크면 과년하다 하는데 과년이 뭣인지 아나 한다. 때를 지났다 나이가 많다는 過年이 아닙니까 했더니 그것은 瓜年이야 외과자의 과년이란 참외는 꽃이 진 뒤 20일이면 익어서 사람이 먹을 수 있는데 외의 나이, 즉 익었다는 것이다. 듣고 보니 그럴싸해서 찾아보니 여자가 혼기에 찬 나이다.

이 말을 몇 번이나 써먹었다. 이 외에도 들은 이야기가 많지만 다 열거할 수 없다. 언제나 紛沓지 않은 가운데 듣는 사람을 즐겁게 하는 솜씨도 보통이 아니다.

碧松會長께서 近間에 病院 出入이 잦아 文集刊行의 實務를 맡아 每日같이 서실에 나오는 梅田 先輩께 이렇게 하다가는 文集이 제대로 되겠나. 머리가 흔들리고 몸이 착 가라앉으며 어지럽고 해서 病院에 자주 가신다기에 문집은 梅田이 責任지고 간행토록 한다고 하니 너무 걱정 마시고 댁에서 명태국을 드시면서 安靜을 취하시고 원고를 정리하는데 나오지 마십시오하며 文集刊行하는데 너무 신경을 쓰시어 그렇습니다 했더니 문집이야 동문회에서 만들다니 별로 신경 쓸 일도 없고 하기야 문집을 내지 않는 사람이 더 많은데 그것으로 그런 것이 아니라 한다.

그러면 뭣 때문에 건강하시던 분이 病院엘 자주 가십니까 하였는데 지난 8월 31일 태풍 루사로 부항 고향의 先大人 齋舍에 土砂가 덮쳐 넘어지지 않았으나 피해가 극심하고, 또 댐을 막는다고 하니 兩代 齋舍와 孝子閣이 水沒될 텐데 이 建物들을 다른 곳으로 移建을 해야 하는데 옮길 곳도 물색해야 하고 그 작업을 어떻게 감당할까 하여 밤마다 잠을 이루지 못한 지가 몇 개월이 되었다고 한다.

문집 일이야 그 일에 비하면 아무것도 아니라면서 80 高齡임에도 崇祖精神으로 밤을 새우니 병이 나지 않을 수 있을까? 댐 事業은 國策事業이며 어제 오늘의 計劃이 아닌데 이번에 물난리로 故鄕이 廢墟가 되다시피 했으니 이제 그 일로 인한 걱정이 날로 더해 간다는 것이다.

아마 80년대 중반으로 생각한다. 齋舍 上樑式 때 招待받아 三道峯과 부항에 간 적이 있다. 그때 웅장하게 솟은 건물의 기둥이 세워지고 道袍 차림에 儒巾을 쓰고 上樑文을 쓰던 모습이 훤하다. 많은 사람의 부러움을 사면서 爲先事業에 모은 財産을 다 바쳤던 그 건물에 土砂가 덮이고 또 移建까지 해야 한다니 어찌 걱정되지 않으랴. 그러니 病이 날만도 하고 또 移建의 件 벌써 計劃된지가 오랜데도 여태껏 말이 없었을까. 성질 급한 사람 같으면 벌써 얘기했을 텐데도 문집 때문에 그런 줄 알고 신경 쓰지 말라고 간곡한 부탁을 하며 얘기하는 것이라고 하셨다.

정말 침착한 분이시다. 항상 속으로 새기고 겉으로 나타내지 않는 君子의 기품을 지니셨다. 한마디로 조용한 분이다. 버는 것보다 守成이 어렵다고 했는데 그것을 능히 해낸 분이다. 자랑이 없고 겸양으로 일관된 분이다. 얘기를 듣고 梅田 先輩와 같이 現場에 가보자는데 의견을 모아 9月 25日 몰래 떠났다. 今年은 丙子(1936) 이래 가장 큰 물난리를 당한 해라고 했는데 그 피해액이 5兆원이 넘는다고 한다. 충북 永同의 물한계곡으로 해서 대덕, 부항, 구성, 증산 등지로 다녀오는데 피해 상황을 어떻게 표현할지 모르겠다. 光復後 故鄕 海平의 昌林저수지가 붕괴되어 마을 앞 논이 파묻힌 적이 있었는데 복구하느라고 고생한 일이 떠올랐다.

복구되어도 몇 해 동안 곡식이 잘되지 않아 대토하는데 들인 노력을 생각하고 이 많은 土砂를 어떻게 치우며 냇가가 더 생겨서 어느 것이 원래의 하천인지를 모르겠다. 새로 생긴 하천이 원래 과수원이었음을 알려주는 것은 간혹 남아 있는 果木들이었다. 도로만 겨우 응급 복구되었을 뿐 바위와 모래, 자갈, 나무토막, 폐비닐 등으로 완전히 쓰레기장이 되어버린 땅은 손도 대지 못하고 그냥 방

치된 것을 보고야 말로만 듣고 TV로만 視聽하던 것과 現場에서 보는 것과는 判異했다.

파괴된 가옥, 畜舍, 끊어진 도로, 넘어진 고목, 폐허화된 과수원과 농토, 沙汰난 山, 넘어진 전주, 파묻혀 있는 차량 등 어떻게 표현할지 碧松會長의 故鄕마을은 들어가기조차 어려웠다. 냇가 곁의 논은 끊겨서 단층이 드러나고 토사가 덮친 齋舍는 넘어지지는 않았으나 듣던 것보다 더 심했다.

그러니 생병이 나지 않을 수 있을까 하고 둘이서 마음속으로 위로를 드리고 귀로에 수해복구를 하다가 과로로 순직한 부항면 許係長의 명복을 빌면서 이 사회에는 그래도 착한 분이 더 많아 이 나라가 망하지 않고 유지된다고 생각하면서 부정과 부패로 얼룩진 賣國奴 같은 爲政者나 社會惡을 저지른 者들이 순직한 許係長 같은 분을 보고 어떻게 생각할까. '어리석은 者여!'라고 하겠지만, 어느 사람이 어리석은 사람인지 모르겠다. 피해 지역이 하루속히 복구되어 옛 삶을 그대로 영위하는 날이 오기를 빌지만, 더 바랄 것이 없다면서 날품을 팔아도 좋다면서 도회로 몰려드는 이농현상을 어떻게 할 것인가. 아무리 산업이 발달되어도 입으로 들어가는 것은 땅에서 밖에 나오지 않는데, 아무리 공장을 돌려도 한기를 떼울 수 없지 않은가.

碧松會長과는 많은 인연이 있다. 乙亥(1995)年에 道雲 妻男이 丈曾祖 月浦處士의 竪碑를 하고자 墓碑銘을 仰請한 바 있는데 뒤에는 成均館 副館長을 歷任하셨지만, 당시는 成均館 典學時라 몇 번 사양하여 계속 간청함에 못 이겨 택한 碑文은 그렇게 名文일 수 없었다. 아무튼 禮를 갖추지 못하고 비문만 받는 결례에도 아무 말이 없다. 며칠 전 妻男께 通話할 일이 있어 碧松會長 望九文

集 刊行作業을 하고 있다고 했더니 그동안 너무 무심했구나 하며 碧松會長을 招待하는 자리에 끼인 적이 있는데 어떤 일에도 代價를 생각 않는 분이다.

또 한 가지 辛巳(2001)년 봄에 있었던 일이다.

앞에서도 言及했듯이 결례한 일이 있어 떨어지지 않는 입을 억지로 열어 "會長님 先考 墓碑銘요."하면서 말을 더듬거리니 뭔데 하면서 처음 사양하시다가 글솜씨야 없지만 그래도 撰者 위에 成均館 副館長이라고 끼워 넣으면 아마 모든 흉들이 묻히지 않겠나 하시며 쾌히 비문을 주셨으니 이 문집이 나오면 代代로 傳하려고 한다. 親家와 妻家 兩家쪽의 碑文을 받기도 어렵고 부탁도 쉬운 일은 아니니 정말 깊은 인연이라 생각한다. 글솜씨 없지만, 成均館 副館長이라고 하면 모든 흉이 묻힐 것이라 하는 꾸밈없고 弄이 듬뿍 담긴 듯하면서도 꾸밈없는 말 속에서 더 없는 따뜻함을 느낀다.

나는 성격이 좋지 않아 솔직히 말하면, 남의 욕도 많이 하고 무턱대고 떠들고 술이라면 내일을 생각하지 않고 마시며 침착성이라고는 찾아보기 힘든 성격의 소유자임을 스스로 잘 안다. 혹자는 말하기를 "듣지 않는 데에서는 나라님 욕도 한다."고 하지만 碧松會長에 대해서는 여태껏 누구 하나 險談을 하거나 卑下하는 말을 듣지 못했다. 남을 헐뜯고 不平하는 세태인데 어떤 處世訓을 간직했기에 그렇게 살아갈 수 있을까. 남의 장점을 보고 부러워하며 따르려고 애쓰고 단점을 보면 자신에게서 찾아 개선해 나가는 것이 平凡한 진리가 아니겠는가. 碧松會長의 곁에서 배우려고 애도 써보고 있으나 近接은 커녕 遠接도 不可能했다. 하면 되지 하는 것이 사람들의 마음이나 부러워 바라볼 뿐 높은 思考와 謙虛하고

謙讓하는 그 참된 점을 따르고 싶은 마음이야 항상 있지만 되지 않아 물었다. 오랜 세월 자주 만나고 하다 보니 이제는 부접임에도 무례히 굴기도 하는데 언제나 '내게 뭐 있다'고 한다. 그것이 부럽다. 自身을 誇示 않는 점이 바로 大人의 기품이라고 생각한다. 文集 일을 같이하는 중에 梅田은 꼭 碧松會長 곁을 피해서 吸煙을 한다. 그런데 나는 어떻게 하다 보니 面前에서 연기를 뿜는다. 워낙 오랜 세월 동안 그렇게 하다 보니 오히려 쑥스러운 것 같아 늘 하던대로 한다. 솔직히 사과드린다.

17年 전에 현재도 그렇지만 처음으로 남들도 하는데 하고 우습기 짝이 없는 작품으로 서예전을 했는데 우리는 同門으로서는 「勤能補拙」이란 작품을 碧松會長께서 소장하셨고, 梅田先輩가 圖書館에 한 작품 「讀書百遍義自見」을 걸게 해 주었다.

그때는 最善을 다 한 作品이라고 하나 拙作을 가지시어 도와주신 일 잊은 적이 없다. 그래서 그 報恩의 機會를 찾던 중 이번이 絶好의 機會라 생각하고 會長의 自作詩 七言律 6篇으로 12曲屛을 쓸 計劃이다. 말이 앞설지 모르지만, 努力해서 쓰겠다고 自請을 했다. 남의 웃음을 사는 한이 있더라도 좋다. 會長께서 꺼려도 하려고 하니 笑納해 주기를 바란다. 그리고 梅田 先輩께도 살아가면서 갚을 생각임을 文集刊行을 위해 每日 만나기에 이 글에 못 박아 두어야 實行하겠기로 밝혀둔다.

會長께 어떤 作品으로 했으면 作品 選擇을 해 달라 했더니 「杜隱先祖, 一心書堂, 師道燈, 戒物慾, 旅中原, 金剛山」을 選定했다. 300篇 가까운 많은 詩, 그것도 光復 前後부터 近作까지 일일이 다 정리해 두는 緻密함에 놀랐다.

會長께서는 저를 아끼고 사랑하며 항상 격려해 주시며 더 노력

하라는 격려 중에 너무 과찬한 回甲展에서는 「祝詩 南軒 李尙培甫 華甲」이란 題下에

朱顔銀髮浩浩然　홍안 은발에 호연한 기상인데
鐵樹花開是甲年　철수에 꽃피어 환갑이 되었구려
家學篇修儒道擇　가학을 돈독히 닦아 선비의 길 택하고
國文硏琢敎壇緣　국문학 연구하여 스승이 되셨네
謠詩揮筆欽秋史　시 읊으며 글씨 쓸제 추사를 흠모하고
勸酒抱琴仰謫仙　술 권하며 거문고 들제 이태백을 좋아했네
墨展藝長南極壽　서예의 명성 길이 남고 남산수를 비노니
滿庭賀客頌祝筵　뜰에 가득 하객이 송축을 올리누나

이런 시를 주셨으니 과분함을 느낀다. 감내할 수 없는 깊은 정을 느끼면서 평소 저에게 많은 격려에 헛되지 않게끔 노력할 것이다.

屛書를 씀에 韓紙를 구하고자 수소문한 결과, 마침 靜窩 洪憲模 畏友가 靑松에 좋은 韓紙가 있는데 언제 같이 가자고 해 梅田, 愚巖 兩學兄과 같이 지난 10月 11日 靜窩 車便으로 靑松으로 향하였다. 永川을 지나 자양댐으로 가는 길가에 古色이 蒼然한 仙源의 古宅이며 李澔 前長官의 넓은 집터를 보면서 愚巖이 들려준 李前長官의 家系와 東京帝大 留學時 祖父로부터 學費를 받을 때 돈을 마당에 뿌려놓고 "주워가라."하며 돈을 줍는데 땀을 흘리면서 주운 돈을 세어 보고 더 있으니 찾으라 해서 다 찾았을 때 "돈 줍기 힘들지."하자 "예"하고 대답하니 "마당에 뿌려 놓은 돈 줍기도 힘든데 그 돈을 버는 데는 얼마나 힘들었겠느냐."고 해서 손자에게 근검절약하라고 교육을 해서 우리나라에서 가장 이름난 家系가 지금까지도 그 명성을 유지하게끔 했다는 逸話를 들려줌에 愚巖은

정말 많이 아는구나 하고 생각했다. 오늘날 학비를 그렇게 주었다면 어떻게 될까 하는 생각도 했다.

자양댐의 푸른 물을 가을임에 더욱 푸르구나 하니 梅田이 王勃의 「登滕王閣序」에도 “落霞與孤鶩齊飛 秋水共 長天一色”이란 말이 있지 않은가하였다. 물은 가을물이 가장 푸르게 보인다고 하니 우연히 한 말이 소 뒷걸음치다가 쥐 잡는 격이 되었다고 하며 大笑하면서 포항시 죽장면 월평리 31번 국도를 달릴 때였다. 올해 같은 수해에도 누렇게 고개 숙인 벼를 보며 땀의 결실이라며 서로들 얘기하는 중에 車가 중앙선을 넘어 길 벼랑으로 미끄러지면서 넘어갔다. 운전석 뒤에 탄 나는 위의 손잡이를 잡고 ‘이제 죽는구나’하면서 눈으로는 차가 내려 넘어가는 것이 보이는데 몸은 굳어 버렸다. 종이 사는 것도 다 틀렸고, ‘梅田과 愚巖을 불러내 난장 맞히는구나’하는 생각이 들었다. 車窓이 깨어지고 愚巖은 조수석에서 안전띠에 묶여 공중에 거꾸로 매달려 있고 梅田은 고개가 ㄱ자로 꺾여 뒷좌석에 박혀 있고, 靜窩는 깨어진 차창으로 몸을 빠져나가려고 애를 쓰는데 과수원 주인과 들에 나온 주민들이 차를 들어주어 몸이 밖으로 나오는데 성공했다. 주민들의 도움으로 일행이 나온 것까지는 좋았으나 車는 전조등을 깜박이며 상처투성이가 되었으니 모든 계획은 水泡로 돌아가는구나 하고 멍하니 있는데 경찰관과 주민과 견인차가 왔다.

죄 없는 일이라 또 神의 加護로 負傷없어 不幸中 多幸이라 생각하며 일으킨 車도 무개차가 되었지만 굴러갔다. 大型事故로 버스나 列車, 飛行機가 墜落할 때도 乘客들은 이제 죽는구나 하고 다 알고 있었을 것을 생각하면 그 참상이 짐작된다. 생각만 해도 아찔했다. 다시 기억하기도 싫다.

그러나 나쁜 추억도 추억이 아니랴. 韓紙工場에 가서 긴 종이를 주문해 놓고 명함을 달라니 火災로 아무것도 없다고 하기에 工場內部를 보니 火魔의 痕迹이 그대로 있었다. 영세한 공장에 화마까지 덮쳐 아직 복구가 덜 되었다. 예년에 없었던 水害에 火災에 車事故에 골고루 구색을 갖추었구나 하면서도 그래도 운 좋아 숨을 쉬니 고맙다. 항상 즐겁게 생각하며 걱정 않는다는 愚巖의 말이 웃게끔 만들었다. 헛말이라도 네가 오자고 해서 이런 일 당했다는 말 한마디 없이 웃어주는 愚巖과 눈이 빠져도 이만하기가 多幸이라며 무표정한 梅田. 事故를 당하고도 계속 말없이 車를 몰아주는 靜窩는 마음이 바다보다도 넓다고 생각했다. 집 다음으로 財産目錄 2號인 車가 문이 제대로 닫히지 않고 유리가 깨어져 무개차가 되고 앞범퍼가 비뚤어지고 했는데도 아무 걱정이나 불평 한마디 없는 靜窩와 一行들, 나보다는 다 寬大한 분들이었구나 하면서 反省도 해 보았다. 다들 碧松會長 文集 잘 만들라고 그만하기를 多幸이라며 自慰했다.

오랜 세월동안 碧松會長을 모시면서 있었던 일들의 나열로 일관된 글이다. 글이라기 보다 단어의 연결이다.

부디 더욱 健康하시고 하시는 일들이 順成되기를 빌고

碧海玄亀亨萬年

松林白鶴壽千年하시고

常懷施德誰無讚

青又青青永劫年하소서.

(2005. 1)

다 받아들이는 선배 海巖

술과 친구는 오래될수록 좋다고 한다. 酒食之朋은 千個有로되 急難之朋은 一個無라는 말도 있다. 전자도 가지기 어렵거니와 후자의 부정은 더하다.

앞의 것은 그대로 가지고 뒤의 것을 역으로 가진 사람이 있다면 그것은 극히 어려울 것이다. 鰥寡孤獨을 四窮이라 하는데 그 首가 鰥이다.

속담에 과부댁에는 깨가 서말이고, 홀애비 집에는 이가 서말이라고 한다. 그런데 그렇지 않은 사람이 있다. 흔히들 그 사람 뼈 없이 좋다고 하는데 무한히 좋다는 말일 것이다. 평생 한 가지만 파고드는 사람이 있다. 한 우물을 판다는 뜻이겠지. 세 사람이 있다가 한 사람이 잠시 뜨면 그 사람 흉이 나오지만 언제 봐도 남의 단점이라고는 말하지 않는 이도 있다. 약속 지키지 않는 일은 있어도 거짓말한 적은 없다는 詭辯論者도 있다. 죽은 자를 등에 업고 무슨 덕을 보려고 설치는 사람도 있다. 아주 슬프다고 하며 하늘이 무너지는 슬픔이라고 하면서도 손가락 하나 끊는 사람도 없다. 말이야 같이 따라 죽을 듯하더니만 그것은 다 남의 눈 때문이었다. 죽은 자를 우상화하기에 급급한 자도 있다. 面縱腹背하는 자도 많다.

사람의 평가는 바르게 해야 한다. 고속도로 기공식 때 중국의 수양제가 대운하 파고 멸망했다하며 나라 망한다고 하던 말은 오간데 없고 삼척동자가 들어도 웃을 말을 한 것도 일언반구 없이 하늘에서 떨어졌거나 땅에서 솟은 인물로 착각하고 있는 자도 있으니 가관이다.

그런데 초지일관 한길로 가는 사람이 있으니 바로 모든 사람이 다 좋아하는 海巖居士이시다. 바다에 있는 바위는 많은 해조류나 어패류의 보금자리다. 바위가 오라 하지 않아도 스스로 찾아든다. 河海不擇細流라고 하는데 이에 못지않게 海巖不厭寄萬物이다. 斗酒不辭하던 몸이 身恙으로 밀밭 근처도 못 가게 되니 사람이 완전히 바보가 따로 없다. 겪어 보지 않는 사람은 모른다. 자리를 같이 해도 할 말도 없고 웃음도 없고 좌석이 지루하기만 하다. 술과 담배를 전혀 못 하는 사람이 남과 잘 어울리고 무슨 용무가 그리 많은지 시내에 이틀만 나가면 갈 곳이 없는데 하늘에 해 박힌 날 집에 있는 날 없이 무슨 사람을 그렇게 만나는가. 안병욱 박사가 사람은 만남이라고 했지만 어떻게 그처럼 볼일도 많고 만나는 사람도 많은가.

『孟子』 離婁章句下 齊人章에 처첩을 거느린 남자가 매일같이 대취하여 돌아와서는 부자의 초대를 받아 포식하고 왔다며 거드름을 피우는데 한 번도 집에 데리고 오는 사람은 없었다. 이상하게 여긴 처첩이 "우리가 의지하는 남편인데 늘 저렇게 나가니 내가 살펴보겠네."하고 뒤를 따라갔다. 남편은 공동묘지로 가서는 초상 치르는 곳에 들러 얻어먹고, 배가 차지 않으면 다른 곳으로 가 喪家之狗

가 되어 얻어먹고는 돌아와 전날과 같은 행동을 하였다. 이튿날도 혹시나 하고 미행하니 어제와 같았다.

海巖은 그런 것도 아니다. 주위에 知人이 그렇게 많은지, 나도 그 중의 한 사람이라 생각하니 어깨가 으쓱해진다. 아마 전생에 소개업자가 아니었는가. 특히 치마 입은 사람이 많다. 정말 끈기가 대단하다. 멀게는 초중등부터 6·25 직후 직장 동료를 비롯하여 空閨들에 이르기까지 그 많은 사람 관리를 어떻게 잘하는지 궁금하다.

해암은 참말로 순수하다. 세파에 시달린 적이 없는 순진무구한 분이다. 사람은 자기 마음에 견주어 상대의 마음을 헤아린다고 하는데 바로 海巖이 그렇다. 댁이 칠곡지구라 팔달교도 건너기 전에 경대교라고 하여 몇 번 넘어간 적이 있는데, 그것도 한두 번이 아니어서 그다음부터는 '吳Time'이라는 新造語가 생겨났다.

그는 獎學陣에 근무해서 전문직에 근무했다는 말을 다반사로 하여 이제 '吳專門職'이라고도 한다. 水之淸則無魚라 했는데 그는 淸水도 濁水도 아니다.

그는 청탁의 깊은 물로 누구나 포용할 수 있는 아량을 가졌다. 동성들과의 약속은 잊거나 지키지 않는 경우가 있어도 이성들과의 약속은 언제나 미리 가서 기다린다. 그것도 吳Time이다. 한 번은 누가 보증을 서 달란다며 연대보증에 동참 의사를 타진해 왔길래 나는 "집 한 채 날리려거든 서주세요."하였는데 자기 마음만 믿고 서줄 양이었다. 사람이 좋으니 이용하고는 내뱉으며 사기꾼도 들끓는다. 별별 사람 다 있다. 선악의 사람이 마치 시장 같다. 이득 없는 일에 참여를 많이 한다.

海巖과 애기해 보면 교육의 힘이 얼마나 무서운가를 느끼게 된다. 치욕의 역사도 역사인지라 일제 강점기 때 中等敎育을 받아 일본 얘기를 많이 하고 日人과도 잘 사귄다. 특히 후시미라는 분과는 하루가 멀다 하고 통화하며 왕래가 빈번하다.

20세 미만에 광복되어 그 뒤 70년 가까운 시간이 흘렀음에도 호텔을 호테루로 발음한다. 대인관계도 원만하고 인사했다 하면 영원하다. 걸려오는 전화인지 하는 전화인지 앞에 얘기한 齊人과 같은지는 몰라도 전화기가 쉬지를 못한다. 정말 대단하다.

연전에 설을 앞두고 해소가 심해 令愛가 살고 있는 따뜻한 뉴질랜드로 가서 겨울을 지내고 온다고 했다. 명절엔 객지에서도 귀향하는데 짝을 잃고 나니 저렇게 되는구나 하며 대구역에 家眷과 같이 나가 입다실 것과 술 한 병을 드리면서 눈물로 배웅한 일이 있다. 중국인 朱自淸의 「아버지의 뒷모습」이란 수필이 떠올랐다.

一石 선생의 「淸秋數題」에 玉에도 티가 있다고 했는데 海巖은 참말로 티 없이 맑은 분이다. 己巳生이니 여든이 넘으셨다. 雁行 네 분 중에 둘째인 본인만 남으셨다. 슬하에 1남 3녀를 두셨는데 令息은 미국에, 令愛 두 분은 뉴질랜드에서 살고 있다. 海巖은 아마 餘生을 보내다가 종국엔 미국에서 제수를 드실 것 같다.

一言而蔽之컨대 음식에 소금이요, 약방의 감초다. 여러 사람이 책을 낼 때마다 刊行委員長도 많이 맡으셨다. 그는 긍정도 부정도 없이 한계가 모호하다. 매사에 완급이 없다. 여행도 같이 여러 번 했는데 어디를 가나 장닭 뒤에 암탉들이 줄줄 따라가는 형상이다. 無所不至 無不通知며 一念通天, 한 생각으로 萬事五快이다.

杜甫의 시 「江村」 마지막 연에 "多病所須唯藥物, 微軀此外更何求"를 3~40대에는 왜 저런 말을 했는가 하고 이해를 못 했는데 이제 피차 가진 거라고는 종합병원이다. 병이 한두 가지가 아니다.

그러니 이제야 알만하다.

海巖은 이 험한 세상에 때묻지 않은 순수한 분이다. 여생에 건승을 빌면서 龜蓮呈瑞로 끝을 맺으며 노래를 불러본다.

그 많은 福中에 第一福은 紅裳福
주위의 뭇남성 그를 부러워 않으리
아마도 色雄豪傑은 海巖 두고 이름인져

하많은 생각중에 오직 한 생각뿐
一念通天이라더니 道通이 되단말가
아마도 戀學博士는 海巖인가 하노라.

竹二人으로 맺는다.

(오상인 회고록 『살며 가르치며 사랑하며』, 2010. 2)

首丘初心

국적은 바뀌어도 학적은 바꿀 수 없다고 했던가. 우리 대학 국어국문학과가 벌써 知命의 연륜을 맞아 쉰 돌잔치를 한다니 어느새 그 많은 세월이 지났는가 하는 마음으로 자신도 이에 비례해 나이를 먹었는가 하여 세월의 무상함을 다시 한 번 느끼게 한다.

초등학교 동기들보다 4년 뒤진 晩學의 지각생이었으니, 그것을 만회해 보고자 낮에는 군 복무하고 밤에는 군복을 입은 채 상사의 눈치를 봐 가면서 營門을 나와 문화동 校舍의 강의실을 찾았고, 제복을 입은 쑥스러움도 잊은 채 학생으로 돌아가 참 열심히 공부했다. 그 덕에 35년이란 짧지 않은 시간을 중등학교에 봉직할 수 있었고, 그것은 오로지 모교의 덕이라고 생각한다. 나 같은 둔재가 일평생 교직 생활을 할 수 있었던 것이 우리 국문과에서 받은 교육의 혜택임을 생각할 때마다 무한의 감사를 드린다.

희미한 전등 불빛 아래 결강이라도 있는 날이면 올빼미 생활의 벗들과 一杯하며 정담을 나누던 시절이 아련히 손에 잡힐 듯하다.

지금도 추억 속에 자리 잡고 있는 鷺山 李殷相 선생의 「한국사상사」 강의였다. 격주로 있는 수업은 금요일 하오부터 시작되었는데, 주간에 200분, 야간에 180분 강의를 계속했으나 화장실에 가는 학생이 한 명도 없이 한 마디라도 놓칠세라 경청했으니, 얼마나 명강의였던가를 짐작케 한다. 다른 수업은 결강이 되면 환호성을 질렀는데, 노산 선생 시간만은 결강을 못내 아쉬워했었다. 사전에 정해진 강의의 주제도 없이 그날그날 학생들이 요청하면 거기에 대해서 강의를 하는 식이었는데, 마침 달성공원에서 旺山 許蔿 선생의 순국기념비 제막식이 있는 날이었기에 "왕산 선생에 대해서 말씀해 주십시오."했더니, 말이 끝남과 동시에 출생부터 5~6세 때에 지은 시와 의병활동 등 하나같이 마치 함께 생활한 것처럼 유창하게 말씀하신 것은 40년이 지난 지금까지도 귀에 쟁쟁하다.

요사이 길가에서 흔히 볼 수 있는 포장마차를 그 당시는 참새집이라 해서 겨울철 강의가 끝난 밤늦은 시간이면 몇 사람씩 들르곤 했는데, 술이 떨어지면 안주가 남고 안주가 떨어지면 술이 남아 맞추어 마시다 보면 거나하게 취하기도 했다.

참새고기를 하도 좋아하고 말도 많던 B군을 현재 영남대 한문과 교수인 金永萬 군이 흑판에다가 "B군은 好雀肉之하여 故로 其別名曰 참새(B군은 참새고기를 좋아하여 그 별명을 '참새'라 한다.)"라 적어 놓으니, 그 후로 '참새'란 별명을 얻게 되었다. K군이 타고 다니던 일제 자전거는 요사이 외제 고급승용차보다 더 희귀해서 마루에 올려놓고 잠그고 다시 기둥에다 얽어매고 영창을 잠그고 대문을 닫았으며, 몇몇이 타고 다니던 자전거는 전조등이 없어 초를 종이에 감아 불을 붙여 자전거 앞에 꽂고 다니기도 했다. 가로등은 백열등으로 골목 입구에 간혹 있는 것도 깨어진 것이 더 많았으며, 전기도 비상선만 밤새도록 켜져 있고 일반 전기는 통금 시간이면 다 꺼지던 때, 버스는 탈 생각도 못 하고 통학 거리가 멀든 가깝든 무조건 도보였다. 首丘初心이라더니 고향을 그리는 것 못지않게 모교에 대한 정도 깊어 언제나 고맙게 생각한다.

16년간을 부모님께 손을 내밀고 나니 더 내밀기가 염치없어 대학원 진학을 포기하고 생활 전선에 뛰어들었다. 농촌에서 지게지던 사람이 대학이라도 나온 것을 다행으로 여기며, 큰 욕심은 부리지 않았다. '知足可樂(스스로 만족할 줄 알면 가히 즐겁다).'이란 말이 격에 맞을지 모르나, 항상 고맙게 생각하며 주어진 복을 아끼면서 교만하지 않고, 불평 없이 살아왔다. 그러나 '望天子 作太守(천자가 되려는 포부를 가지면 천자는 못되더라도 태수 정도는 할 수 있다).'라 했듯이, 젊은 나이에 좀 더 포부를 높이 가졌더라면 현재와 같은 초라한 늙은이는 되지 않았을 것인데 하며 후회를 해 보나 후회는 이미 늦은 것임에 어찌하랴.

우리 학과의 역사가 半百이 됨은 좋으나, 蘇東坡도 '哀吾生之須臾(내 생의 짧음을 슬퍼한다)'라 했듯이, 인생이 어느새 백발이 되고 보니 지나간 시간이 못내 아쉽다. 사람이야 나이를 먹으면 쇠하여지나 조국이나 학교야 나이를 먹을수록 根固하여 점점 발전을 거듭해 나감을 볼 때, 우리 학과도 이제 더욱 튼튼한 뿌리를 내려 국내뿐 아니라 세계적인 석학들이 계속해서 많이 배출되기를 기원한다.

創科 50주년을 맞은 때 동문회장의 중책을 맡아 어깨가 무거워짐을 느낀다. 모교 교수님들의 노고에 감사드리고, 우리의 젊은 후배들이 더욱더 학업에 정진하여, 우리 과가 日益繁昌하기를 冀望하면서 무딘 붓을 놓는다.

(영대 국어국문학과 『五十年의 자취』, 2000. 5)

大高人 大賞 受賞頌

막을 수도, 잡을 수도 없는 것이 시간이다. 내가 名門 大邱高에 첫 번째 근무한 것이 어언 30여 년이 흘렀고, 두 번째 근무한 지도 20여 년이 지났다.

처음은 白三線을 드리운 목조건물 本館과 池塘이며 우거진 수풀에 청설모가 노닐고 봄이면 琪花瑤草가 다투어 피고 지는 都心 속의 公園과 같은 곳이었는데 10여 년만에 재차 부임한 대구고는 현대식 콘크리트 건물로 滄桑의 변화를 가져 왔었다.

교직에서 同一校에 두 번 근무한 것은 母校인 海平中高校와 대구고등학교이다. 누구에게나 母校는 다 있다. 그러나 자기 모교에서 教鞭生活을 하는 것은 그리 흔한 일이 아니다.

雲褆 安仁旭 선생은 대구고등학교 1회 졸업생으로서 모교에서 3번이나 교편생활을 한 것으로 알고 있다. 평교사로 같이 근무했었고, 두 번째는 교감으로, 세 번째는 교장으로 근무했었다. 안선생은

모교와는 특별한 인연으로 공립학교에서는 보기 드문 일이라 생각된다. 평교사로 8년간 일반계 고등학교의 꽃이라 일컬어지는 3학년 담임교사와 進學指導 주임교사로 狂的일 정도로 6년간 心血을 기울여 忠情을 쏟았다. 同僚 교사들로부터 시쳇말로 시기 질투와 미움을 살 정도였으며 校主라도 기울이기 어려운 열과 성을 보였다.

主人意識이 특별한 사람이다. 나도 모교에 재직 때 雲禔처럼하지는 못했다는 생각이 든다. 동기 중 교직에 종사한 사람이 얼마나 되며 그들 중 모교에서 후배 육성에 심혈을 쏟은 이는 몇 분이나 되며, 세 번 즉 교사·교감·교장으로 재직한 경우는 全國的으로 唯一無二한 사례라 여겨진다.

대구고등학교 총동창회에서 추진하는 사업의 하나인 '大高人 大賞' 제도가 2014년 1월 16일 동창회 신년교례회에서 시행되었는데 모교 발전과 후배 육성, 그리고 동창회 발전에 헌신적인 봉사와 지대한 공이 있는 자로 사회에 기여한 공헌과 동문으로부터 존경을 받는 동문이 수상할 수 있는 것으로 되어 있다. 이 같은 제도가 전국의 일반계 고등학교 중 몇 학교에서나 행해지고 있을까? 대구고는 별난 학교임이 분명하다.

안선생이 대구고 총동창회로부터 개교 이래 처음으로 '大高人 大賞'을 수여한 바 있는데, 그 상이 상징하는 바와 같은 적임자인지는 나로서는 판단하기 어려우나 내가 지켜본 바로는 안선생은 8년 동안의 3학년 담임과 6년 동안의 진학지도 주임으로서 거양한 혁혁한 대학입학 성적, 2년 반 동안의 교감 재직 시 자율학습실 조성(개인독서대 210조), 친환경 조경 조성, 2년 반 동안의 교장 재직 시 획기적인 교육시설 개선, 최신 체육시설 설치(야구장, 실내연습장, 체력단련실 등), 소나무 식재, 자연석 쉼터 조성 등을 하였으며 정년퇴직 후 『대구고 50년사』 편찬위원장, 2·28 민주운동기념사업회 제7대 대표 공동의장, 상록수회·야사모 지원활동, 대구고학교운영위원회 운영위원장으로 학교지원활동 등에 기여한 공을 인정받아 2만9천여 동문 중에서 수상 대상자로 선정되었다. 추천된 수상대상자의 공적 수준이 상대성에 의해 평가되고 판단됨을 간과할 수는 없다.

개교 당시 대구고 학생들은 고교 입시 1차에서 쓰라린 苦杯의 恨을 경험하였으므로 切齒腐心하여 1차에 합격한 학생들에게 지지 않으려는 노력과 경쟁 정신 제고가 현재 대구고의 전통 수립의 등불이 된 것이어서 전국에서도 同門 結束이 제일 강하며, 선배들이 올바른 校風을 확립하고 굳건하게 다져왔기 때문일 것이다. 선후배 간의 上敬下愛하는 美風이 士官學校보다 더 강하다.

대구고에 근무하는 졸업생들은 모두가 사립학교의 재단이나 校主같은 자세로 복무하는 것이 전통이 되고 있다. 동료들 간에도 嫉妬가 날 정도였다. 이런 전통을 진작시킨 사람이 바로 운제 안인욱임을 자타가 인정하는 바이다. “나 먹기는 싫고, 남 주기는 아깝고, 자기는 못하면서 남이 하는 것을 보고 불평을 늘어놓고 불만을 터뜨리는 것이 俗人들의 공통적 심사다.”

이 對象 人物이 운제다. 때로는 善意의 辱對象이기도 한 것이 내 눈에 비친 운제의 모습이다. 그는 한 마디로 軒軒丈夫다. 매사에 적극적이다. 누구나 그렇게 할 수 있는 것은 아니다. 혹자는 때를 잘 만나야 한다고 하며 누구처럼 가진 것이 있다면 도울 수 있다 하는 사람은 좋은 때를 만난다 해도 할 수 없고 있더라도 하지 않을 사람이다. 시간 없어 못 한다고 하는 사람은 시간이 있어도 안 할 사람이다.

운제 선생이 사업을 했다면 大財閥, 政界에 나갔다면 위대한 政客, 官界에 진출했다면 高官, 軍人이 되었다면 將星이 될 수 있는 인물이었음을 믿어 疑心치 않는다.

내가 알기로는 안선생은 다년간 3학년을 맡아 명문대에 많은 학생을 진학시켰고, 확고한 教育觀으로 후배 육성에 진력하였기에 一萬에 가까운 弟子들로부터 推仰을 받는 참스승이라 할 수 있다. 同行하다보면 전화벨 소리가 끊이지 않는다. 그 많은 제자의 安否, 付託, 問議, 榮轉 등 선후배 간의 架橋가 바로 안선생인 것 같다.

안선생은 教職者로서 자기의 노력으로 여러 補職을 역임하였다. 대구의 교육 원로들께서 대구교육발전을 위해 봉사해줄 것을 수차 강요하였을 뿐만 아니라 심지어는 후보자 등록비까지 마련해 주겠다는 忠言들도 안선생의 교육에 대한 自存心만은 꺾지 못했다. 내가 한 번은 그에게 選出職 도전 등에 관하여 대화를 건넸더니 一言以蔽之로 대답을 회피한 것은 바로 知止였다.

안선생의 受賞 소식을 우연히 접하고, 내 눈에 비친 안선생의 모습과 과거를 더듬어 무딘 솜씨로 위와 같이 나열해 보았다. 玉에 티가 되고 蛇足이 아닌지 念慮된다. 2·28 세대였고, 4·19를 경험하면서 不義에 항거하고 正義를 희구한 성격을 소유한 운제의 餘生이 無煩하기를 빌고 참 자신을 위해 남의 이목이나 입으로부터 해방되기를 빌며 몇 자 읊어본다.

雲褆精熱世人評

義擧絶叫不義爭
母校中興誠竭力
同門結束奮然成
育英報國功勳赫
奬學盡忠懿績明
受賞榮光稱頌藉
顯彰德敎豈無精

운제의 정열은 세인이 평하였고
의거의 절규로 불의와 싸웠네
모교의 중흥에 성력을 다하였고
동문의 결속을 분연히 이루었네
육영으로 보국하니 공훈이 혁혁하고
장학으로 진충하니 공적이 빛나네
수상의 영광에 칭송 자자한데
덕교를 현창함이 아름답지 아니한가
(2014. 1. 16)

샛별 중에 眞品

먼저 개교 제91주년기념 제35회 본교 동창체육대회 개최와 『샛별문화』 제35집을 출간하는 대륜 제59회 동기회 회원 여러분의 애교심에 불타는 뜨거운 정성에 동창회원의 한 사람으로 심심한 감사의 말씀을 드립니다.

1921년 대구 남산동 일우에서 呱呱의 소리를 내면서 순수한 민족의 사학으로 기미독립운동이 삼천리 강토를 울린 뒤에 탄생한 우리 학교의 남산동 시절을 발아기로 본다면 蘭史 徐丙朝 先生께서 天文學的 巨金을 투자하여 수성들 3만 평의 대지로 옮긴 것은 성상기로 볼 수 있으며, 만촌동 현 교사로 옮긴 것은 성숙기로 볼 수 있을 것 같다.

나날이 발전에 발전을 거듭하여 대구뿐만 아니라 전국 일류로 발전되고 있음은 모교에 근무하시는 선생님들의 참된 교육과 衷情에 있지 않나 여겨진다. 모교가 나날이 발전됨에 대륜 출신이라는 말만으로도 어깨가 으쓱해진다.

만촌동 현 위치로 옮겨 만촌 시대를 엶으로 더욱 발전되고 있음에 일익을 담당한 사람은 故 碧山 李致浩 전 의원과 금년에 타계한 李淳牧 회장의 노력이라 생각한다. 이 두 분은 대륜 샛별중에서도 眞品의 별이 아닌가 한다.

사람은 자리를 떠나야만 그 자리가 얼마나 큰 것인가를 안다. 두 분의 노력으로 수성시대에서 만촌시대로 위치의 선정이며 환경 조성 등 완전히 숲 속에 들어 있어 학습 분위기며 체육 활동에 좋은 환경을 조성하니 오늘과 같은 진학률이 샘솟음 되는 것이 아닌가 한다.

학교를 옮길 때 동창회에서 길가에 동창회관을 건립해 달라는 청을 했더라면, 日就月將할 때의 우방이 얼마든지 지어서 동창회에 기증할 수도 있었을 텐데 한 번 失期를 하면 돌이킬 수 없음이 世上事인 것을.

作故한 두 진품 별은 필자와 동기다. 2010年度에 政界의 큰 별을 잃은 아픔이 채 가시기도 전에 財界의 등불이 또 하나 꺼지니 우리 동기들뿐만 아니라 우리 샛별에 큰 손실이 아닐 수 없다. 모교 교정에 들어서니 두 별이 생각나서

健康豁達百年身
不覺訃音夢也眞
立法經綸誰授去
濟民辯論奈時陳
邙山歸路嘆南岳
斯世哭聲恨北津
滿座親朋哀慕裡
送君荒挽淚沾巾

건강하고 활달해서 백년 살 줄 알았는데

불각중 부음이 꿈인가 생시인가
입법의 경륜은 뉘를 주고 가셨으며
제민의 변론은 어느 때 다시 펴리
북망산 가는 길에 북악도 탄식하고
이 세상 울음소리 북진도 서러워하네
만좌한 친붕들 슬퍼하는 가운데
그대를 보내려니 수건에 눈물젖네

이렇게 먼저 간 동기가 그리워 눈물을 흘리면서 되지 못한 글을 읊고 지난 8월 한창 살고 힘쓸 나이에 가버린 샛별의 상징 李淳牧 會長을 먼저 보내면서

友邦星落忽中城
倫校同門一齊驚
多事未完何急去
送君哀挽淚江成

우방의 큰 별이 성중에 떨어지니
대륜의 동문들 일제히 놀라네
못 다 이룬 일 두고 어찌 급히 떠나셨소
그대를 보내려니 눈물이 강 이루네

이런 두 큰 별을 보내던 날 눈물을 감추지 못하고 영전에 바친 글이다. 우리 대륜이 현재 그 어느 때보다 더 활기차고 명성을 날리기는 바로 만촌시대를 열면서부터라고 말해도 부정하지 못하리라. 활기가 넘쳐나고 푸른 꿈 자꾸만 커가는 대륜 배출된 동문들 각계에서 눈부시게 활동하며 진리탐구의 배움소리 날로 더욱 우렁차니 대륜의 미래 더더욱 밝으리라.

(『샛별문화』 35호, 2012. 9)

아낌없이 베푼다는 것

檀君 이래 가장 豊饒를 누리고 있는 요즈음이다. 그러나 炎凉世態가 朝夕으로 변한다. 사람들은 몸에 좋지 않다고 肉類를 먹지 않으려는 세상이고 보니 얼마나 物質이 풍부한 것인가. 여기에 비례하여 人心도 醇厚하고 情이 철철 넘쳐야 하거늘 昨今의 현실은 그렇지 못하다. 이 또한 무슨 造化인가.

나는 官城 李性晚 社長과 同鄕이다.

어린 시절 한 집을 사이에 두고 우리 집 우물을 같이 먹으며 자랐는데, 나는 丙子生이고 그는 丁亥生이니 나보다 열한 살 아래인 셈이다. 내가 고등학교에 다닐 때 그는 초등학교에도 入學하지 않았다.

해방 이후 50年代는 농촌에서 疲弊할대로 피폐하여 草根木皮로 延命하던 어려운 때였다. 官城은 從兄들이 大邱로 留學을 했지만 초등학교를 졸업하고 곧바로 產業 一線에 뛰어 들었다. 힘겨운 工場 生活을 하였지만 그는 열심히 일하여 事業을 크게 일으켰다.

혼신의 힘으로 일군 東原産資은 國內 굴지의 大企業은 아니지만 大成하였다. 學閥과 財運은 결코 비례하지 않는다.

"내가 누구만큼 돈이 있으면 남을 도와주겠다."고 하는 사람들이 대부분이다. 그러나 그만큼 있어도 성큼 남을 도와주기가 쉽지 않다. 그러나 官城은 자신이 이룬 富를 주위 사람들에게 아낌없이 나눠주고 있다.

從侄들의 학비도 대어주고, 가난한 동기생 자녀들의 학비도 대어주었다. 고향 마을에 많은 돈을 들여 경로잔치를 베풀어 주는가 하면 初等 同期의 農協組合長 선거 때에는 選擧資金을 대어주었다. 고향 生家를 개조하여 敬老堂을 만들어 冷藏庫에 온갖 식품을 備置하여 두고 동네 어른들을 놀라게 하였다. 一善金始祖 聖域化를 위해 수십 년간 노력하였다.

20년 前 설날에 次侄이 나에게 세뱃돈 10만원의 거금을 주기에 온 마을에 자랑을 했더니 官城의 季父가 "나도 서울의 큰댁에 가면 200만원씩 준다."고 하였다. 어디 그뿐인가. 서울의 맏형님이 돌아가시자 長侄의 집이 협소하여 명절 때 종반간이 모여 제사를 모시기 불편해하자 장질에게 큰집을 마련해 주기도 하였다.

매년 4월 1일에 全羅道 靈岩에 있는 蘇湖祀에서 派祖 祭祀를 모시는데 10년 넘게 버스를 임대해주고, 지난 해에는 수백만원을 들여 祭服과 祭器를 장만하였다. 또한 回甲 때는 경비를 대어 고향의 죽마고우 10여 명의 內外와 함께 中國 旅行을 1주일 동안 다녀오기도 하였다. 또한 해마다 자기의 有服之親을 국내외에 旅行시켜 준다. 이렇듯 관성은 남을 위해 자신의 모은 재산을 스스럼없이 내어준다고 한다.

官城은 일본어를 독학으로 습득하여 능하다. 사업차 일본을 자주 往來하기 때문이긴 하지만 그는 지독한 노력파이다. 내가 展示會를 세 번했는데 官城은 전시 때마다 「勸學詩」를 구입해 갔다. 한 번은 관성이 論工에 있는 東原產資로 초대하여 訪問했는데 회사 敎育館에 내 작품을 展示해 두었다. 「勸學詩」를 전시해 두고 사원들에게 敎育을 시킨다고 하였다. 누가 想像이나 했겠는가. 나는 여태까지 織物工場에 敎育館이 있다는 사실을 알지 못했다.

대부분의 사람들은 재산을 있으면 더 모으고 싶은 것이 당연시 하는데 官城은 이웃을 위해 베푸는데 吝嗇함이 없다. 또한 고향을 위해서 그렇게 獻身的으로 노력하니 異口同聲으로 관성을 칭찬하고, 많은 사람들로부터 推仰을 받고 있다.

앞으로 官城이 추구하시는 사업이 더욱 繁昌하기를 翼望한다.

유비의 부드러움과 관우의 지혜

내가 교직에서 명예퇴직하고 경북대학교 정문 근처의 살던 집을 재건축하여 남헌서실을 낸 지 얼마 안 되어서였다. 하루는 경산에서 사업체를 가진 사장님 한 분이 서실로 찾아왔다. "글씨 좀 배우고 싶다"는 것이었다. 나는 깜짝 놀랐다.

외모로 보아 서예 할 사람이 아닌 것 같았다. 서실에는 대개 교직에 몸담았다 퇴직한 분들이 찾아오기 때문이다.

이 분이 구산 정희수 사장이다. 경산에서 매일 온다는 것이 쉬운 일이 아니어서 며칠 왔다가 그만두겠지 생각했었다. 그런데 그게 아니었다. 매일 아침 제일 먼저 서실에 출근하였고, 어느덧 10여 년의 세월이 흘렀다. 구산은 서예에도 일가견을 가졌고 내가 별로 지도할 처지도 아니었다. 10여 년을 하루같이 서실에 드나들다 보니 가족처럼 친해졌고, 오히려 구산에게서 내가 배우는 것이 많았다.

구산은 박학다식하기로 유명하여 서예뿐만 아니라 정치, 경제, 문화, 역사, 지리 등 무불통지였다. 양주동, 이은상 선생이 한국에서 대표적인 박학다식한 천재라고 알고 있었는데 구산이 그런 분이다.

구산은 대구사범학교와 경북대학교 지리학과 출신이다. 한때 교직에 몸담았으나 적성에 안 맞아 그만두고 고향인 경산에서 사업을 시작하여 돈도 많이 벌었다고 한다. 그런데 영어도 잘하고 한문, 음악, 스포츠도 만능이었다. 결과적으로 내가 그의 글씨를 좀 봐주고 인생의 모든 분야에서 도리어 배우는 처지가 되었다. 이런 고마운 친구가 제 발로 서실에 찾아왔으니 나는 참으로 늦복이 많은 인생이다.

5년 전, 나의 친구 김원중 교수의 아들이 동아일보 모스크바 특파원으로 있을 때 아버지 친구 몇 분을 초청한다기에 김교수와 나는 구산에게 권유하여 같이 간 적이 있었다. 처음 가 보는 먼 러시아 여행이라 김교수를 제외하고는 전부 긴장하지 않을 수 없었다. 모스크바 등을 일주일 동안 여행하면서 현지 가이드보다 구산에게 들었던 지식이 더 깊고 넓었다. 사진도 전부 구산이 찍었고 가이드의 역할을 아낌없이 해주었다. 언제 그렇게 공부를 많이 해 왔는지 우리 일행은 놀랐다.

그 후 나는 중국, 일본 여행을 갈 때마다 구산과 함께 갔었다. 구산은 주변에 감동을 주는 헌신적인 친구가 되었다. 처음 만났을 때는 삼국지에 나오는 장비 같았는데 사귈수록 관운장 같고, 유비같이 부드럽고 제갈량같이 지혜로운 사람이었다.

노년에 이런 친구 가졌다는 것이 매우 자랑스럽다.

(《매일신문》 칭찬릴레이)

先烈墓所 參拜 遺憾

地球村의 大祝祭 제24회 서울올림픽이 열리고 있는 이즈음 繁榮된 祖國에서 이 榮光을 누리게 됨에 새삼 떠오르는 것은 오늘의 祖國 光復을 위해 목숨 바치신 先烈들에 대한 고마움이다.

大邱에 살면서 先烈 墓所 한 번 찾지 않은 罪責感이 언제나 腦裏를 스치곤 하여 항상 가슴 한구석에 이래서야 하는 마음이 자리 잡고 있었다. 3·1義擧 50주년을 맞던 지난 1969年 某日刊紙에 게재되었던 대구의 獨立鬪士 金兌練 父子의 記事를 읽고 해마다 3·1절을 前後해서는 授業時間에 記事內容을 들려주곤 했지만, 墓所를 參拜하지 못한 죄스러움을 가진 채 지난 光復節 金烔秀 同門의 父親喪에 碧松 李根厚, 海巖 吳相寅 두 先輩와 問喪을 다녀오는 길에 P호텔에 들러 음료수 한 잔 마신 후 炸裂하는 太陽이 서쪽으로 조금 기울 무렵에 新岩洞 소재 先烈墓所를 찾았다. 오래간만에 가슴이 후련해짐을 느끼면서 묘소 입구 도로변에 세워둔 標識가 너무나 초라하여 일부러 살피지 않으면 알아볼 수 없는 것이 못내 아쉬웠으며 墓所 域內에 들어섰을 때 즐비하게 서 있는 墓碑를 보는 순간 평소 每事에 무디던 이 사람도 콧날이 시큰해 옴을 금할 수 없었다. 香壇에 들러 焚香하고 事蹟을 읽는 중에 곳곳에 「事件」이란 용어가 눈살을 찌푸리게 했다. 職業意識에서인지 모르지만, 日本의 입장에서 쓰여진 말들이 아닌가.

평소에 꼭 한번 보고파 했던 金義士가 쓴 墓碑를 보기 위해 묘를 찾으니 높은 곳에 父子를 위아래로 고이 모셔 놓았었다. 碑文을 읽던중 비로소 '己未三一 義血 淋漓 乃爺苦貸 立石朝陽(기미삼일에 의로운 피가 질벅이네 이 아비의 괴로운 품삯으로 아침 햇볕 비치는 곳에 비석을 세우노라).'이란 글을 찾았다. 이 글은 金兌練 義士가 3·1運動 때 大邱 運動을 主導했다가 逮捕되어 服役 중 그의 외아들 正勳(一名 溶海, 당시 24세) 義士가 倭警과 싸우다가 잡혀 모진 拷問 끝에 殉國하게 되어 그후 2年6個月間의 獄苦를 치르고 나와 獄中에서 그물을 짜서 받은 품삯 3원 50전으로 손수 짓고 써 세운 아들의 碑文이다. 어느 天地에 아버지가 子息의 무덤에 碑를 세우다니, 우리나라와 같은 悲運의 歷史에서만이 찾아볼 수 있는 일이 아니겠는가. 이러한 피맺힌 碑를 보려 했으나 그 碑는 어디에 保管되어 있는지, 아니면 없애버렸는지 一言半句의 說明도 없다. 또 現在의 碑文 중에는 한 곳엔 正勳과 다른 곳엔 溶海란 이름을 써놓았으니 내용을 모르는 사람은 혼동하기 쉬울 것이요 己未三一이란 글귀도 지척간에 세운 溶海 義士의 墓碑에는 己未義士라고 서로 다르게 새겨 놓았으며 先烈을 先列로 써놓았으니 碑文을 읽던 碧松 先輩 왈 "아버지의 墓앞에 세워놓았으니 先列이 되었군."하는 말에 撰 刻者의 無責任함에 놀랐다.

墓域 동쪽인 琴湖江쪽을 막아 凶物처럼 보이는 아파트며 앞쪽

을 가리게 지은 學校建物이 눈살을 찌푸리게 했다. 또한, 天文學的 인 不正蓄財를 할 돈은 있어도 先烈墓域에 그처럼 바짝 붙여 지어야 할 國土 利用의 現實이란 말인가? 오늘의 祖國을 있게 해 주신 先烈들의 墓域과는 對照的으로 넓은 位置에 자리한 차 마시던 P호텔과 비교해 볼 때 하나뿐인 목숨을 祖國 光復에 바치신 先烈들의 墓域을 이렇게 푸대접해야 하는가 하는 마음에 처음 들어섰을 때의 感激이 은연중 不滿感으로 변했다.

지난 17일 제24회 서울올림픽 開會式 때 組織委員長의 평소 카랑카랑하고 침착하던 音聲이 이날따라 語調가 빨랐다가 느렸다 하면서 다소 떨리는듯한 音聲으로 변하는 순간 나도 모르게 감격에 벅차 콧날이 시큰거리고 눈시울이 뜨거워짐은 아마 先烈墓所에 들어섰을 때의 感激으로 콧날이 시큰해졌음과 一脈相通하는 무엇이 있었든가…….

金義士 父子의 冥福을 다시 한 번 빈다.

(영대동창회보 「嶺同칼럼」, 1988. 9. 30)

길

잠자리에 들 때는 홀가분한 마음으로 하루의 일과를 무사히 마쳤다는 안도감에서일까. 그런대로 마음이 가벼워지고 자꾸만 新聞紙의 구석이라도 살피고 싶은 마음의 여유가 들곤 한다. 더구나 토요일 저녁 같은 땐 목을 적시고 늦게 大門을 두드려도 來日의 걱정이 없기 때문인지 모르나 아무런 부담 없이 한결 몸이 더 가벼워지고, 어쩌다 連休라도 끼이게 되면 더욱 그렇다.

糊口를 위해서 몇 푼 받는 괴로움이란 자연 神經이 쓰이게 마련인가 보다. 日課 중에도 요일에 따라 그 경중은 달라서 내일의 일과가 다른 날보다 고될 그 전날 저녁엔 무거운 짐을 진 듯한 氣分으로 大門을 들어서는 것도 어쩔 수 없는 노릇이다.

출근 시에 꼬마의 애교떤 인사를 받으면서 문을 나서 앞산을 바라볼 때 엷은 구름 조각이 보일 듯 말 듯한 爽快한 날이면 종종걸음을 치지 않더라도 정류소에서 비교적 붐비지 않는 車를 만나게 되거나, 더러는 좌석을 얻는 幸을 만나게 되는 경우가 많다. 그러나,

늦잠 자는 놈 깨우는 소리로부터 시작하여 간접적인 侵略으로호주머니 습격의 被害를 입거나 學用品이 없다는 놈의 볼멘소리를 들으면서 대문을 나설 때는 이내 발길을 돌려 잊고 나온 물건을 챙겨서 나오느라 허둥대기도 하고 아니면 잰걸음으로 정류장엘 나와봐도 이미 콩나물시루가 된 차들이라 비집고 탈 엄두도 내지 못하고 초조한 마음으로 다음 차를 기다려 보지만 여전히 차는 초만원이다.

별수 없이 生地獄을 방불케 하는 차에 안간힘을 써서 비집고 올라선다. 모처럼 큰마음 먹고 닦은 신발 위에 地圖를 그리게 되고 때로는 무자비한 傷處를 입게 되는 수도 있다. 물론 이때면 이마엔 '川'字나 '三'字를 그리게 되고 終日 홀가분한 마음을 찾기 힘들 때가 있다. 무슨 성미인지는 모르나 출근하는 車路가 다른 길은 없는지 알아보지도 않고 그 노선이 아니면 출근을 못 하는 줄로만 알고 일 년 반을 꼭 A라는 노선버스만 타고 다녔다. 그러다가 하루는 中途에서 차가 고장으로 못 가게 되어 투덜거리면서 내리니 B노선의 차를 타도 출근할 수 있음을 알게 되었다.

하나밖에 모르던 나에게 좋은 機會였다고나 할까? 다음부터는 코스를 바꾸니 집에서 멀지 않은 곳에서 출발하는 차이기에 언제나 空席이 많아 요사이는 아무런 피해 없이 출근하게 되는 즐거움을 느끼게 되었다. 바로 곁에 두고서 일 년 반을 지냈으니 좀 더 일찍이 더듬어 보았더라면 하는 아쉬움이었다. 앞으로 더 좋은 코스가 있을지 모르나 여태껏 너무 近視眼的인 길을 걸었기에 곁에 두고서도 알지 못했던 결과라고나 할까?

不惑의 年輪에까지 감기는 동안 趣味 하나 살리지 못하고 하루하루를 개미 쳇바퀴 도는 생활만 계속해 왔으므로 찾을 줄도 모르고 또, 찾으려는 努力도 별로 하지 않은 채 지내다 보니 뭔가 하나 해봤으면 하는 마음이 항상 한구석에 자리를 잡고 있긴 했으나 오늘 내일하다가 그냥 넘기곤 했다.

어느 길을 찾을까 하고 망설이다가 B를 찾듯이 찾은 것이 現在 퇴근길에 들리는 書室이다. 종일 시달리던 몸을 이끌고 書室門을 들어설 때면 하수구에서 풍기는 惡臭를 맡으면서 걸을 때와는 달리 墨香이 코를 침투해 와서 마치 무슨 別天地에라도 온 기분이다. 하기야 'gogo'가 亂舞하는 시대에 남이 보면 웃을런지는 모르나 남을 위해 하는 것이 아니니깐 아무래도 좋다. '一'과 '十'으로 시작해서 손을 붓에 접하는 버릇을 기르게 된 것이 해를 바꾸게 되었다.

하루의 日課가 예정대로 움직이다가도 어쩌다 뜻하지 않은 空白을 메우기 위하여 이런저런 궁리를 해 본다. 그러나 신통한 생각이 떠오르지 않을 땐 단 몇 분의 時間이 如三秋일 경우가 있다. 땀을 쥐게 하는 그 시간이 왜 그렇게 지루하던지. 그러나 붓을 힘주어 잡고 白紙에 점 획을 찍거나 그어나갈 때는 조금도 지루함을 느끼지 않는다.

出勤 시간에 초조하게 기다리는 버스, 뜻하지 않았던 스케줄의 空白의 짧은 동안이 지루하던 것에 비하면 아무런 負擔感없이 너무나 잘 가는 시간이다. 경과한 길고 짧은 시간에 따라 노력한 痕跡이 시야 가까이 그대로 쌓이게 되고 노력의 多寡와 時間의 長短에 정비례하여 결과를 여실히 다 볼 수가 있다.

지루함을 다 잊은 無我의 境地라면 너무 지나친 표현일지는 모르나 그런대로 三昧境에 몰입되었을 땐 거기서 받는 즐거움이란 여태껏 찾던 어느 길보다 못지않은 것임을 느끼곤 한다.

전에 한번은 壁의 空間을 메우기 위하여 「東馳西走追蝴蝶, 昨日戱遊尙宛然」이란 詩句를 써서 붙인 적이 있었다. 書藝에 대해서 아무것도 모르고 그냥 行草의 흉내만 내면 되는 줄 알고 썼더니 知人 몇이 보고 "자네 잘 썼네 그려."하던 일이 있었다. 그런데, 書

室에 나가 하나하나 書藝에 대한 理論을 배우게 된 후 壁을 쳐다 볼 때마다 얼굴은 찌푸려졌고 얼마나 많은 웃음거리가 되었나 하는 생각이 들어서 찢어버리고 다시 다른 詩句를 써붙여 보기를 여러 차례 되풀이해 보았다. 그때마다 일정한 時間이 흘러가 "一身收拾重千金"이란 詩를 붙여놓고 있다. 보는 날이 계속 될수록 눈에 거슬리게 되는 것을 보니 아마 眼目이 조금은 넓어진 탓일까?

하루에 두 시간 정도 書室에 나가 붓과 씨름을 하고 있다. 간혹 빠진 날의 다음은 뭔가 어색하다. 전번에 有故로 5일간을 계속해서 빠진 적이 있었다. 그랬더니 그만 나가기가 싫어지는 듯한 마음이 들어 그 뒤부터는 꼭 전화로라도 連絡을 취했다.

늘 생각하기를 이렇게 게으름을 피우면서 大家나 書藝界의 頂上軌道를 달린다는 것은 念頭에 두지도 않거니와 잡지나 TV, 라디오 등을 視聽하는 것보다는 書藝가 더 좋지 않겠나 하는 생각이다. 書藝는 視聽讀을 동시에 할 수 있고 그 映像이 뇌리에 가장 오래가는 것이 아닐까 하는 마음에서다. 퇴근길에 대포잔으로 목을 적시는 시간도 보내 보았다. 그러나 남는 것이 없음을 알았다. 갈증을 메우기 위하여 동료들과 자리를 같이 했다가 몰래 일어설 때면 "가로 늦게 書藝는 해서 무얼해."하는 때가 많다. 남들이 時間을 각기 나름대로 보낼 때 나는 나대로 書室에서 시간을 보낸다. 그러면 남는 것이 있지 않을까 하는 생각이다. 좀 당돌한 생각일는지는 모르나 그래도 몇 해 뒤에 할 일 없이 여름이면 그늘에서, 겨울이면 양지바른 곳에서 斜陽의 길에 無聊를 달래기보다는 紙筆과 더불어 斜陽의 허전함을 달래 볼까 하는 마음으로 임하고 있다.

출근 시 새 길을 찾아 苦痛을 면하게 된 것과 같은 마음으로 앞으로 좀 더 좋은 길을 찾기 위해 씨름을 해 볼까 하는 心情이다.

(월간 『서예』, 1975. 7)

밝은 빛

차창 밖으로 보이는 정초 풍경은 대구를 떠나 농촌이 가까워질수록 더해졌다. 골목마다 곱게 차려입은 한복 자락의 원색 물결이 바람에 휘날렸다. 아리따운 아가씨들의 발걸음은 마냥 평화스럽게만 보였다. 아마도 명절 분위기는 고운 한복이 펄럭여야만 제멋이 나는가 보다.

시원하게 뚫린 고속도로 위를 질주하는 차에 몸을 실을 때마다 한결같이 60년대로 돌아가곤 한다. 물이 담긴 컵을 차창가에 얹어두어도 물이 쏟기지 않는다는 표현이 고속도로를 처음 뚫었을 때의 이야기였다.

그때는 그런 길도 있는가 하는 생각을 했기에 언제나 그때 마음이 되살아나곤 한다. 이런 감회에 젖다 보니 차는 어느덧 건천 나들목을 벗어나 건천읍 방내리하는 곳을 지나고 있었다. 특용 작물 재배의 비닐하우스가 띄엄띄엄 있는 들녘을 따라 달리던 중 차 안에서 PD가 이동전화로 통화를 했다. 이내 목적지에 이른 듯 차에서 내려 사방을 두리번거렸다. 그러던 중 반가이 다가와 인사하는 사람과 마주치는 순간 나 자신도 모르게 눈을 돌리지 않을 수 없는 광경이 나타났다.

차마 눈으로 보기가 왠지 민망하기도 하고 어쩌면 아뿔싸 하는 감탄사를 자아내기도 하였다. 양 겨드랑이에 지팡이를 끼고 몸을 의지하고 있었다. 하근찬의 소설 『수난 이대』에 나오는 진수는 이 분에 비하면 성한 사람이나 다름없다고 생각되었다. 양쪽에 지팡이를 하고서 어떻게 운전을 하는가 눈을 의심하기도 했다. 사람이란 당해서 못할 일이 없다고 하지만 양다리가 없는 상태에서 어떻게 운전을 할까. 아무리 생각해도 불가능한 일로만 생각되는 데도 실제로 운전하니 말이다.

진수의 아버지는 바람결에 한쪽 바짓가랑이가 펄럭이는 것을 보고도 눈앞이 노래지는 것을 어쩌지 못했다고 하는 장면이 나오는데 이 분의 가족은 이 모습을 어떻게 볼까 상상만 하여도 머리끝이 쭈뼛하고 올라간다. 실은 실외에서의 생활보다는 실내 생활이 더 불편하다는 이광식님(1955. 3. 20生).

TBC 방송국에서 기획한 가훈 쓰기에서 일주일에 두 가구를 찾아보던 중에 이광식 님의 댁을 방문하게 되었다. 안내를 받아 댁에 들러 사연을 들어보니 1991년 12월 9일 교통사고로 인하여 두 다리가 절단되고 장 파열이 다섯 군데나 되는 큰 사고를 입어 처음엔 무의식 상태로 며칠간을 지냈다고 했다.

교통사고를 접한 가족은 큰 사고란 말만 듣고 병원으로 가는 중에 죽지만 말고 목숨만 붙어 있기를 바랐다는 이사장 자당 얘기였다. 처음 이 참상을 본 순간 가족들이 다 졸도해서 연쇄 사고가 날 뻔했다고 하면서 의식이 회복되자 목숨만 붙었거라는 마음보다 한 다리라도 성했으면 하는 욕심이 생기면서 바라는 바가 점점 더 커지더라는 얘기를 하면서 눈시울을 붉혔다.

며칠 뒤 의식이 차츰 회복되자 없어진 다리 쪽을 만지면서 "이렇게 토루소 모양 살면 뭣 하겠나."하면서 스스로 목숨을 끊으려 하였으나 방법을 찾지 못했으며 투신자살이라도 하려 해도 두 다리가 없는 사람이 어딘들 올라갈 수도 없어 뜻을 이루지 못했고, 기동을 못 하니 음독(陰毒)도 할 수 없었으며 잘려 없어진 다리 자리가 보기 싫어 눈을 감은 채 수 개월간 입원해 있다가 퇴원했다고 한다.

온갖 불편을 감내하면서 새로운 삶을 살아가는 장애인의 한 사람이 되어 과거 경기가 좋을 때 연간 2억 여원의 수입을 올리면서 자기가 손수 2만 평의 농토 위에 새로운 꿈을 설계하여 제2의 삶을 살아가고 있다. 주업은 양축으로 100여 두의 소를 기르며 온갖 특용 작물로 부푼 꿈을 키우면서 앞으로 500두의 소를 기를 제2의 牛舍를 건축 중인 현장으로 안내해주었다. 지팡이에 의지해 높은 굴삭기에 올라 운전대를 작동하여 우분 제거와 사료 주기 등 못 하는 일이 없을 정도였다. 성한 사람 못지않게 활동하면서 사고를 당한 뒤에 왜 죽으려고 했던고 하며 그때의 어리석음을 후회하면서 현재 양축과 기타 영농은 자기를 도와주는 주위의 고마운 분들의 덕이라면서 만약 두 손마저 잘려나갔으면 어떻게 되었겠는가 하며 두 팔이 성하게 있는 것만으로도 얼마나 다행인가 하는 그분의 얼굴엔 웃음기가 가시지 않았다.

그분의 얼굴에 조금도 속세의 탁한 때가 보이지 않았고 카랑카랑한 음성과 밝게 빛나는 눈동자에서는 누구에게도 뒤지지 않는 강한 의지를 읽을 수 있었다. 무엇이든 이루지 못할 바가 없다는 '밝은 빛'이 비치고 있었다.

현재의 불편함에 대한 불평이나 누구를 원망하거나 남을 헐뜯거나 흔히 입만 열면 정치인에 대한 한결같은 목소리도 그에게서는 들을 수 없었다. 항상 긍정적으로 보고 웃음을 감추지 않고 남을 칭찬함에 인색하지 않다는 것이 이 분의 지론이었다.

앞으로의 계획을 말하면서 "두 동의 우사에 소가 가득 차면 아마 우리나라에서 한우 사육하면 건천의 이광식을 몇 번째는 꼽지 않겠습니까?"하며 그때까지 계속 노력해서 목표를 달성토록 함이 첫 번째 포부요, 다음은 외동인 영식이 고교에 재학 중인데 능력이 따르면 학교를 시켜주고 자기의 재산은 전부 자수성가한 것이니만큼 자기보다 더 불편한 분들에게 혜택이 돌아갈 수 있도록 한다는 것이다. 그래서 언제나 "아버지의 재산에 의지할 생각은 추호도 하지 말아라."하며 평상시에도 자주 이런 말을 하면서 교육시킨다는 것이다.

몇 해 전 대구실내체육관에서 있었던 서예 실기 대회에서 붓을 발가락에 끼워서 글씨를 쓰는 처녀를 본 적이 있었다. 그날 저녁 눈을 감은 채 한식경이나 잠을 이루지 못한 적이 있고 나서 이번에 또 이사장을 만난 것이다. 항상 자기의 처지보다 못한 데다 비교하면 자기의 행복을 안다.

물고기가 물 밖에 나와야만 물의 고마움을 안다는 것이다. 사람이란 행복을 모르고 살아간다. 그러나 불행이 닥쳤을 때는 행복했던 때를 안다. '왜 내가 죽으려 했던가.' '그처럼 어리석은 마음을 왜 품었던가.'하면서 앞으로 성실한 삶을 누리도록 努力하면서 어떤 어려움이라도 참고 견디어 나가는 생활을 하고 싶은 것이 저의 마음에 품은 가훈이라기에 「一誠家內延福祿 百忍堂中賢雲仍」이라 써 가는 중에 붓을 잡은 손이 부끄럽기 짝이 없음을 느꼈다.

사지가 멀쩡하면서 이렇게밖에 쓰지 못하나 하면서 보람없이 보낸 많은 나날에 대한 후회를 하나, 후회는 벌써 늦은 것임을 다시 한 번 뉘우쳤다. 한 점의 불평이나 부끄러움이 없이 굳세게, 즐겁게 희망과 용기를 잃지 않고 생활해 나가는 "이광식 사장님! 하루에 아니 몇 시간에 너무나 많은 것을 배우고 얻었습니다. 가훈을 써

드린 것이 아니라 도리어 어떻게 사는 것이 잘살고 참되게 사는 것임을 배웠습니다."

소들이 꽉 찬 우사와 현재 한창 짓고 있는 우사를 뒤로하고 직접 생산한 양송이 한 봉지를 선물로 받아 귀로에 올라 손을 흔들어 주는 이사장님과 그분 가족들의 모습이 보이지 않을 때 車內에서 눈을 지그시 감은 채 이사장을 그려 보았다.

불편한 몸으로도 자기보다 더 어려운 사람을 돕고 한 마디 불평 없이 살아가는 그분을 머릿속에 그려본다.

초등학교 졸업 후 독학으로 중·고등학교 과정을 마치고 광농하면서 여가에 천보 최경돈 선생의 문하에 들어가 서예에 전념한다니 사지가 멀쩡하면서도 의식을 해결하지 못해 남의 것을 탐하기도 하고, 자식에게 독약 섞은 음료수를 마시게 하여 회사에 금품을 요구하고, 아들의 손가락을 잘라 가면서 보험금을 노리는 비정한 아버지, 사기로 남의 것을 가로채거나 회사 돈을 자기 돈인 양 마구잡이 먹다가 잡힌 사람들, 많은 떡값을 대가 없이 받았다, 받지 않았다 하면서 결국 은팔찌 차고 국립호텔에 가는 얼굴 두꺼운 정치인들, 다 不勞所得으로 한몫을 하려던 인물들, 조국이 국제통화기금 체제 하에 신음하는 중에도 '이대로'를 외치면서 쾌재를 부르는 사람들, 철새를 방불케 하는 여의도 큰 건물에서 활동하는 인물들, '하늘을 우러러 한 점 부끄러움 없이 살다가 가더라도 아쉬울 텐데, 모처럼의 기회에 왔다가 어찌려고 노력 없이 부귀영화를 꿈꾼단 말인가'를 마음속으로 내뱉으며 새해의 설계를 하며 차창 밖으로 펼쳐진 정초의 풍경을 바라보면서 앞으로 더 노력하여 생활엔 성실을 사회엔 나보다 못한 사람을 위하여 봉사하겠다고 하는 이사장 얼굴의 '밝은 빛'을 그려 본다.

(대구동부공고 『九龍』 창간호, 1999. 2)

수학여행

1948년 가을 초등학교, 아니 그때는 국민학교 6학년 때였다. 쌀 두 되 반을 내어 대구로 여행을 가는데 나는 가지 못했다. 동생이 아파서 어머니께서는 병을 고치려고 東奔西走 醫院 찾아다니실 때여서 焉敢生心 여행의 '여'자도 꺼낼 수가 없었다. 하기야 간다고 하면 갈 수도 있었겠지만 가지 않은 것을 보면 철이 들었던 것이리라. 1박 2일로 대구 갔다 온 친구들이 굴뚝이 전봇대보다 높다고 한 말이 뇌리를 스친다. 세상에 굴뚝이 전신주보다 높다니 아무리 생각해도 이해가 되지 않았다. 나중에 대구에 와보니 삼호방직 굴뚝이 어느 전신주보다 높음을 보고 그때의 믿어지지 않았던 의문이 풀렸다.

1949년도에 초등학교를 졸업, 6·25전쟁을 만나 피난 고등공민학교에 다니다가 1953년 4월 1일로 海平中學校가 설립허가를 받자 나는 중학교 2학년에 편입하였다. 1954년도에 경주로 수학여행을 가는데 형편상 차를 貸切해서 한 반 학생이 갈 사정이 못되었다. 그러나 運輸業을 하시는 海平面 金山 출신 김해김씨의 金錫圭라는 사업가가 삼천리 버스를 사서 해평중학교 제1회 졸업생들을 수학여행을 시켜준다면서 차를 내주셨다. 故 김석규 사장님께서는 해평중학교 건물의 기와를 다 이어 주신 분이기도 하다.

학생들은 쌀 몇 되씩을 거두어 두 가마니를 차에 싣고 경주로 여행길에 올랐다. 해평에서 아침에 출발한 차가 慶州博物館(현재 위치가 아님) 옆 多寶旅館에 旅裝을 푸니 저녁 시간이었다. 파괴된 다리를 건널 때는 학생들이 차에서 내려 밀어 올리던 때였다.

이튿날 불국사 근처 大城旅館에서 담임이신 權奇沃 선생님께서 칼로 솔방울 같은 것을 손수 장만하시는데 곁에서 구경하고 있으니 "상배 하나 먹어 볼래."하시면서 하나 주셨다. 이 세상에 태어나 처음 먹어보며 또 가장 맛있는 것 중의 하나였다. 1930년대 만주 갈 때 어머님께서 日光列車에서 사 주셨던 미깡과 같았다.

선생님께 이것이 무엇이냐고 물어보지도 못하고 입맛만 다시고 있었는데 수 년 뒤 대구에서 고등학교 재학 시절 防川市場 근처에서 자취할 때 시장에서 본 것이 바로 멍게였다. 쌀을 몇 되 퍼다주고 사서 먹었다. 군에서 하계 해양훈련 때 포항에 가서 또 멍게를 보고 한 가마니를 샀고, 1977년도 학생들과 감포 文武王陵 근처에서 野營하면서 또 멍게를 한 가마니 샀었다. 지금도 멍게를 보면 그냥 지나치지 않는다. 중3 때의 선생님으로부터 받아먹은 鄕愁랄까 아직까지 선하다.

사흗날 石窟庵에 가는데 吐含山에서 동해 일출을 본 광경은 아직도 눈에 선하다. 바다에서 해가 뜰 때는 타원형이었고, 올라오는 해는 슬며시 솟는 것이 아니고 토끼가 뛰듯이 덜컹 올라온다는 감회는 80세의 지금도 눈에 아련하다.

고등학교 때도 수학여행을 못 갔고 대학 때는 돈이 좀 있어서 다녀왔다. 그래서 수학여행 못 간 것이 한이 되어 교직에서 담임한 학생들은 전원 다 가게 하였으며, 못 가는 학생들의 여행비도 여러 학생에게 주었다.

1967년도에는 4박5일로 인천 月尾島까지 다녀오는데 1,050원씩 내어 갔었다. 열차를 처음 보는 학생들이 汽笛 소리에 놀라는 일도 있었다. 예이츠의 「이니스프리의 湖島」라는 詩를 가르치는데 잿빛 鋪道가 나와 부뚜막에 시멘트도 바르지 못한 때 길에 포장을 했다 하니 어떻게 믿겠는가. 1968학년도 울산 공업단지가 조성될 때 졸업여행으로 1일간 다녀오는데 500원이었다. 가지 못하는 학생을 데려갔더니 오늘날까지도 그때의 인연으로 연락이 닿아 있다.

찾아오는 제자들에게 糊口之策으로 한 직업이어서 봉급 받고 근무했는데 찾아 주니 고맙고 그 대신 차후에 오지 않으면 이전의 것은 다 무효라며 농담한다. 一般職에 係長 때 局長이라고 뒤에 찾는 사람이 있을까?

나는 다시 태어나도 교직에 종사하리라.

(2015. 9)

약목 재종숙 내외분

光復을 전후한 열 살 무렵 TV나 라디오는 커녕 新聞도 보기 힘들던 시절, 유일한 樂이란 저녁이면 어른들 곁에서 옛이야기를 듣는 것이었다. 학교에 갔다 오면 책보를 저만치 팽개쳐두고 꼴망태를 메고 들판으로 나가 꼴을 뜯는 것이 농촌 아이들의 日課였다.

若木 再從叔宅이 우리 집에서 한 집 위에 있어 나는 저녁이면 놀러가서 海平 全州 崔氏 入鄕祖와 延日 鄭氏 始祖, 永同 황새말 朴氏 始祖 이야기 등 많은 것을 들려주시어 지금도 腦裏에 선명하게 남아 있다.

재종숙께서는 話術이 좋으셔서 듣는 이로 하여금 자꾸만 귀를 기울이게 하셨다. 그때 年歲가 아주 높으신 줄 알았는데 지금 생각해 보니 不惑 남짓 되셨던 듯하다. 그러다 6·25전쟁 직후 뒤에 내가 고등학교를 졸업하고 군에 入隊하였다. 대구 근교에서 軍服務를 하면서 夜間大學에 다녔는데 대봉동 재종숙댁에서 4년간이나 依託하였다. 큰집이 아니었는데 여러 사람이 寄居하였음에도 재종숙모님께서는 얼굴 한 번 찡그린 적이 없으셨다. 집에 사람이 찾아오면 언제나 반기셨다. 친척이 해평에서 대구에 왔다가 집에 들르지 않고 그냥 가면 나중에 아시곤 그렇게 서운해하셨다. 그만큼 정이 많고 厚德하셨다. 요사이 같으면 상상하기도 어렵다.

내가 대학을 졸업하고 敎職에 들어가 청도와 해평을 거쳐 安心中으로 오게 되었다. 집을 마련하지 못하고 광세를 초등학교에 입학은 시켜야 하였기에 신암동(현재 대현동) 재종숙댁에서 부자간 수개월 동안 함께 지냈다. 그 뒤 재종숙의 소개로 이웃에 처음으로 집을 마련하였다. 재종숙께서 직접 오셔서 화단을 만들 때 벽돌을 쌓고, 시멘트 바르는 일도 다 해주셔서 흡사 아들이 세간난 것처럼 살뜰하게 보살펴 주셨다. 참으로 고맙고 고마운 일이 아닐 수 없다.

인심이 날로 각박해지는 요즘 같으면 상상도 못 할 일이다. 積善을 많이 하셔서 令孫 두 사람이 內外가 다 博士다. 易地思之해 보면 나는 그렇게 할 수 없을 것만 같다. 남의 식구 두 명을, 그것도 下宿費를 받는 것도 아닌데 몇 달을 데리고 있었으니 상상도 못 할 일이다. 그러니 그 陰德이 後孫에게 내리는 것이리라.

재종숙께서는 박정희 대통령 逝去 소식을 들으시고는 患中에 계시던 몸이 금방 따라가셨다. 忌日이 음력 9월 8일이라 며칠 사이가 아니다. 더 사셨을 텐데 그 충격으로 돌아가신 것이 아닌가.

한번은 내 꿈에 現夢하셨는데 아주 걱정을 하셨다. 그래서 三從信岡에게 "집에 무슨 일이 없는가."했더니 "아무 일도 없다."고 했다. "그러지 말고 바로 얘기해봐. 어제 저녁에 재종숙모님께서 현몽하시어 내게 걱정을 하시던데……"라고 재차 묻자 "弟嫂氏가 입원하셨다."고 하지 않는가. 그런 일이 非一非再하였다.

내가 軍에 근무할 때 대봉동 집에 함께 있었다. 밤이 야심해지면 밖에서 세수하는 소리가 어렴풋이 들려 창밖을 보면 재종숙모님이 우물물을 길어 세수하시고 孝均이가 勤務하는 북쪽을 향하여 기도하셨다. 이런 기도를 효균이가 제대할 때까지 하셨다. 또한, 三從이 논산훈련소에 訓練兵으로 있을 때 아주머니께서 "상배야, 부디 면회를 가보라."고 하셔서 두 번이나 면회를 다녀왔다. 慈情이 그럴 수 없으셨다. 그래서 세월이 흘러 내 자식이 군에 갔을 때 나도 저녁마다 아주머니께서 하시던 대로 그렇게 하였다.

재종숙 내외분을 떠올리면 생각에 생각이 꼬리를 문다. 아저씨께서는 맏따님이 新行 갈 때 형제난 사촌들을 다 두시고 육촌인 先考와 같이 上客으로 가셨다. 두 분이 만주에도 같이 계셨고, 방앗간도 같이 하셨다. 두 분은 일생을 친형제같이 지내셨다. 아마 來世에서도 그렇게 하시고 계시리라.

이제 재종숙 내외분도 저 먼 세상에 계신다. 두 분의 명복을 빌면서 새삼 나에게 베풀어주신 지극한 정을 잊을 수가 없다.

(2015. 8)

日記

알지 못한 사람으로부터 편지를 받고, 교도소에 수감 중인 사람을 面會 간다는 설레임으로 일찍 잠이 깨었다. 장거리 여정에 대한 준비로 식전에 5시부터 豊山韓紙를 頭韻으로 七言絶句「豊德和平四海明, 山高水永宿儒成, 韓紙第一文房友, 紙墨相婚有筆名.」를 쓰느라고 땀을 얼마나 흘렸는지 모른다. 一枚에 1500원씩하는 종이를 열 장이나 버리고 겨우 落款하게 되었다. 원주교도소에 갔다가 豊山韓紙에도 들릴 豫定이었기 때문이었다.

8시에 如川 金炅春 先生이 오셨는데 10분 만에 몸을 씻고 면모하고 朝飯까지 마쳤으니 출발 뒤엔 준비했던 곶감과 죽자반 등을 빠뜨렸음을 알았다. 얼마나 급히 서둘렀으면 내어놓은 물건도 챙기지 못했으랴.

金炅春 先生과 吳相寅 校長과 같이 가는 도중 安東 休憩所에서 가져간 쑥떡과 음료수를 마시고 原州矯導所에 面會申請을 할 때 마음이 떨렸다. 알고 보니 丁南鎭, 39세, 열네 살의 자식도 있는

사람이 우발적으로 처남을 죽여 死刑囚가 되었다가 無期로 10년째 服役 중이란다. 忍耐하고 行刑成績도 좋도록 얘기해 주고 領置金 십만 원을 넣고 立會者 朴淳榮께 展示圖錄을 드렸다. 간다 간다 하고 미루다가 실행하고 보니 마음이 홀가분했다.

立會者가 "집안사람도 잘 안 오는데 전혀 모르는 사람이 고맙다."는 말을 하며 立會도 않고 자리를 비워 주었다.

출발 때 如川께 십만원을 드렸더니 춘천막국수를 샀고, 豊山韓紙에는 작품을 드렸더니 韓紙를 선물로 주었다. 천평 안동식당에서 청국장 백반을 먹었는데 또 如川이 식대 만이천원을 내었다. 고마웠다.

교도소에서 돌아설 때 사뭇 안타까운 마음뿐이고 돌아오는 길에는 남을 도왔다는 흐뭇한 마음이었다.

書室에 오니 곶감과 죽자반이 書床에 그대로 있었다. 지난 5월 15일에 스포츠신문 編輯局長 孫姬慶 女史가 취재해 간 내용이 揭載되었는데 경력이 縮小되어 있었다. 李光植 社長께도 보내야 하겠다.

(2003. 6. 4)

이민 가는 둘째 딸 鍾淑에게

남들이 말하기를 지구촌이라지만
수륙이 상거하기 수만 리가 된다 하니
떠남은 쉬울지라도 다시 오기 어렵잖나

간다는 말을 듣고 반신반의하였더니
그 말이 사실되어 이제 막상 떠남에
보내는 이 아비 마음 짐작이나 하느냐

한 곳에 옹기종기 함께 살기 바랐더니
둥지를 떠나가니 어찌할 도리 없네
살 곳을 찾아가지만 보낸 마음 뉘 알리

너희를 기를 적에 넉넉지 못한 살림
대학에 보내고도 뒷바라지 어려울 적

방학 때 근로봉사로 학비조달 내 했네

이제는 캐나다로 며칠 뒤면 떠난다니
어려운 이국 생활 열심히 노력하여
고난을 다 물리치고 성공하기 비누나

경북 선산 해평낙성 일삼팔은 태어난 곳
대구시 북구 대현 이사이팔 네 자란 곳
떠나도 잊지를 말라 모국은 대한민국
(2003. 8. 15)

5부

멀리서 가까이 본 남헌

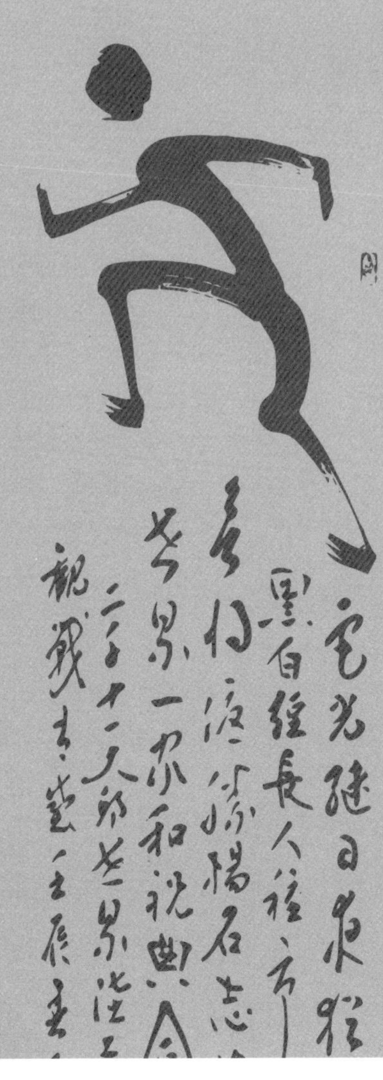

당신의 축복이어라

—남헌 이상배 학형 회갑에

예종숙(시인)

바람처럼 一年 세월이 또다시 왔나 보다
올해도 많은 사람이
갖가지 榮辱으로 제가끔 살아갈 것이다
나는 年初부터 한 사람에 대하여
괜찮은 祝意를 속으로 지녀왔으니
南軒 李尙培 학형의 회갑이 그것이다
그에 대하여 축하할 사람은
나 말고도 상당수일 것이다
나는 나름대로 그를 생각하는 것이
남과 다르니 말이다
나와 그는 한 해 사이로
앞서거니 뒷서거니 대학을 동문수학한
말하자면 흔히 있는 터라고 하겠지만
서로가 덤덤히 畏敬하며 살아가기에

간혹 만나서도 왈칵왈칵 반겨하고
세상일과 사람 보는 눈이 대충 맞으나
그는 志操와 가치관에서
늘 나보다 한 수 위인 大人
이런 그가 올해로 회갑이라니
아, 무서운 인간의 나이
六十을 안 당해본 사람은 가히 모르리라
耳順의 境地, 아무나 맞는 것인가 그는 때마침 빛나는 銀髮을 머리에 이고
언제나 남의 마음을 편안케 해주는
그의 全幅의 充滿感
마치 동트는 새벽
밝고 뜨거운 햇살을 바라보듯하누나
아, 이날따라
그를 지아비로 하신 貞淑하신 영부인과
그를 아버지로 모신 양반스런 영윤들에게
더욱 가득한 선망이 가는 것은
순전히 南軒 학형, 당신의 축복이어라
당신의 축복이어라
(남헌 서예전 도록, 1996. 2)

祝南軒古稀書藝展

碧松 李根厚

幸得康寧七十春
更期百歲氣唯新
堂中琴瑟仙姿席
膝下兒孫彩舞筵
注力恒時經讀業
盡心日夜硯藝專
碑林書刻誇東國
南軒名聲永世傳

건강한 행복을 얻어 고희의 봄이요
다시 백세 기약함에 기운이 새롭네
집안의 금슬은 신선 자리에 앉았는데
슬하의 자손들 채색 춤의 자리로다
항상 글 공부에 주력하였으니

주야로 마음 다해 글씨 공부에 전념했네
비림의 비문 글씨 우리나라의 자랑이요
남헌 그 이름 영세에 전하리라
(고희 서예도록 『남헌 이상배』, 2005. 3)

南軒李尙培院長古稀紀念書藝展祝

雨江 金載九

南北東西 周圍는 春色을 자랑하고
軒擧론 白髮文士 筆力이 墨現하니
李公의 三回 書藝展 長足進展하구나
尙道德治天下를 모두가 念願하나
培養한 尖端人才 社會가 索莫하니
院長의 四季 墨香은 德風揚道하리라
長久한 歲月 가도 筆端은 有輝하고
古來로 膾炙 書品 眞如한 手迹이니
稀罕한 世態에서도 筆士 稱頌하구나
紀綱이 薄弱 現實 墨書는 德厚하고
念頌의 箴言警句 우리의 舷燈되니
書藝裏 深娛한 哲理心中寶鑑되리라
藝術이 길다하니 짧은 삶 길게 살고
展示된 限品에서 無邊義를 찾을지니
祝賀客文寶書朋들 大洋같이 느끼리
(고희 서예도록 『남헌 이상배』, 2005. 3)

南軒 先生 耋壽頌

道庵 申福均

먼저 南軒 李尙培先生의 耋壽를 紀念하는 詩書集 發刊을 眞心으로 祝賀를 드립니다. 歲月의 수레바퀴는 쉼 없이 돌고 있지만 지나간 역사와 인생의 黃昏期는 되돌릴 수 없는 것이 必然인가 봅니다.

南軒 先生께서는 명문가이신 全州李氏 完昌大君 後裔로서 嶺南大學校 國語國文學科를 卒業하고 後進養成을 위하여 뚜렷한 主觀과 確固한 哲學을 가지고 近 40年間 敎壇에서 盡心竭力하여 많은 인재를 輩出하였고, 愛國心과 올바른 價値觀을 심어주기도 하였으며 많은 職務를 誠實하게 수행하여 文敎部 受賞을 비롯하여 國民勳章 석유장을 受勳하기도 하였다.

퇴직 후에는 林泉自靖하면서 書藝와 漢詩創作에 몰두하여 玉琢成器하듯 동구 밖의 亭子나무처럼 巨木으로 우뚝 서게 되었습니다.

南軒先生은 重厚한 體格에 豪放하고 疏脫한 성격으로 위압감을 줄 것 같으면서도 外柔內剛의 氣質이기도 하며 風采에 걸맞게 一筆揮之한 作品들은 찬연히 빛나면서도 機巧를 부리지 않는 훌륭한 作品을 만들어 내기도 합니다.

南軒께서는 嶺南書藝家協會를 비롯하여 전국 한시백일장에서 큰 상을 받았습니다. 현재 大邱書藝人聯合會 會長을 맡고 있으면서 각종 서예대전 운영위원장, 심사위원장을 歷任하였으며, 個人展, 元老 六人展, 國際交流展에도 老益壯을 과시하고 있으며 우리의 情緖를 노래하고 書畵界 發展과 漢詩創作을 위하여 先導的 役割을 하고 있음에 크게 讚辭를 보냅니다.

앞으로도 繼續하여 儒風을 振作시키고 傳統文化 發展에 寄與하시리라 믿어 의심치 않으며 더 큰 榮光이 있기를 祈願하면서 祝詩 한 수를 賀詞드립니다.

仁壽南軒迓耋年
健康氣象稟於天
早登教界功名濶
晩就騷壇學業全
書法硏修開後士
文章熱讀效前賢
揮毫筆力如許大
遺墨輝然史共傳

인수를 얻은 선생 질년을 맞아
건강과 기상은 하늘에서 받았구려
일찍이 교육계에서 공명이 드높았고
만년에 書檀에 나아가 학업이 온전했네
서법 연수하여 후학에게 길을 열어주고
문장을 숙독하여 현인들 본 받았네
휘호와 필력이 이와 같이 빛나니
찬연한 유묵 역사에 오래 전해지리라
(2015. 9)

南軒 李尙培 書藝展에 부쳐

심재완(서예가, 전 영남대 교수)

南軒 李尙培는 나와 同鄕이요, 中高校와 大學 國文科의 師弟關係이며, 書藝의 同志이기도 하다. 이러한 거듭된 因緣으로 그는 나에게 書藝展에 부치는 글을 청해 왔고 나는 기꺼이 이에 응했다.

그런데 막상 펜을 드니 얼른 글이 나오지 않는다. 20前의 少年 尙培가 靑壯期를 거쳐 이제 甲年를 맞는 白髮의 南軒으로 變貌한 모습이 눈앞에 떠오르니 새삼 歲月, 人生을 생각하는 感懷에 젖어들기 때문일까?

南軒은 性格이 豁達하고 情熱的인지라 남을 가르치고 스스로 배우는데 또한 힘차고 뜨겁다. 그가 배우는 길로 書를 택한 일은 自身을 위해서나 書界를 위하여는 多幸한 일이었다고 생각한다.

南軒은 30여 년의 敎職 經歷中 30년 가까운 書歷을 가지고 있다. 幼少年에 先王公의 家學이 있었고, 時菴·菁楠·曉楠·南石 等 諸家의 指導를 받아오며 많은 法帖에 의한 書法修練을 쌓아왔다. 晋·唐의 王右軍·顔魯公의 行草를 主力하고 다시 六朝 墓誌銘의 楷

와 清代의 鄧石如·何子貞의 隷行으로 範圍를 넓혀가며 正統書法의 眼目과 技法을 익혀왔다. 市展審査에서 나는 그의 出品作의 書體가 자주 바뀜을 보고 그의 法帖 修業의 과정을 짐작한 바 있다.

南軒은 그동안 國展과 美術大展 및 書藝大展에 여러 차례 入選하고 市展을 통하여 推薦 招待作家로 成長하여 그 運營 審査까지 歷任하고 한편으로 大邱書家會長의 重任을 맡으며 數次의 韓·中 交流展까지 開催하였다. 이제 自己世界 摸索에 熱中하고 있다.

南軒의 作品展을 보며 그의 10년 전의 展示會를 回想해 볼 때 刮目할 進展을 讚하고 싶다. 同時에 그의 쉼없는 刻苦를 들추고 싶다.

今次 南軒書展은 出品數 50点이 넘는 大展으로 20년 갈고 닦은 그의 書法研究의 成果의 集成이라 하겠다. 이를 書體別로 보면 楷·行·草·隸·古文과 한글 古體들이요, 그 內容은 中國古典의 詩文과 名句節이고 우리의 訓正序와 名人의 詩文들이다. 특히 善州先儒 二友亭 崔光璧의 金烏·洛江·桃李寺 等 名勝詩 〈雲广八詠〉의 屛風은 鄕土後學 南軒이 씀으로 더욱 걸맞은 力作으로 돋보였다.

南軒은 作品에 引用하는 詩文을 擧皆 暗誦하며 行草作에는 이를 읊으며 써내려가니 字間連繼나 作品脈絡이 自然스럽게 展開된다. 文脈대로 書脈의 흐름을 보여주니 南軒은 글과 글씨의 뜻과 맛을 아는 書家라 할 수 있겠다.

書法과 人間關係를 書論이나 書史에서 言及하는 일이 많다. 마음가짐이 글씨에 비치듯이 글씨에서 人性과 時代相을 찾아볼 수 있다. 그래서 健全한 書法으로 修己와 敎化의 資를 꾀하기도 하는 것이다.

南軒展을 둘러보고 그의 書風을 생각해 본다. 奇拔보다 正常을, 速成보다 晩得을 志向하며 書法을 닦아온 過程을 어느 作品, 어느 한 字劃에서도 읽을 수 있을 것이다. 正直 勤勉한 作家의 書學情神이 그대로 作品에 反映되고 있기 때문이다.

以上은 南軒書展을 瞥見한 拙見의 一端이거니와 南軒이 本展을 自省의 契機로 삼고 斯界諸彦의 高見을 收斂하며 繼續 精進할 때 그에게 다시 새 境地의 書展을 期待할 수 있을 것이며 반드시 그날이 오기를 빌어 마지않는다. 南軒展의 빛나는 盛事를 祝賀하며 書運이 더욱 隆盛하기를 冀願하는 바이다.

(제2회 남헌 서예전 도록, 1996. 2)

빛나는 글씨, 아름다운 友情

김원중(시인, 전 포항공대 교수)

10년 전 열렸던 南軒 李尙培의 두 번째 書藝展 때 짤막한 祝賀의 글을 써 준 것이 빌미가 되어 이번에도 또 한 번 펜을 들게 되었다. 南軒과 나는 同門 同甲이고, 十년 전 그때가 回甲이였는데 세월은 어느덧 흘러 古稀를 맞이하게 되었다. 그동안 南軒과 나는 교단에서 아름답게 물러났고, 嶺南大學校 國文學科 同門會 會長을 내가 먼저 하고 南軒이 이어받는 등 母校의 同門會를 위해서 함께 일하기도 했다. 南軒은 교단에서 명예롭게 물러난 후 自宅에 마련한 사랑방 같은 書室에서 열심히 글씨를 썼다. 글씨를 쓰다가 친구가 찾아오면 친구와 어울려 閑談도 하고 음식 대접도 한다. 친구 좋아하는 南軒은 점심 때 친구가 찾아오면 점심 대접하고 저녁 때 찾아오면 저녁 대접을 한다. 어쩌다 先約이 있어 그런 기회가 없으면 술 한 잔이라도 서실에서 대접해야 직성이 풀린다. 한 친구가 열 번 찾아가도 열 번을 대접한다. 접빈객에 조금도 소홀함이 없는 선비정신의 소유자다.

그렇다고 南軒은 연약한 선비가 아니다. 대장부의 기질을 가진 선비이다. 누구 앞에서나 그는 당당하다. 사회적 지위가 높고 낮음이 그에게는 통하지 않는다. 누구 앞에서도 기가 죽지 않는 대장부다운 선비이다. 돈이 있다고, 사회적으로 출세했다고 그의 앞에서 으스대다가는 무안을 당하기도 한다. 南軒 곁에 있다가 내 속이 후련한 일을 한두 번 겪은 것이 아니다.

풍류가 넘치는 이면에는 오십 년 넘게 쓰다 남은 먹을 다 모아서 한 되가 넘고, 붓도 하나 버리지 않고 다 모아 수백 자루가 넘는다. 일기를 쓰는데 국내외 여행 때 일기장만은 꼭 가지고 다닌다. 또한, 살림을 살고부터 다 모아 놓은 세금 영수증, 초임부터 퇴임 시까지 모은 보수 지급명세서를 다 보관하고 있는 세심한 점도 없지 않다.

南軒이나 나는 칠십 생애 동안 겪은 풍상이 많다. 그리고 그 풍상을 잘 극복하고 오늘에 이르렀다. 그와 나는 意志 하나로 잘도 온갖 어려움을 견뎌내고 고희를 맞았다. 그러나 나는 삼 년 전 뇌졸중으로 쓰러졌다가 이제 겨우 일어나 다닌다. 이만큼이라도 회복한 것도 南軒같은 친구가 있었기 때문이다. 어려움에 처할 때 진정한 친구를 알 수 있다더니 내가 병상 생활을 할 때 그가 내게 베풀어준 友情은 남다르다. 아침마다 위로의 전화를 걸어준다. 어쩌다 하루라도 빠지면 그 이튿날 "미안하다."는 인사를 먼저하고 위로의 말을 해준다. 병상의 친구에게 하루도 빠짐없이 위로와 격려의 전화를 해주니 내 어찌 용기가 되살아나지 않겠는가.

미국의 줄리아나 뉴욕시장은 그의 評傳에서 이렇게 말했다. 암에 걸려 병상 생활을 하고 있는데 아침마다 위로의 전화를 걸어오는 한 친구가 있었다. "암으로 인하여 대권을 도전하는 일은 포기했지만 날마다 전화를 걸어오는 친구가 있다는데 행복을 느낀다."

고 하였다. 줄리아나는 인기 정치인이었다. 클린턴 대통령 다음의 대통령감이었다. 그러나 암에 걸려 대통령 출마를 포기하고 병상 생활을 하였다. 그러나 그에게 매일 위로의 전화를 걸어오는 한 친구로 인해 나는 행복하다고 하였다. 南軒은 나에게는 줄리아나의 매일 전화 걸어오는 친구 같은 존재였다. 비록 병상 생활을 오래 하였지만 내 어찌 행복하지 않겠는가. 용기를 주고 감동을 준 친구가 南軒이었다.

내가 그의 자녀 오남매의 혼인 주례를 서 주었다. 어쩌다 한두 자녀의 혼사 주례는 몰라도 다섯 명이나 서 준다는 것은 세계에서도 드문 일일 것이다. 어디 그뿐인가. 내가 입원한 病室을 찾아와서 제일성으로 "어서 회복해서 막내딸 혼인할 때 주례를 서 주어야 한다."고 하지 않는가. 세상에 이런 友情, 이런 因緣이 어디 있겠는가? 하루는 내가 주례를 서 준 다섯 자녀와 배우자 손자까지 다 모아서 나를 초청하여 慰勞의 晩餐을 베풀어 주는 것이었다. 나는 그날 밤 감동의 눈물을 많이 흘렸다. 이렇게 나는 南軒에게 받기만 하였다. 내가 그의 은혜에 갚을 길은 아무것도 없다. 겨우 이런 축하의 글이나 써 주는 것밖에…….

南軒은 두 번째 서예전 이후 엄청난 글씨를 남겼다. 南軒은 이제 세계화 시대의 우뚝 선 서예가이다. 그의 글씨는 국내뿐만 아니라 중국에까지 알려져 桂林의 國際和平友好 碑林에 그의 작품이 빛내고 있다.

乙酉年 새 봄을 맞아 개최하는 그의 세 번째 書藝展에 주변의 친구와 동호인들이 많이 와 주셔서 축하해 주었으면 한다. 아울러 古稀를 맞이하는 南軒의 건강과 행운을 기원하는 바이다.

(고희 서예도록 『남헌 이상배』, 2005. 3)

南軒 李尚培 先學 古稀紀念書帖贊

홍우흠(전 영남대 교수)

古人曰 詩言志 又曰 詩書畵一道 然則書亦言志之藝術也

由此觀之 南軒之書卽 出於南軒之志者 明矣

南軒 生於全州李門 碩軀健壯 賦性寬裕 薰陶法家規範 就讀新舊學問 而致豪放 淸曠之風格也 曾習隸楷草篆 各體書法

積筆如山 廢紙如雲 應物生情 對景感興 則以書現志 志在高山則峻嚴遒勁 志向滄海 則動蕩渾豁 不覊格式

超越窠臼 變化自在 心手相應 水到渠成 隨物賦形 志興則筆走興盡則筆止之 乃是南軒之書 其或到七十以從 心所揮而

不逾矩之境地也哉

고인이 말하되 시는 뜻을 표현한 것이라 했으며 또 시서화는 일도라 했으니 그렇다면서도 뜻을 표현한 예술이다.

이런 말을 통해 보건대 남헌의 서는 바로 남헌의 뜻에서 표출되었음이 분명하다. 남헌은 전주 이씨 가문에서 태어나 훤칠한 체구는 건장하고 타고난 성품은 관유하며 법가의 규범을 체득하고 신구학문을 두루 익혀 호방 청광한 풍격을 이루었다.

그는 일찍이 예 해 초 전서 등 각 체의 서법을 합습함에 몽당붓이 산과 같고 버린 종이가 구름과 같았다. 그리하여 사물을 감응하여 정감을 일으키고 미경을 대하여 흥취를 느끼면 書로써 뜻을 나타내었다. 뜻을 고산에 두면 서의 기세는 준엄 주경하고, 뜻을 창해에 두면 서의 기세는 동탕 혼활함에 격식에 얽매이지 않고 파구를 초월했으나 심수상응하고 수물부형하여 뜻에 따라 서체를 이루어 나갔다. 그러니 뜻이 일어나면 붓을 내달래고 흥취가 다하면 붓을 멈추니 바로 남헌의 서법이다. 아마도 七十세인지라 마음대로 붓을 휘둘러도 법도에 어긋나지 아니한 경지에 이르렀음일진저.

(고희 서예도록 『남헌 이상배』, 2005. 3)

南軒 형에게!

노수천(전 해평면장)

전일 보내준 碧松先生 望九紀念文集『碧松常青』을 받고 고마운 마음에서 우선 전화하고, 어제는 비에 갇혀 하루종일 집안에서 望九文集을 펼쳐 들고 畢讀은 할 수 없었으나 내 마음 가는 대목만 읽었다네.

우선 本 紀念文集을 발간하는 데 있어 南軒의 온정성이 베여 있음을 느낄 수 있었고, 평시 碧松先生의 품성과 학덕을 읽을 수 있었기에 나에게는 좋은 양서가 되었다는 생각을 하게 되네.

그리고 南軒에 관한 글을 보고 읽으면서 많은 것을 느끼고 배우게 했고 또 많은 생각을 하게 했다네. 그리고 화보에서는 사회의 저명인사들과 함께 할 수 있는 남헌의 모습이 자랑스러웠고, 文集題字로부터 碧松先生의 自作詩 열두폭 병풍 휘호가 望九紀念文集을 더욱 뜻있는 裝飾을 했다는 생각도 했다네. 또한, 碧松常青 題下의 열다섯 쪽에 달하는 南軒의 글에서 先生의 品性과 學德을 한층 더 알게 했고, 한편으로는 南軒의 두텁고 깊은 人間味를 다시금 느낄 수 있어 값진 보람의 시간이 되기도 했다네. 그래서 사람은 우선 많은 것을 배우고, 보고, 경험하고, 느끼고, 그리고 좋은 文友關係를 가져야 한다는 생각을 하게 되었다네.

그리고 碧松先生께서 지으신 南軒의 華甲紀念 祝詩와 洛庵先生의 墓碑文을 읽으면서 글의 내용에 대한 논의는 감히 할 수 없으나 碧松先生과 南軒과의 인간관계를 짐작케 하는 대목이라서 南軒의 현주소를 더욱 높이 보고자 할 뿐이라네.

南軒!

전일 벽송선생께 전화로 망구기념문집 발간을 축하하고 문집을 통하여 선생을 알게 됨을 영광으로 생각한다는 인사를 드렸더니 고맙다는 답을 주셨기에 참고로 전하는 바일세.

항상 故鄕發展과 故鄕人들에 대한 有別난 關心을 가지고 걱정해주는 南軒에게 늘 고맙다는 생각을 지울 수 없다네. 그 人情과 友情 우리 고장 발전에 많은 보탬이 되기를 확신하면서 來來健康하시고 좋은 일 있으면 자주 연락 주기 바라네.

(2003. 4. 30)

서예가 南軒의 풍모

채희걸(대륜고 동기)

멀리 중국까지 能筆로 이름을 드날리는 서예가 남헌 이상배는 자랑스러운 나의 친구이다. 내가 그와 친구가 된 것은 1955년 대륜고등학교에 입학하여 함께 공부한 게 계기가 되었다. 남헌과 친구가 된 지 어언 60여 년, 까까머리로 만나 눈 내린 백발에다 가시덤불처럼 엉킨 주름살을 지닌 남헌을 볼 때마다 세월이 야속함을 느낀다.

남헌은 경북 선산군 해평면 금호동에서 2남1녀 중 차남으로 태어나 구김살 없이 자랐다. 그런데다가 명랑하고 호탕한 성격으로 학교 수업 중 쉬는 시간이면 짓궂은 장난으로 한바탕 웃음을 유발하며 친구들 사이에서 많은 주목을 받았다.

반면 나는 서울에서 태어나 살면서 6·25전쟁 중 사람이 죽어가는 전쟁의 참상을 목격했다. 그리고 길이 막혀 식량이 들어오지 않아 배를 곯아 살이 퉁퉁 붓는 심한 고통을 겪었다. 이 같은 마음의 상처와 경상도 사투리를 못하는 소외감으로 늘 친구들 곁에서 비켜 서 있었다. 그래서 남헌의 쾌활하고 분방한 모습에 더욱 매료

되어 부러워한 기억이 있다.

대륜고교를 졸업하면서 나는 서울로, 남헌은 대구에 남아 우리는 지금껏 헤어져 살고 있다. 그러던 차에 분답기 이를 데 없던 남헌이 서예가가 되었다는 소식을 접했다. 좀처럼 믿을 수가 없었다.

서예가가 되었다는 사실 여부를 확인할 겸 지인에게 그의 서예 작품을 받아줄 생각으로 출장길에 경북대 옆에 있는 남헌서예원을 찾았다. 남헌은 내가 부탁한 글을 써주려고 3시간여 글을 쓰면서 마음에 들지 않는다고 수십 장을 폐지로 내동댕이쳤다. 나는 열차 시간에 쫓기기에 그냥 써 달랐고 졸랐다. 그러나 남헌은 나중에 표구로 만들어 보내준다기에 어쩔 수 없이 물러났다. 물론 뒷날 표구로 된 작품을 받았다. 나는 남헌의 이 같은 진지한 작가 정신과 잘 써낸 작품을 보고 크게 감동을 받았다.

그 후 내가 영덕군 농촌지도소장으로 재직 중이던 1985년 남헌으로부터 대구 중앙파출소 곁에 있던 화랑에서 서예전을 연다는 초청을 받았다. 영덕에서 대구까지 먼 길을 달려가 전시장 곳곳에 걸린 뛰어난 작품을 대하는 순간, 남헌이 서예가로 크게 성장하고 화려하게 변신한 것을 확인하며 다시 한 번 크게 감동하고 기뻐했다.

그때 나는 그 전시회에서 '內充外典'이라는 아름다운 작품 앞에서 한동안 시선이 머물렀다. 글씨도 멋스러웠지만 글귀의 의미가 심상치 않았다. 남헌에게 "내충외전이 무엇을 뜻하느냐?"고 물었다. "내충외전은 아내는 집안일에 충실해야 하고, 남편은 바깥일에 잘 뻗어 나가야 된다"라는 친절한 풀이를 듣고 그 의미 깊은 글귀가 지금도 잊혀지지 않는다.

앞서 언급한대로 남헌은 성격이 쾌활, 호방하다. 따라서 그의 성격대로 글씨 또한 호방하고 힘이 넘친다. 남헌은 다혈질로 열정적이며 저돌적이다. 따라서 남헌은 글씨가 마음에 들지 않으면 좋은 작품이 나올 때까지 혼신의 열정을 다해 써내려 애쓴다.

좋은 서예가가 되려면 글씨를 잘 써야 한다. 그리고 좋은 글귀를 잘 作文, 또는 옛 名詩, 名言을 잘 발굴, 선발해야 한다고 본다. 남헌의 이 같은 좋은 작품 출품과 좋은 글귀 발굴, 열정의 작가 정신이 어디서 비롯된 것인지 곰곰이 생각해 보았다. 남헌은 이런 열정으로 글씨를 쓰는 틈틈이 한문 명시, 명언, 명구가 집대성된 『墨場寶鑑』도 쉼없이 애독한다.

남헌은 올해 팔십으로 1936년생 쥐띠이다. 老顔이라 字典의 잔 글을 못 읽어 큼지막한 돋보기를 손에 들고 자전을 뒤적이는 모습을 보노라면 연민이 느껴진다. 물론 나도 그렇다.

한편 나는 지난 2006년 농촌여성신문사를 창업해 창간호를 발간하면서 남헌의 祝詩를 받아 실었다. 이어 3년간 신년 벽두에 신년 휘호를 받아 게재했다. 남헌의 계속된 신년 휘호를 받아 게재한 덕분인 듯 농촌여성신문은 이제 크게 성장하는 것 같아 남헌의 기여가 고맙기 그지없다.

나는 신문사 일로 현장 취재 차 대구 가까이 가게 되면 여관에 가서 자지 않고, 남헌서예원에 가 그의 곁에 누워 자고 아침밥까지 얻어먹고 나온다. 그의 집인 남헌서예원에 가면 그를 따르는 나이 지긋한 書生을 만나 세상사 얘기를 나누는 재미가 쏠쏠하다. 특히 남헌의 따뜻한 우정과 인품에 이끌려 매일같이 찾아드는 1955년 대륜고교 입학동기 4~5명이 만나 술로 회포를 나누는 시간도 즐겁기 그지없다. 그리곤 남헌 곁 잠자리에 들면서 남헌으로부터 듣는 지난날의 이야기와 자식 기른 이야기를 나누다 보면 우리 둘 사이 우정의 끈이 더욱 튼튼하게 엮어지게 된다.

남헌이 서예가가 된 것은 초등학교 4학년 담임선생의 지도에 힘입어 서예에 눈을 뜨게 되면서였다. 특히 옆의 단짝이 남헌보다 글씨를 잘 써 이를 따라잡으려는 경쟁심으로 서예가의 뜻을 펴게 되었다고 했다. 중학교 졸업 때 전체 2등 성적으로 졸업하여 부상품(副賞品)으로 벼루를 받은 게 서예가의 꿈을 더욱 크게 부추겼노라고 했다. 그 후 남헌은 글씨 쓰는 일이 평생 일상사가 되었다고 했다. 남헌이 글씨를 쓰기 시작한 것이 칠십 여년, 참으로 긴긴 세월 동안 글씨를 쓰고 있다.

남헌의 서예작품 활동은 해서, 예서, 전서를 거쳐 요즈음은 행서와 초서에 몰두하고 있다. 그러면서 남헌은 "글씨 쓰기는 쉽지 않은 일이다."고 했다. 남헌은 서예가로 인생을 마무리하게 되어 기쁘다며 서예가로서 살아온 보람을 다음과 같이 요약했다.

사람이 하는 여가 취미 활동은 여러 가지가 있다. 장기, 바둑은 상대가 없이 혼자서는 할 수 없다. 노래를 부르는 가수는 청중의 박수와 격려 없이는 설 수 없고, 스포츠 선수는 기력과 체력이 옅어지면 힘들다. 프로선수는 40대 이후 하기가 어려우며 은퇴 뒤에는 재기가 어렵다. 그러나 서예는 나이가 들어서도 혼자서 숙달, 발전시킬 수 있다. 숙달의 높은 경지에 들어서면 즐거움과 보람을 얻게 된다. 서예 작업은 늙어 손을 놓았다 해도 솜씨 그대로 지낼 수 있다. 그리고 서예작품을 오래도록 남길 수 있을뿐더러 작품을 통해 자손과 지인으로부터 평가를 얻어내 서예가 삶의 긍지를 갖게 된다고 했다. 그래서 남헌은 서예 작업에 몰두한다고 했다. 남헌은 "여생을 좋은 작품 남기는 데 매진한다."는 말로 이야기를 마쳤다.

나는 이런 남헌의 서예가로서의 풍모가 좋다.

(2015. 12)

남헌 형님과의 오랜 인연들

이효균(협신모직 대표)

내 아호를 '信岡'으로 지어 준 분이 南軒 李尙培 선생이다. 뿐만 아니라 나의 두 손자 이름을 宙泳, 昌泳으로 지어주시기도 했다.

또한 내가 1978년 協信毛織이라는 회사를 세웠을 때, 누구보다도 기뻐하시면서 '協枝信實'이라는 휘호와 함께 明心寶鑑의 말씀을 새겨 '身被一縷 常思 織女之勞 日食三飡 每念 農夫之苦'라는 글을 주시어, 지금도 늘 바라보며 삶의 지표로 삼고 있다. 그리고 1988년 성서에 공장을 또 하나 내었을 때, 공장의 간판과 함께 큰 글자로 써 주신 '誠實'이라는 휘호는 내 생활의 긴요한 좌우명이 되고 있다.

이렇듯 남헌 선생의 자취는 오랜 세월을 두고 내 삶의 커다란 울림이 되어왔다. 남헌 선생과 나는 삼종 형제간으로 남헌 선생은 병자년 섣달 스무사흗날에 태어나고, 나는 무인년 이월 초팔일에 태어 나보다 두 살 위의 형님이다.

이제 형님이 여든의 연치를 기념하여 문집을 내신다며 글을 청하기에 함께 겪어온 세월을 돌이켜 보니, 지난날이 주마등처럼 떠올라 살아온 세월의 무게가 놀랍기도 하고, 지난날들이 아련히 그립기도 하다.

형님은 교육자요, 서예가요, 인격자로서 여러 면모를 지닌 분이지만, 나는 여기서 나와의 인연을 중심으로 형님과 함께 보내온 지난날을 돌아보며 형님의 여든 생애를 기념하고 축복하려 한다.

한 마을 이웃에서 태어나 함께 자라다 보니 다정한 형 아우는 물론이요, 아주 가까운 친구처럼 지내게 되었다. 우리가 촌수나 관계를 떠나 친밀하게 지낼 수 있었던 것은 윗대 어른들의 영향도 컸던 것 같다.

형의 조부모님이신 재종조부모님께서는 나를 늘 친손자처럼 여러 가지로 귀애해 주셨다. 형의 부친이신 재종숙부님과 아버지도 친형제 이상으로 가깝게 지내시면서, 당시 신사업이라 할 수 있는 방앗간 사업을 같이 하시기도 하고, 일제 말기의 압제를 피하여 두 가정이 함께 만주로 이주하여 至難한 삶을 서로 의지하여 도모하기도 하셨고, 8·15 광복, 10·1 사건, 6·25 전쟁이라는 현대사의 거센 폭풍들을 서로 도와 이겨내기도 하셨다.

정부가 수립되어 나라가 안정되면서 지방의회 선거가 시행되자 형님의 아버님이신 재종숙부께서 면의원에 출마하여 당선이 되셔서 면의회 의장까지 지내시게 되는데, 그때 중학생인 나는 아재를 매우 자랑스럽게 생각하며 형과 함께 명함을 들고 지지를 부탁하면서 마을을 돌아다니던 기억이 아직도 생생하다.

형과 나는 여름의 소 풀베기며, 가을 추수, 겨울 땔감나무를 늘 같이 하러 다녔는데, 힘든 일이 있을 때 형은 언제나 나를 도와주려 애쓰던 일들이 정겨운 추억으로 떠오른다. 이런 일들 뿐만 아니라 학교 공부까지 형과 모든 것을 함께 했다.

우리가 초등학교를 졸업할 무렵 고향 해평에는 중학교가 없어서 형편이 나은 사람은 장천의 오상중이나 드물게는 대구로도 나갔다. 우리들 형편으로는 꿈도 못 꾸고 있던 차에 마침 고등공민학교가 생겨 중학과정을 공부할 수 있게 되었다. 이태를 공부하고 있으니 나라에서 공립 중학교 설립 인가를 해주었다. 어른들이 나라 광복을 기뻐할 때보다 더 기쁨이 큰 것 같았다.

초등학교 2년 선배인 형과 함께 2학년에 편입되어 같이 공부할 수 있게 되었다. 학교 설립 초기라 학교 환경조성 작업을 많이 하다가 어느 날 학부모를 모셔서 학예발표회를 하였는데 형은 웅변을 하고 나는 노래를 불렀던 일이 아련한 추억으로 남아 있다.

낮에는 농사일을 하고, 밤에는 공부를 잘했던 형과 함께 호롱불을 켜놓고 주경야독을 하며 고등학교 진학을 준비했다. 그 당시 나는 누님이 대구로 시집을 가서 살고 있었고, 형은 고모님이 대구에 계셔서 진학의 희망을 걸고 열심히 공부했다.

1955년 형은 대륜고등학교에, 나는 대구상업고등학교에 합격하여 부모님들이 기뻐하심은 물론 모교와 지역의 명예를 빛내었다고 칭찬을 받았던 기억이 뿌듯하게 남아 있다. 나는 칠성동에서 누님한테 의지하여 학교를 다니고, 형은 자취를 하며 학교를 다녔다.

이듬해 우리 집은 자식의 교육 문제를 걱정하신 아버님께서 고향의 집과 땅을 정리하여 대구 대봉동으로 조그만 집을 장만하여 이사를 결행하셨다. 집에서 학교를 다니면서 향학열을 불태우며 대학 진학을 위해 학업에 매진했다. 친구와 함께 서울 고려대를 목표로 열심히 공부를 하고 있는데, 의욕은 끓었지만 형편이 허락하지 않아 청구대학 상학과 야간부에 진학하여 낮에는 섬유공장에 취업하여 일을 했다.

형은 군에 입대하여 훈련을 마치고 제5군관 병기중대에 근무하면서 역시 청구대학 야간부 국문과에 진학을 했다. 얼마나 의지가 강했으면 군에 복무를 하면서 대학까지 진학할 수 있었을까. 어느 날 형을 반갑게 만나고 보니, 밤에 학교 공부를 하고 나와서 거처하고 있는 집은 몸도 씻을 수 없는 아주 열악한 곳이었다. 우리 집에 가서 함께 살자고 했다. 그 날로 짐을 챙겨 우리 집에 왔다. 비록 좁은 방일지라도 노는 것도 공부하는 것도 형과 함께 하며 다시 즐겁고 정답게 지낼 수 있게 되었다. 형과는 참 끈질긴 인연이 있었던 것 같다.

형을 우리 집에 두고 나는 1960년 3월 31일 군에 입대하였다. 논산훈련소 신병교육대에서 훈련을 받는 중에 4·19학생 혁명이 일어나 대통령이 하야하는 사건이 벌어졌다. 입대를 하지 않았으면 나도 학생운동에 참여하여 내 운명이 어떻게 달렸을지도 모를 상황이었다.

나는 훈련병 향도를 맡아 열심히 훈련을 받으면서 부모님께는 편히 잘 있으니 걱정 마시고 면회 오실 생각은 마시라고 하였는데, 제5군관구 마크를 단 형이 두 번이나 면회를 와서 무척 자랑스럽고도 기뻤다. 군대 생활의 와중에서도 형과의 인연은 끊이지 않았다.

형은 우리 집에서 나의 빈자리를 채우며 부모님께 아들 노릇을 하고 있었다. 그때 어머님께서는 고향 사람이면 누구라도 반겨 맞아 반갑게 정을 베푸셨다. 어머님은 나를 군대에 보내놓고 하루도 거르지 않고 밤이면 찬물에 세수를 하시고 정화수를 떠놓고 자식의 무사를 비셨다는 이야기를 나중에 형으로부터 들었다. 형은 어머님의 그 모습에 감동을 받아 나중에 형의 아들 광세가 군대에 갔을 때 그렇게 정성을 들였다고 한다. 어머님의 그 정성 덕분에 나는 무사히 군대 생활을 마치고 제대했다. 어머님의 그 정성을 생각하면 너무도 보답을 못한 것 같아 지금도 회한의 눈물이 맺히곤 한다.

1961년 9월에 제대를 하고 집에 오니 형이 나에게 알려주지도 않고 결혼을 했다는 소식이 들렸다. 무척 섭섭했지만, 어느 날 형이 나를 처가로 초대하여 형수와 인사를 나누고, 좋은 대접을 받으며 형의 처남과도 즐거운 시간을 보내면서 서운한 마음을 풀었다. 그때부터 지금까지 서로 친구처럼 '해라'를 해왔던 어투를 형이 어른이 되었다며 '하소'로 바꾸기로 했다. 이제 우리도 서서히 나이가 들어가고 있다는 생각을 했다.

그렇게 지내다가 나는 1963년 2월에 대학을 졸업하고 모직회사에 근무를 하게 되었고, 형님은 해평중 행정실을 거쳐 1965년 청도 금천중학교에 교사로 발령을 받아 안정된 생활을 하게 되었다. 1970년 고향의 모교인 해평중학교로 와서 후배들을 가르치며 고향 교육을 위해 애쓰다가 1972년 3월에 대구 안심중학교로 발령을 받아 대구 생활을 시작하게 된다.

그 무렵 나는 대구 대봉동에서 대현동 경북대 정문 앞에 집을 지어 이사했는데, 형님은 나와 같은 동네에서 살고 싶다며 집을 장만할 때까지 장남 광세를 우리 집에 맡겨 내 딸과 함께 신암초등학교에 입학시켰다. 인연의 줄은 이렇게도 이어졌다.

그 후 형님은 내 집과 가까운 곳에 집을 마련하여 살면서 매일같이 만나 정을 나누었다. 그러다가 나는 범어동에 아파트를 사서 이사를 하게 되었는데, 형님은 그동안에 열심히 살림을 모아 역시 경북대 정문 앞에 빌딩을 세우고 서예연구실을 열게 되었다. 그때나 지금이나, 아니 지난날부터 형님의 살림을 갈무리하는 능력은 우러러 볼만 했다.

그런 세월이 흐르는 동안에 형님은 6남매를 훌륭하게 성장시키고, 특히 막내딸은 미국 유학까지 시켜 세계적인 학자로 키워 가문과 나라의 명예를 빛나게 했다. 그뿐만 아니라 형님은 오랜 교직 생활을 통해 투철한 교육관을 가지고 많은 훌륭한 제자를 키워 냈으며, 형님이 평생을 정진해온 書道를 통해서도 많은 제자, 문하생을 배출했다.

형님은 훌륭한 교육자요 세계적인 서예가일 뿐만 아니라, 어느 사형수에게 서른세 번이나 편지를 하고 직접 찾아가 면회도 하면서 교화에 힘을 쓴 자선가요 인격자이기도 했다.

지난날 형님이 하신 말씀 중에 "남의 것을 탐치 않으면 인생 절반의 걱정은 덜 수 있다."고 하셨던 말씀은 내가 기업의 경영자로서 살아오면서 금과옥조와 같은 말씀으로 늘 새기고 있다. 기업의 경영이란 늘 이해관계로 갈등하고 서로 경쟁해야 하는데 그때마다 그 말씀을 생각하면서 남을 배려하고 양보하는 마음을 잃지 않고 살고 있다.

이제 형님은 결코 짧지 않은 팔십 평생을 사셨고, 나도 불원 팔십을 바라보고 있다. 이제 우리가 더 바랄 것이 무엇이랴. 모든 사심을 다 떨치고, 많이 베풀고 너그럽게 사는 것으로 세상의 은혜를 갚고, 세상을 다하는 날까지 건강한 심신을 유지하여 후세와 이웃에게 짐이 안 되게 하는 일 말고는 무엇이 더 있을까.

형님께 한 가지 더 바랄 게 있다면 형님이 지니신 훌륭한 덕성과 예술적 기능을 뒷사람들에게 잘 물려주어 세상을 더욱 살기 좋고 아름답게 발전시켜 나갈 수 있도록 하는 일일 것이다.

여생에서 그러한 모든 일들을 잘 이루어 내시기 위해서는 심신의 건강을 잘 지켜나가야 할 것이다. 형님의 건승과 건필을 빌며 글을 맺는다.

(協信毛織, 2015. 9)

아름다운 백세를 축원하며

이일배(수필가, 전 인동고 교장)

남헌(南軒) 이상배(李尙培) 선생은 나와 삼종형제 간으로 띠동갑의 형님이다. 형님이 산수(傘壽)를 맞으셨다. 내가 살아온 세월도 가끔 돌아 보일 때가 있는데, 형님이야 오죽하실까.

형님과 나는 몇 가지로 공통점을 가지고 있다. 같은 대학에서 국문학이라는 같은 학문을 전공한 동문일 뿐만 아니라, 또한 교직이라는 동직으로 평생을 살다가 은퇴를 했다. 그리고 형님은 서예와 더불어 예도(藝道)를 걸어오셨고, 나는 어쭙잖지만 문학이라는 예술의 길을 걷고 있다. 우리의 몸속에 그런 공통의 유전자를 함께 가지고 있었는지도 모르겠다. 이름 또한 집안의 항렬자인 '균(均)' 대신에 다 같이 '배(培)'자를 쓰고 있으니, 남들이 보면 친형제간이라 할지도 모를 일이다.

그렇듯 형님과 나는 촌수 이상의 각별한 인연을 가지고 지금까지 살아왔다. 형님의 예술 세계에 대해서야 사계 권위자 분들의 훌륭한 말씀들이 많이 있으실 터이므로, 나와의 인연을 돌아보는 것으로 산수의 기념과 축원으로 갈음하려 한다.

형님은 일찍이 시절의 어려움을 무릅쓰고 고향에서 중학교를 마치고 대구로 유학을 나와 후일 나의 모교가 되는 고등학교에 진학을 하시어 나의 선배가 되셨다. 고등학교를 졸업하고 형님께서 군대생활과 함께 대학 학업을 하게 되셨을 때, 마침 우리 집이 고향 해평을 떠나 대구로 우거하게 되어 형님은 우리 집에서 유숙하게 되었다.

그때는 나는 초·중학 시절쯤 되었을까. 군대 생활과 함께 야간대학에서 학업에 매진하고 있는 형님이 무슨 초능력자처럼 우러러 보였다. 그 힘든 군대 생활과 쉽지 않은 학업을 병행한다는 것이 아무나 할 수 있는 일이겠는가. 난관을 극복하는 용기와 저력은 대단하셨던 것 같다.

그 후 형님은 군대를 제대하고 학업을 마치면서 교직 생활을 시작하게 된다. 금천중학교로 첫 발령을 받은 형님이 보고 싶어 찾아갔을 때, 형님은 학생들에게 전공인 국어뿐만 아니라 미술도 가르치고 계셨다. 일찍부터 서예에 뜻을 두시면서, 그런 미술적 예능에 깊은 관심을 가지셨던 것 같다. 나와 함께 그 학교 교지를 편집했던 일은 아련한 기억으로 남아있다.

그 후 형님은 고향의 모교를 거치며 교직의 이력을 쌓아 가실 때, 나도 군대를 다녀오고 학교를 졸업하고 교사가 되어 교직의 길을 걷게 되는 세월이 흘러갔다. 초임지에서 결혼을 하고 신접살림을 차렸을 때 형님 내외가 나를 찾아 오셨다. 반가운 마음에 밤 이슥토록 환담을 나누다가 편안히 주무시라며 안방을 내어 드리기도 했다. 그 따뜻했던 기억이 지금도 가슴을 훈훈하게 하고 있다.

내가 경주, 구미, 화원, 영해, 군위 등지에서 시골 학교를 전전할 때 형님은 시골 생활을 접고 대구로 들어오셔서 교직을 이으시다가 은퇴를 맞으시게 된다. 그 사이에 형님은 서도(書道)에 계속 정진하셔서 일가를 이루시게 되고, 우리나라뿐만 아니라 중국, 일본을 비롯한 해외에까지 필명을 널리 떨치시게 된다.

형님의 예술 경지가 점점 빛을 더해 가는 사이에 나는 자리와 직위를 바꾸어 가며 울릉도며 의성, 선산, 문경, 구미를 전전하다가 마침내 나도 은퇴자가 되는 세월 앞에 서야 했다. 그 세월 속에서 형님은 동문, 동직의 질긴 인연을 지닌 아우를 잊지 않으시고, 임지를 바꿀 때마다 축하 화분을 보내주시고, 동직 선배로서의 유익한 조언도 마다 않으셨다.

내가 울릉도에서 한 학교를 책임지고 있을 때, 간암으로 명재경각의 위기에 처한 아버지를 위해 저의 간을 기꺼이 제공한 효성 지극한 한 학생이 있었다. 이 사실을 안 형님이 대구의 독지가들에게 호소하여 성금을 모아 그 학생에게 전하게 하고, 손수 '분신활친효지감(分身活親孝之鑑)'이라는 휘호를 주시어 칭찬하고 격려하셨다. 이것은 형님의 그 효행에 대한 감동에서 비롯한 것이지만, 나를 위하고 격려해주시고자 하는 마음도 크셨을 것이다.

50년이 넘는 역사를 가진 학교에 여태 교훈비가 없었다. 내가 교훈비를 세우리라 하고 형님께 교훈 휘호를 청했더니 기꺼이 응해주셨다. 글자는 거석에 깊이 각자 되어 지금도 그 교정 한가운데 늠름히 서있다. 귀한 글자를 주신 것도 아우를 위한 배려임은 물론이다.

형님의 예술세계는 더욱 찬란한 빛을 더해 갔지만, 형님은 훌륭한 예술인일 뿐만 아니라 지성한 부모요, 충실한 생활인이시기도 했다. 슬하에 둔 육남매를 모두 훌륭하게 성장시키고, 성가시켜 제 할 노릇 잘 하며 살아갈 수 있게 했을 뿐만 아니라, 특히 늦둥이 막내딸은 미국 유학(25세에 수학박사)을 거쳐 과학자가 되어 현지인과 결혼하여 국위를 선양해가며 인류 문화 발전에 기여하고 있다고 하니, 형님의 성실한 삶의 한 결실이라 할 것이다.

울릉종고 교정에 세운 교훈비

그뿐만 아니라 형님은 이재(理財)에도 결코 소홀하지 않은 생활인이었다. 적수공권의 소싯적 난관을 극복하고 착실히 공을 쌓아 지금은 승강기가 있는 빌딩의 주인으로서 평생의 예업(藝業)으로 삼고 있는 서도를 위한 공간인 서예연구실을 경영하고 있으니, 재복도 이만하면 남부럽지 않다 할 것이다.

이러한 공덕을 이루어 낼 수 있었던 것은, 물론 형님의 노심만으로 이루어진 것은 아니었을 것이다. 형수님의 지성어린 내조의 공이 없었다면 자식들인들 어찌 훌륭히 키울 수 있을 것이며, 세간 하나하나에 묻어있는 형수님의 정성스런 손길 없이 어찌 오늘 같은 가업을 이룰 수 있었겠는가.

지금 산수를 맞고 있는 형님은 지나온 세월을 돌아보며 얽히고설킨 만감에 젖으실 것이다. 사람이 자신의 삶을 돌아보면서 '난 참 성공적으로 살았노라'고 자평하기는 쉽지 않은 일이겠지만, 내가 볼 때 형님은 인생을 아주 성공적으로 경영하신 것 같다.

자식들 다 잘 건사하셨고, 예도의 일가를 이루셨고, 거기에 따라 빛나는 명예도 쌓으셨고, 생활에 불편 없으실 만한 살림도 지니셨으니 이제 무엇을 더 바라고 욕심내시랴. 형님께서 더 깊이 생각하시겠지만, 바라건대 이제 형님이 하실 일은 모든 것을 내려놓는 일이다. 이제야 말로 자연의 생애를 사실 일이다.

연치 높으신 형님 앞에 외람된 말씀이지만, 나도 지금 한 생애를 은퇴한 처지로 모든 것을 내려놓고 바람소리, 새소리와 더불어 물과 나무와 함께 살고 있으니 삶의 바람결이 이리 신선하고 청량할 수가 없다. 새소리로 눈을 뜨고 바람소리로 잠을 청하는 하루가 이토록 삽상할 수가 없다.

하물며 이룰 것 다 이루신 형님께서야 이제 새삼스레 무슨 성취욕이며 명예욕, 물욕 같은 것들이 무엇에 소용이 있다 할 것인가. 여생을 거저 함께 해온 서도에만 침잠하시면서 고요하고 너그럽게 사실 수 있다면 이보다 더 좋은 삶의 경지가 어디 있으랴.

물론 내가 이런 말씀을 드리지 않아도 형님의 성성하고 고운 백발처럼 정결한 생애를 여미고 계시리라 믿는다. 이렇게 지나온 한 생애를 돌아보시며 그간의 자취를 모아 문집을 꾸미시려 하는 것도 방하착(放下着)을 위한 숨 고르기를 하시는 일이라 믿고 싶다.

지금까지 형님께서 건강한 심신으로 살아오실 수 있었던 것도 예업으로 닦은 맑은 정신세계의 효용 덕분이라 생각하며, 그 맑은 심신이면 백세도 능히 이루실 것은 물론이겠다.

백세로 가는 아름답고 편안한 길을 위하여, 세속의 모든 것을 다 떠나 오로지 예도에만 마음을 모으는 그윽한 도인(道人) 형님의 풍모를 다시 그리면서 이 글을 맺는다. 형님의 아름다운 백세를 축원 드린다.

(2015. 6. 1)

저는 평생 선생님을 존경합니다

안병술(전 기업은행 지점장)

제가 이상배 스승님을 만난 것은 1966년 3월 5일 청도 금천중학교에 입학하면서 였습니다. 당시 신입생으로 남학생 21명, 여학생 40명으로 개교 이래 최고로 여학생이 많이 입학한 해였습니다. 국어 담당 이상배 선생님이 1학년 2반 저의 담임을 맡으셨습니다.

입학한 친구들 중에는 집이 멀어 학교 근처에 방을 얻어 자취하는 학생도 꽤 있었습니다. 저는 집이 멀어도 10리가 넘는 길을 걸어 다녔습니다. 학교 가까이 있는 친구들은 제가 등하교하는 시간 동안 시험공부도 열심히 할 수 있었기 때문에 저는 긴 등하교 시간에라도 영어 단어를 외우며 열심히 공부하지 않을 수 없었습니다.

입학하고 봄 소풍을 운문사(雲門寺)로 정하고 고개를 굽이굽이 넘어 걸어서 가게 되었는데, 전원이 참석하였고 여학생 일부는 교복을 입지 않고 왔는데도 재미있게 놀았던 일이며, 가을소풍 때는 해마다 겨울 난방용 땔감을 준비 겸 토끼몰이를 했던 일이며, 1학년 어느 날 휴식시간에 교실에서 너무 시끄럽게 장난치고 소란스럽다고 책상 위에 올라가서 의자를 들고 오랜 시간 동안 벌을 심하게 받았던 기억, 비가 오는 어느 수업시간에 상여(喪輿)를 메고 가는 소리를 선생님께서 들었고, 한 편의 한시(漢詩) "空手來空手去 世上事如浮雲 成墳土客散後 山寂寂月黃昏"를 칠판에 쓰시더니 전원 외우라고 하시며 큰소리로 읽은 일(저는 아직까지 잊어버리지 않고 있습니다. 그런 일은 수업 시간에 종종 있었습니다. 저 또한 선생님의 배려 깊은 지도로 1학년 2학기를 마치고 1등 성적표를 받아 들고 기뻐했던 일)이 아직도 기억에 남습니다.

특히 영원히 잊지 못할 선생님과의 일은 제가 2학년이던 가을, 서울로 간 4박5일 수학여행입니다. 사실 저는 가정 형편이 어려워 여행을 가지 못하겠다고 담임 선생님(2학년 때는 저희 담임 선생님이 아니고, 2학년 1반 담임 선생님이셨다.)께 말씀드렸었는데 1반 담임이신 선생님께서 저를 부르시곤 "너는 여행경비를 내지 않아도 된다. 그냥 여행 준비해서 가자."고 말씀하셨습니다. 저는 어린 마음에 아무런 내용도 모르고 마냥 기쁜 마음으로 따라가게 되었습니다.

몇 년이 지나고 나서야 그때 선생님께서 대납(代納)하셨다는 말을 듣고는 가슴이 뭉클하고 어떻게 해야 할지 몸둘 바를 몰랐습니다. 저는 아직도 그 빚을 갚지 못하고 있습니다.

여행은 선생님을 비롯하여 몇 분의 선생님과 학생은 저를 포함하여 총 121명 중 77명(남 51명, 여 26명)이 가게 되었는데, 그 당시 서울 수학여행의 즐거웠던 마음은 지금도 몇 장의 빛바랜 사진을 통해 아련히 떠오릅니다.

서울 남산을 비롯하여 덕수궁, 경회루와 지금은 없어진 정부중앙

청사, 동작동 국립묘지와 청와대, 인천 맥아더 장군 동상. 그리고 송도 앞바다와 월미도, 인천시청 등 정말 짧은 시간에 많은 것을 구경하였습니다. 여행 기간 동안 선생님께서는 흰 고무신을 신으시고 저희 학생들과 함께 대부분을 걸어 다니며 여러 곳을 구경하였습니다.

3학년 때에도 선생님께서는 저희 반 담임 선생님은 아니었습니다. 저는 전교 학생회장으로 선생님과 함께 대표로 청도군에 있는 청도, 이서, 풍각 등 3개 중학교를 방문했던 일과 과학 담당 장재홍 선생님의 갑작스러운 별세로 청도군 풍각에 가서 선생님이 지어주신 조사를 읽던 일 등 저에게는 더욱 선생님을 잊을 수 없게 하는 순간들이 많았습니다.

특히 3학년 때는 고등학교 입시를 위해 학교에서 별도로 개별수업료를 내고 방과 후 과외수업을 하였습니다. 선생님께서는 저에게 수업료를 받지 않을 테니 수업을 받으라고 하셨습니다. 저는 학교에서 집까지 멀어서 수업을 받을 수는 없었으나 선생님의 사려깊은 마음을 영영 잊을 수 없는 일이었습니다.

그렇게 선생님의 은덕으로 중학교 생활을 마치고 저는 고등학교 입학을 위해 부산으로 오게 되었습니다. 그 당시에는 고등학교 입학시험 발표 전에 1969년 1월 25일 졸업식을 하게 되었는데, 졸업식은 교실 두 칸을 틔워서 했습니다. 선생님께서 제 옆에 앉으셔서 "자네가 졸업 성적이 총점 1점 차이로 1등으로 교육감상을 받게 되었다."고 하셨는데, 그 순간 아찔한 생각이 들었던 게 기억납니다.

졸업 후 상당한 시간이 흐르고 말씀해 주시기를, 다른 선생님들이 1점 차이이니 성적표를 고쳐 육성회장의 아들인 선생님 반 학생에게 주면 어떻겠느냐는 유혹을 받았으나 도저히 그렇게 할 수는 없어 그대로 저에게 수석 졸업이라는 영예를 안겨 주시게 되었다고 하셨습니다. 선생님께 더욱 존경스러운 마음을 갖지 않을 수 없었습니다.

그뿐만 아니라 그 후로도 제가 50사단의 훈련병 시절에 중대장님께 연락하셔서 신병생활에 애로사항이 없느냐고까지 신경을 써 주셨습니다. 덕분에 무사히 훈련을 마친 일 등 선생님의 그 고마우신 마음을 저는 도저히 헤아리지 못할 것 같습니다.

제가 학업을 마치고 사회생활을 하는 동안 선생님과는 꾸준히 연락을 이어 오면서 그동안의 감사와 존경스러운 마음을 담아 선생님께 군 제대 후 은행에 복직하여 첫 월급을 받아 잠옷 한 벌을 사드린 것과 가끔 국전에 입선되어 서울에서 식사와 숙소를 마련해 드린 일, 부산으로 초청하여 횟집에서 여러 동기 동창생들과 함께 은수저 두 벌을 선물로 드린 일 등이 있었습니다.

하지만 선생님께서 저에게 베풀어주신 은혜에 비하면 너무나 보잘것없는 것으로 생각됩니다. 그보다 더 중요한 것은 선생님께서는 저에게 평생 잊을 수 없는 인생의 한 부분을 차지하고 계신 분이라는 생각이 듭니다. 그래서 저는 선생님께서 잊지 않으시고 보내주시는 친필 연하 엽서와 액자, 각종 편지 등을 모아 놓고 있습니다. 앞으로 가끔 서예전을 하실 때와 기회가 있을 때마다 항상 찾아뵐 것을 약속드립니다.

제가 이렇게 두서없이 존경하는 선생님과의 아련한 추억을 더듬어 보며 몇 자 적어 보았습니다. 너무나 부족한 점이 많은 저를 선생님께서 너그러우신 마음으로 이해와 용서를 바라오며 저는 평생 선생님을 사랑하고 존경합니다. 항상 건강하십시오. 그리고 팔순기념문집 출간을 축하드립니다.

(금천중 18회 졸업생, 2015. 10. 8)

少年易老學難成
—南軒 李尙培 恩師님을 기리며

尹元求(세종특별자치선관위 상임위원)

사람은 누구나 인생을 살아가면서 여러 사람으로부터 배우고 영향을 받는다. 어려서는 부모 형제, 배움의 시절에는 선생님, 사회에 나가면 선배들로부터 삶의 귀중한 가르침과 교훈을 얻는다.

내게 있어 인생 최고의 스승님은 남헌 이상배 은사님이라고 주저 없이 말할 수 있다. 선생님은 내가 중학교 3학년 때 담임이셨고, 국어 과목을 가르치셨다.

내가 자란 곳은 경북 구미(당시에는 선산군)의 변두리 지역으로 전기도 들어오지 않은 가난한 농촌 마을이었다. 어려서부터 공부는 조금한다는 소리를 듣던 나는 우리면 지역에는 중학교가 없어 이웃 면에 소재한 해평중학교에 입학하였다. 1, 2학년 때까지는 선생님이 전해주는 지식을 쫓아 공부만 열심히 했지 과연 인생을 어떻게 살아가고 무엇을 위해 살 것인지에 대해서는 별로 생각해보지 못했었다.

선생님은 모교의 1회 졸업생으로 나의 선배이기도 했다. 선생님을 만나고 나서 인간이 어떤 마음가짐과 가치관을 가지고 살아야 할 것인지를 처음으로 깨달았다.

"소년이로학난성(少年易老學難成) 일촌광음불가경(一寸光陰不可輕)" 주자의 『주문공문집』 권학문에 나오는 첫 구절로 교과서엔 없는 것이다.

선생님은 3학년 초 수업시간에 이 경구를 들려주시며, 배움에는 때가 있으니 젊은 시절에 부지런히 공부하라고 말씀해주셨다. 또 "양기발처금석여투(陽氣發處金石亦透), 정신일도하사불성(精神一到何事不成)"이라는 구절을 강조하시고, 결심을 단단히 하고 정신을 집중하여 전력을 다하면 어떤 난관이라도 극복하고 무슨 일이든 이룰 수 있다고 지도해 주셨다.

스승님의 이 가르침은 아무것도 모르던 어린 내게 큰 울림으로 다가왔고, 평생의 지침이 되고 금과옥조가 되었으며, 삶에 용기와 희망을 심어 주었다.

나는 하나의 목표를 세워 쉬지 않고 부지런히 노력하면 무엇이든 이를 수 있다는 믿음을 갖고, 장차 공직자를 꿈꾸며 배움의 길에 매진하게 되었다.

그래서 대구·경북지방 전통의 명문인 경북고등학교에 입학하게 되었고, 영남대학교를 4년간 학비 면제와 장학금 지원을 받으며 공부할 수 있게 되었다.

대학 졸업 후 평소 꿈이었던 공직(선거관리위원회)에 입문하여 현재 32년 넘게 공명선거 정착에 힘쓰고 있으며, 차관보급의 고위 공직자로서 청렴과 공정을 본분 삼아 국리민복을 위해 작은 힘이

나마 보태고 있다.

스승님께서는 나의 결혼식 주례도 맡아주시어 결혼 31년 차인 우리 가정이 지금까지 무탈하게 작은 행복을 누릴 수 있도록 성원해 주시고 이끌어 주셨다.

이 모두가 스승님의 가르침과 베풀어주신 은혜 덕분이라 아니할 수 없다.

선생님은 한학과 국어국문학에 능통하시고 서예가로서 중국 계림에 작품비가 있고 국전 초대작가로 국전심사위원을 역임하시는 등 현재까지도 작품 활동과 후진 양성, 한·중 서예교류전, 사회봉사 등 젊은이 못지않게 왕성한 활동을 하시고 계신다.

한 스승의 가르침은 수많은 학생들에게 결정적인 영향을 미친다. 오늘날 교사의 권위가 떨어지고 있다는 우려스런 지적도 있지만 진정한 교사로서의 자세를 가지고 제자를 자식처럼 아끼며 지식뿐만 아니라 참 인생살이도 함께 가르치는 인성교육에 힘을 쏟는다면 교사의 권위는 바로 설 수 있으리라 여겨진다.

이런 의미에서 선생님은 참된 스승의 모범이셨고, 내 인생 최고의 스승이며 가장 존경하는 선배라고 감히 말씀드릴 수 있다.

선생님, 너무나 고맙고 감사합니다.
사랑합니다. 선생님.
(2015. 3. 20, 해평중 18회 졸업생)

선생님을 생각하면 '열정'이란 단어가 먼저 떠오릅니다

채영화(안심중 3회 졸업생)

선생님은 중학교 1학년 때 담임이셨습니다.

놀고 싶어 엉덩이 들썩이는 철없는 저희들을 붙들어 앉혀 놓고, 매일 방과 후 1시간씩 한시를 가르쳐 주시던 선생님. 투덜대며 억지로 공부하다 선생님의 호통을 들었던 그 시간들이 얼마나 소중한 가르침이었는지, 그때 배운 한시가 인생을 얼마나 풍요롭게 해 주는지 날이 갈수록 감사함이 깊어집니다. 열심히 공부하라고 가르쳐 주시던 주자의 「권학」 시는 지금도 기억에 남아있습니다.

莫謂當年學日多
無情歲月若流波
青春不習詩書禮
霜落頭邊恨奈何

배우는 날이 많다고 말하지 말라

덧없는 세월이 흐르는 물과 같다
젊어서 시서례를 익히지 않으면
늙어서 한한들 어찌하리

40년이 훌쩍 지났지만, 지금도 중학교 때 친구들을 만나면 그때 너희 반이 참 부러웠다고, 선생님의 제자가 되고 싶었다고 말한답니다. 제자를 위해 쏟아주셨던 선생님의 열정은 지금도 저희들의 자랑입니다.

선생님의 열정은 제 인생의 멘토였습니다.

학급회장 선거가 있던 날, 책상 위에 놓여 있던 일기장을 보시고 장례식 장면을 쓴 '눈물'이란 제목의 글을 극찬해 주셨습니다. 회장이 되지는 못했지만, 선생님의 칭찬을 마음에 새긴 저는 지금까지도 일기를 쓰며 자신을 돌아보는 사람으로 살고 있습니다.

고등학교에 입학하던 해 봄, 몇몇 친구들과 선생님을 모시고 앞산을 올랐을 때, 오솔길 옆에서 좌판을 펴고 있던 할머니의 쑥떡을 사 주신 선생님, 집안 형편으로 원치 않던 상업학교에 진학하여 허기져 있던 제 마음을 채워주시고 격려해 주셨습니다.

여고를 졸업하고 직장에 다닐 때, 선생님의 서예 전시회에 갔다가 자기 계발을 위해 끊임없이 노력하시는 모습을 본받고 싶어서 교육대학에 진학하여 교직을 택하게 되었고, 스스로에게 부끄럽지 않은 교사로 살기 위해 노력했습니다.

TV에서 가훈쓰기 서예작가로 활동하시는 모습을 뵈었을 때는 얼마나 기뻤는지 모릅니다. 당당하고 멋있는 우리 선생님! 한 분야에서 경지를 이룬 분의 멋진 풍채를 갖추셔서 선생님처럼 나이 들어가야겠다는 생각을 하게 되었습니다.

대백갤러리에서 열린 선생님의 고희전을 찾았던 날, 수십 년의 세월을 뛰어 넘어 단번에 이름을 불러 주시던 선생님. 저도 제자들 앞에서 당당하게 이름을 불러 줄 수 있는 교사가 되고 싶었습니다.

아내가 되고 엄마가 되고 며느리가 되어 정신없는 세월을 보내면서 어쩌다 선생님 집앞을 지나치게 될 때면 '아, 저기 우리 선생님이 계시는 곳이지.' 한번 찾아뵈어야겠다고 벼르기만 하던 남헌서실, 작년에 옛 친구들과 함께 선생님의 서실을 찾았습니다. 삶의 흔적이 고스란히 남아있는 서재에서 옛날 저희들을 가르칠 때 쓰셨던 학급경영록을 보여 주셨습니다. 깨알 같이 적힌 시험 성적, 주소록, 행동발달……. 기억도 안 나는 옛 친구들을 하나하나 되새겨 주셨습니다. 아! 선생님이 저절로 되는 건 아니구나. 우리들 하나하나가 오랜 세월 동안 선생님 가슴 속에 살아 있었구나.

언제나 당당하게 살아오신 선생님의 이야기를 들으면서, 어린 시절 쓰던 공책의 지워진 빈칸에 선생님의 말씀이 또렷이 채워지는 것 같았습니다. "출세를 못 해도, 일등이 아니어도, 부자가 못 되어도, 당당하게 살아라."

행복한 교사로 35년간 교직 생활을 할 수 있었던 건 선생님의 열정이 밑그림을 그려 주셨기 때문입니다. 선생님을 만난 것이 저 혼자만의 축복이 아니라 제가 가르치는 아이들의 축복이기도 합니다.

선생님, 감사합니다. 그리고 사랑합니다.

지금 모습대로 늘 건강하시고 행복하시길 축원드립니다.

(2015. 5)

나의 인생을 바꾸어주신 선생님

여희광(전 대구광역시 행정부시장)

40여 년 전 이상배 선생님을 만난 것은 저에게는 행운을 넘어 인생이 바뀐 운명의 만남이었습니다.

그 당시 대구 경일중학교에 입학하여 꿈도 없고 패기도 없이 그냥 조용히 앉아있기만 하던 존재감 없던 제가 3학년 담임 선생님으로 이상배 선생님을 만나게 됨으로써 새로운 인생이 시작되었습니다. 그 당시 저는 사람 앞에 감히 서지 못하는 대인공포증이 있어서 일어서서 발표는커녕 학급회의 진행도 할 수 없는 소심하고 우울한 소년이었습니다.

선생님께서 어느 봄날 저에게 그 당시 교장선생님(고 고봉설 교장선생님) 퇴임식이 있으니 송별사를 제가 하도록 했다는 말씀을 주셨습니다. 마땅히 송별사는 전교학생회장이 하거나 그만한 능력이 되는 학생이 하는 것으로 생각했던 저로서는 도저히 용기도 나지 않았고 이해도 되지 않아 한사코 거절했습니다. 선생님은 꼭 우리 반 학생이 해야 한다며 저에게 힘을 내라고 용기를 주셨고, 끝

내 그날이 다가오고야 말았습니다.

모든 반 학우들은 그날 하루 수업 하지 않는다고 좋아했지만 저는 그날이 점점 다가올 때마다 두려움과 걱정으로 잠을 이루지 못했습니다. 한 번도 많은 사람 앞에 서 보지 못했고, 그것도 단상에 올라가서 많은 사람을 향해 송별사를 한다는 것은 고통 그 자체였습니다.

마침내 그날이 왔고 그 당시 존경받았던 교장선생님 퇴임식이었으므로 많은 내빈과 전교생이 모인 자리에서 제 이름이 호명되었습니다. 그 이후 제가 단상에 올라가 송별사를 어떻게 하고 내려왔는지……. 온몸에 식은땀 밖에는 기억나지 않았지만, 신기하게도 그일 이후에는 어떠한 모임이나 장소에서도 떨림 없이 제 자신을 자신 있게 표현을 할 수 있는 담대함과 여유가 생겨났습니다.

지금은 없어진 서부극장에서 졸업식 때 제가 대표로 답사를 하게 되었습니다. 그때는 처음보다 마음이 더 커졌으니 선생님이 아니었다면, 또 국어 선생님이 아니었으면 어떻게 두 번이나 학생대표로 전교생 앞에 설 수 있었을까 하는 생각이 듭니다.

그 후 고급공무원이 되어야겠다는 나의 꿈도 갖게 되었고, 고등학교 진학 후에도 학생 간부로 활동하게 되었고, 군대생활도 장교생활을 함으로써 많은 사람을 리드하는 지도자로서의 자질을 갖추어가게 된 평생 잊을 수 없는 사건이었습니다.

또한, 선생님은 수업시간에 시간 날 때마다 朱子의 勸學文에 나오는 "소년이로학난성하니 일촌광음불가경이라 미각지당춘초몽인데 계전오엽이추성"이라는 한시를 늘 외우게 하시면서 면학에 힘쓰게 하셨습니다.

지금도 이 시구는 저가 늘 암송하며 저의 아들, 딸에게도 늘 강조하고 있습니다. 또한, 선생님은 조직은 단결해야 하고 한 번 같이 정한 목표는 꼭 지켜야 한다는 교훈을 심어주셨습니다.

3학년 시작 날 선생님께서는 우리 반(3학년 4반) 전체가 올 한 해 전부 개근상을 받도록 하자고 제안하셨고, 우리 모두 동의했었습니다. 그러나 졸업이 거의 다 되어갈 쯤 한 명이 학교에 출석하지 않았습니다. 여기서 포기하면 안 된다고 저와 선생님이 그 학생이 있을 만한 데를 힘들게 찾고 찾아 학교로 데리고 와서 결국 학급 전원이 개근상을 받는 전무후무한 성과를 이루어냈던 기억이 납니다. 그때의 경험은 제가 공직생활에서 목표를 정하고 이를 달성하는데 큰 교훈이 된 사건이었습니다.

또 하나 잊을 수 없는 일은 제가 대학 진학을 원하던 명문 1차 대학에 실패하고, 2차 대학에 입학하고 난 후 실의에 빠져 방황하고 있을 때(특히 그 당시에는 민주화를 위한 학생데모가 심해서 늘 휴학과 휴강이 다반사일 때라) 학업에 신경도 못 쓰고 그냥 사회 불평에만 빠져있던 저에게 꼭 명문대학을 가야만 되는 것이 아니라 노력만 하면 얼마든지 행정고시에 합격할 수 있다고 저에게 고시공부를 권해주셨고, 그 길로 마음을 다잡고 공부에 열중해서 제가 입학한 대학에서 4학년 재학생으로서 당당히 합격하는 영광을 얻게 해주셨습니다. 제 합격소식을 접하시고 얼마나 기뻐하시던지 그 모습이 아직도 생생히 기억됩니다.

제가 공직자의 길을 걸을 때도 기회가 될 때마다 늘 "남의 돈은 절대 받지 말고 오직 청렴하게 하라, 윗사람도 중요하지만 특히 청소부 아주머니 등 가장 어려운 직원들을 잘 챙겨야 한다"는 말씀을 해주셨습니다. 제가 공직을 무사히 마칠 수 있게 된 것도 그 말씀 덕분으로, 선생님의 말씀을 좌우명으로 삼은 덕분이라고 생각합니다.

새해를 맞이할 때면 저에게 손수 한 해 공직자로서 다짐해야 할 경구나 좋은 글들을 정성스럽게 한지에 적어주셔서 늘 책상 앞에 놓고 마음을 다잡게 해주셔서 얼마나 고마우셨는지 모릅니다.

그러나 정작 저는 그 큰 스승님의 은혜를 받고도 바쁘다는 핑계로 안부 전화 제대로 하지 못한 무정한 제자가 되고 보니 정말 죄스러울 따름입니다.

선생님 고맙습니다. 부모님은 저를 낳아주셨지만, 선생님은 저의 인생을 새롭게 낳아주셨습니다. 선생님을 만나게 해준 저의 운명이 너무나도 다행이고 행운이었습니다.

선생님 늘 건강하시고 만수무강하십시오.

(경일중 20회 졸업생, 2015. 9. 16.)

태산보다 높은 스승님

조성구(경일중 20회 졸업생)

어저께 우수이더니 내일은 정월대보름이라고 합니다. 이것도 나이라고 쉰여덟 나이에 우수에 젖어 어릴 적 대보름날을 회상해 봅니다.

구미시 해평면 도리사 절 밑 동네에서 태어난 저는 초등학교 입학부터 대구로 유학하게 되었습니다. 아버지의 유일한 남매였던 고모(1남 1녀 중 누님)의 애틋한 애정이 육남매의 막내였던 저를 대구로 데리고 가서 공부시키겠다고 말씀하신 덕분(?)이었습니다. 물론, 보다 좋은 환경에서 세세한 보살핌을 받았었지만, 저로서는 부모님의 사랑이 무엇인지 모르는 외톨이로서, 오직 공부밖에 모르는 이기적인 성향을 표출하는 고집불통이었던 유년시절의 기억만이 그려집니다.

1972년 유신헌법 탄생의 당위성을 알리려고 골목마다 표어와 포스터로 도배되었던 초등 6학년 즈음에, 드디어 아버지는 시골농사를 접으시고 대구로 이사하시는 결단을 내렸습니다. 돌이켜 보면 고아 아닌 고아로 외롭게 자란 저로서는 부모님과 함께 생활한다는 것이 세상을 다 얻은 기쁨이었고, 정월대보름 어느 날 비로소 부모님의 따뜻한 자식사랑을 확인할 수가 있었습니다. 이른 아침에 저를 깨우시더니 호두나 땅콩 등으로 부럼깨기를 가르쳐 주셨고, 마치 생일인냥 오곡밥에 산나물을 먹이시고, 저녁에는 휘영청 뜬 보름달을 보며 한 가지 소원을 말하게 하였습니다.

부모님과 함께 살았던 원대동은 대구지만 변두리인지라 그때만 하더라도 쥐불놀이가 성행하여 애들과 실컷 놀고 느지막이 집에 들어서는데, 좁은 장독대 한켠에서 냉수 한 그릇 떠놓고 무릎 꿇은 채로 보름달을 향하여 신령님께 아들의 건강과 성공을 간절히 비는 어머니의 모습을 우연히 훔쳐보게 되었습니다.

"우리 막내아들 무탈하게 자라게 하시고, 장차 훌륭한 사람되게 하소서."

이러한 기억이 저에게는 정월대보름이면 떠오르는 영상으로 남게 되었고, 여기에다 오버랩되는 영상이 성장해 가면서 하나 더 생겼습니다.

중 3 때 담임을 맡으신 이상배 선생님께서 저의 학창시절로서는 최초가 되는 가정방문을 하시었고, 선생님과의 만남 이후로 아버지는 선생님이 우리와 같은 해평이 고향이고 어느 어른의 자제분이시며, 우리 집안처럼 대대로 내려오는 양반 가문이라는 것도 알려주었습니다.

"인연이 이러하니 열심히 공부하고, 집안의 누가 되지 않도록 하여라."

그때는 사실 귀담아 듣지 않았지만, 선생님의 특별한 배려로 제 생애 첫 장학금을 받았을 때와 고등학교와 대학교에 다니며 나름 방황하고 있을 때, 입대를 위해 대학을 휴학하고 서예를 배우겠다고 선생님 서실에 다닐 때나, 집사람과 결혼을 하기 위해 주례를 부탁드리러 갔을 때에도, 결혼하고 첫애 돌잔치에 선생님께서 오셔서 은수저를 선물하셨을 때에, 그 후로 스승의 날을 즈음하여 간간히 선생님을 뵈었다고 말씀드릴 때나, 당신께서 돌아가시기 전까지 문안드리러 갔을 때도 아버지는 늘 선생님의 근황과 다음과 같은 당부 말씀을 잊지 않으셨습니다.

"열심히 사는 모습을 보여 드리고, 스승님께 누가 되는 행동을 하여서는 아니 된다."

이러한 아버지의 말씀에 조금은 영향이 있었다 할지라도 저는 언제부턴가 선생님의 표현보다 스승님으로서 존경할 수밖에 없는 실체적 일들을 많이 겪게 되었습니다.

담임을 맡게 된 선생님은 첫 조례시간에 우리에게 공부 잘하는 학생보다 성실한 학생이 되기를 강조하시며 무엇보다 일 년 동안 결석 없는 학급을 만들자고 약속하셨고, 그 약속을 기어코 실행하시어 전원이 개근상을 받게 된 졸업식 날 우리 모두를 숙연하게 만드셨습니다.

그뿐만 아니라 날마다 반복되는 종례시간에는 공자, 주자, 맹자, 등 성현들의 말씀을 칠판에 한시로 옮겨 적으시고 풀이한 노트를 초등학생들의 준비물 노트마냥 가지고 다니게 하셨고, 주옥같은 내용에 감읍하도록 질풍노도의 우리에게 부모님처럼 훈육하셨습니다. 또한, 간혹 학생의 본분을 어기며 빗나가는 애들이 있으면, 비록 다른 반 학생이라 할지라도 소위 '몽둥이 타작'을 서슴치 않으셨는데 전교생들 사이에서도 '떴다 호랑이'로 지칭될 정도였습니다. 40여 년이 지나 졸업동기생들 모임에서 선생님께 한 번이라도 맞아보았던 친구들 사이에 회자되는 말이 있습니다.

'이상배 선생님의 몽둥이 타작은 실로 엄청났지만, 그것은 몽둥이 보약이었다.'

또한, 선생님께서는 졸업이라는 석별의 정을 나눈지 3년이 지났음에도, 고등학교에 발령받아 근무하실 때에도, 매년 똑같은 제자들이 탄생하였을 진데도, 그들이 예비고사는 잘 봤는지, 어느 대학에 진학하였는지 꼼꼼히 챙기시는 모습을 뒤늦게 알게 된 저희는 선생님의 자상한 성품에서 나오는 큰 은혜와 놀라운 기억력에 감동하지 않을 수 없었습니다. 강산이 4번이나 바뀐 지금도 선생님께서는 우리들의 이름으로 무슨 한자를 쓰는지 알고 계셨으며, 너희들 동기는 누구누구이고 당시에 애를 먹인 친구는 누구였는데 연락이 되냐고 물으실 때, 저희는 하나같이 대답은 하지 못하고 선생님의 천부적인 기억력에 감탄하고 또 감탄하였습니다.

제가 입대를 하기 위하여 휴학을 하고, 서예를 배우고자 선생님 서실에 들락거릴 때도 선생님은 촌각의 중요성을 일깨워주시며 항상 근면 성실함을 느끼도록 제게 몸소 실천하시는 모습을 보여주셨습니다. 어느 한시를 추사체로 완성하기 위해 수십 번이나 연습하시는 광경을 보아온 저로서는 그 작품이 그 작품으로 이미 완성의 단계를 넘어섰다고 생각하였지만, 선생님께서는 미흡하셨는지 다시 수십 번을 더 작업에 몰입하셨는데, 그때 저는 소름 끼칠 정도의 감읍과 감명을 받았습니다.

드디어 한 작품을 완성하시고 서실 모퉁이 어느 포장마차에 저를 동참시켜서 밤새워 즐기시는 술은 말술을 넘어서기 일쑤였고, 젊디젊은 저를 녹다운시키는 대포 같은 거인이셨습니다. 자천타천으로 술 좀 한다는 소리를 들은 저로서 선생님을 이기고자 이를 악물었지만, 포장마차 뒤편에서 두 번씩이나 토를 하고 실신했었던 초라함을 경험한지라 지금도 그 일을 생각하면 쓴웃음을 짓게 합니다.

그리고 선생님께서 지금까지 아실리가 전혀 없는 일화가 또 생각납니다. 어느 해 스승의 날, 여희광(전 대구시 행정부시장)이와 둘이서 선생님 자택을 방문하였는데, 선생님께서 서실 밑 민속식당에서 사주신 막걸리를 똑같이 나눠마시고 취하여 식당바닥에서 신발을 벗고 '스승님 감사합니다.' 큰절을 올린 것까지는 좋은 추억입니다만, 그날 대리를 불러 친구와 둘이서 제 차를 타고 오다가 남부정류장 희광이 집 근처에서 정차를 요청하고 내리기 위해 차를 세울 때쯤, 뒷자리에서 어깨동무하며 왔던 우리는 누가 먼저랄 것도 없이 동시에 합동으로 토를 하여 제 차를 엉망진창으로 만들었던 사건이 있었습니다. 그날도 둘이는 머리를 맞대고 중얼거렸습니다.

"역시 스승님은 오르지 못할 큰 산이다."

그런 추억을 나눈 둘도 없는 친구 여희광이 스승님보다 앞서 저세상으로 떠나는 불운을 저질렀습니다. 친구가 몸이 아파서 휴직서를 낼 때도 스승님은 누구보다 마음 아파 하시며 휴직을 말리셨고, 꿋꿋이 버텨내라 하시며 큰 뜻을 품으라고 하신 그 의미를 친구는 너무나 잘 알고 있었습니다.

청도에 촌집을 구하여 휴양할 때도 시간은 많지만 차마 선생님을 뵐 면목이 없다 할 때도 둘이는 은혜에 보답하는 길을 모색하는 즐거움이 그나마 있었습니다.

그러할진대 선생님께서는 희광이에게 직접 전화는 못 하시고 제게 전화를 주셔서 희광이 안부와 차도를 많이도 물으셨습니다. 그러던 어느 날 선생님께서는 제 통장으로 30만원을 부쳐놓으시곤 희광이의 약값에 조금이나마 도움을 주고자 하시며 알리는 것을 기어코 말리셨는데, 저는 선생님의 뜻을 저버리는 한이 있더라도 희광이에게 이 사실을 알려야 한다고 생각하였고, 전달과정에 둘이는 참으로 많이 울먹였으며 스승님의 참사랑이 끝없음을 진정으로 느꼈습니다.

이제 친구는 병마를 이기지 못하여 이 세상에 없지만, 친구의 장례 기간뿐만 아니라 장지까지 오셔서 스승님의 실체가 전 현직 시장과 국회의원보다 더 지엄하다는 것을 몸소 보여주셨으므로, 영정사진의 친구 표정은 티 없이 맑아 보였습니다. 스승님! 친구를 대신하여 스승님의 은혜에 깊이깊이 감사드립니다.

내일은 대지의 풍요를 비는 동제에서 유래되었다고 하는 정월대보름입니다.

정월대보름을 맞아 오버랩되는 저만의 영상에서 어릴 적 부모님이 바라시던 훌륭한 사람이 되지는 못하였지만, 태산보다 높은 스승님의 삶을 멘토링하고 싶습니다. 다시 한 번 깊이 감사드리며 팔순문집간행을 진심으로 축하드립니다.

(2016. 2. 21)

남헌 선생님!

엄덕수(경일중 23회 졸업생)

萬物이 甦生하는 陽春佳節에 몸 健康히 安寧하십니까? 開學이 되어 요사이 얼마나 勞苦가 많으십니까?

平生을 敎壇에 서셔서 人間敎育과 水至淸則無魚와 같은 변화 있는 人間象을 가르치시며 師道의 길을 걸으시는 先生님은 분명 우리나라에서 가장 理想的인 敎育者像이라는 것을 생각하면서 항상 저는 부러움과 존경스러움이 머리에 떠오릅니다. 그러면서도 深奧한 書道의 琢磨 끝에 道通하신바 鄕土書藝에 큰 영향을 끼치신 書藝家로서 분명 凡人의 尊敬의 對象이 아니겠습니까.

"學校에 잘 나와서 조용한 가운데 熱心히 工夫하자."고 級訓을 삼으며 부르짖으셨던 先生님의 말씀에 과연 제가 그랬었던가 하는 내 모습과는 비교가 안 되어 차마 저절로 머리가 숙여집니다.

世上은 자꾸만 각박해지고 어떻게 살아야 하냐는 觀念이 앞서니 先生님의 敎示를 듣고 實踐하지 않았음인지 결코 약한 제 모습 탓만은 아닌 것 같습니다.

金錢만이 世上을 左右하는 것만 같고 모든 것이 利害打算的으로 움직이는 것만 같은 것이 社會가 아닌가 싶습니다. 그러나 다 그런 것은 아니지만 이 가운데 한 가지 世上에 金錢만으로 解結할 수 없는 것이 한 가지 있다고 봅니다. 師弟의 情이 아닌가 생각합니다.

先生님과는 좀 긴 空間이 있었지만, 先生님 같은 분과 便紙를 할 수 있다는 것에 대해 하늘에 感謝를 드립니다. 마음이 무겁고 어려울 때 그리고 무슨 일이 잘되지 않고 失望이 앞설 때는 先生님께 便紙를 쓰겠습니다. 그래서 希望이 있는 助言을 듣고 싶습니다.

先生님! 저는 작으나마 印章業을 하고 있습니다. 그리고 癸亥年인 昨年 貳拾四歲 때 저와 平生을 같이 할 반려자와 結婚했습니다. 어머님의 권유로 저는 일찍 結婚을 하게 됐습니다. 그리고 저의 2세도 태어났습니다. 先生님께 연락드렸어야 했는데 민망스러워 連絡드리지 못했습니다. 이제 남은 건 이 어려운 社會를 어떻게 헤쳐나가느냐가 問題입니다.

그러나 저는 압니다. 先生님의 平素 學校에서 말씀하시는 級訓을 달리 말해서 社會에 잘 나아가 黙黙한 가운데 熱心히 일하라는 말로 알아 듣고 어떤 어려움이라도 이겨 나아갈 것입니다.

先生님, 올해는 꼭 市展에 出品해서 기쁜 소식을 전해 드려야 할 텐데 걱정입니다. 이번이 첫 出品하는 것이라 다만 열심히 쓰는 것이 秘訣이 되겠지요. 써도 써도 더 어려운 것이 書藝인 것 같습니다. 이럴 때면 先生님께 달려가 敎正을 받았으면 하는 생각이 듭니다. 書 以前에 人間이 되어야 한다는 素軒 先生님의 말씀과 함께 오늘도 저 자신과 싸우고 있습니다. 先生님께서 國展의 어려운 관문을 通過하기까지 얼마나 努力하셨는지 감히 짐작이 갑니다.

先生님.

제가 오늘 꼭 先生님께 부탁드릴 것이 있습니다. 무리한 부탁이올지 모르나 廉恥를 不具하고 말씀드립니다. 제가 平生을 두고 規箴을 삼을 좋은 말씀을 선생님께 받고 싶습니다. 先生님의 作品을 곁에 두고 가까이이서 볼 수 있는 榮光을 저에게 주셨으면 합니다. 그래서 八曲屛을 만들어 평생을 음미하며 處世銘을 삼으려 합니다.

직접 찾아뵙고 말씀을 드려야 하는데 中學校 때 같으면 당장 뛰어 갈 것 같지만 도저히 내키지 않습니다. 그럼에도 불구하고 書信으로 부탁드림을 깊이 謝過드립니다. 예전부터 꼭 부탁을 드리고 싶었으나 이제야 용기를 내어 말씀드립니다. 저의 인생을 살아가는데 더없는 힘과 活力이 될 것입니다. 너무나 어려운 부탁이라…….

꼭 부탁드립니다. 先生님께서 大邱工業高等學校로 전근하셨군요. 늦으나마 祝賀드립니다. 간접적으로 先生님의 서법을 항상 모방해 보려고 하지만 대단히 어렵습니다. 쉬운 듯 보이나 쓰기 어려운 것이 先生의 글씨가 아닌가 생각 합니다. 제 생각으로 선생님께서 王羲之體를 많이 쓰신 것 같이 보이는군요. 전번 저희 展示 때 先生님께서 많이 老하신 것 같이 보였습니다. 歲月은 아무나 막지 못하나 봅니다. 옛날엔 平素 술을 많이 드셨는데 지금도 많이 드시는지요. 한번 술대접을 해 드리고 싶습니다. 언젠가 時間을 내어 좋아하시는 술을 꼭 한번 待接해 드리고 싶습니다. 몸을 생각하셔서 過飮을 하시지 마세요. 요사이고 언제고 간에 健康이 제일입니다. 그럼 先生님의 기쁜 소식을 기다리면서 그리고 올해는 꼭 國展에 大賞을 받으시길 바라면서 다음 뵈올 때까지 몸 健康히 安寧히 계십시오.

(1984. 4. 5)

남헌 선생님의 추억

나형주(대구공업고등 56회 졸업생)

며칠 전 선생님으로부터 한 통의 전화를 받았습니다. 가끔이라도 연락을 드려야지 하는 마음은 있지만 그러질 못해 죄송스러웠는데 뜻밖에 선생님께서 연락을 주신 겁니다. 올해 선생님 연세가 팔순이란 말씀을 듣고 참 세월이 빠르게 흘러가는 것 같다는 생각이 들었습니다. 저도 벌써 선생님 곁을 떠난 지 삼십 년 넘는 세월이 흘렀으니 선생님께서 느끼시는 세월의 흐름은 더 빠르지 않았을까 생각해보았습니다.

한번 찾아뵙고 인사드리고 해야 하는데 마음만 있지 그러질 못하고 있어 늘 죄송한 마음입니다. 선생님께서 회고록을 집필하신다며 글을 부탁하셔서 졸필이지만 희미한 학창시절의 기억을 더듬어 볼까 합니다.

선생님과의 첫 만남은 1982년도로 기억을 합니다. 선생님께서는 대구공업고등학교에서 국어 선생님으로 근무하고 계셨고 제가

2학년을 올라가면서 담임선생님을 맡게 되셨습니다.

선생님을 처음 뵈었을 때의 일들이 오랜 세월이 지났지만, 아직도 기억 속에 생생합니다. 선생님의 첫인상은 호랑이 선생님 같은 인상에 체격도 좋으셨고 강직하실 것 같다는 인상을 받았었습니다. 교과서를 받던 첫날 반 친구들 중 몇 명이 불려 나오게 되었습니다. 어떤 이유였는지는 잘 기억이 나질 않지만, 대나무 막대기로 엉덩이를 몇 대씩들 맞았던 기억이 납니다. 한순간 교실은 찬물을 끼얹은 듯 조용해졌습니다. 아마도 선생님께서는 첫 만남에서 우리들에게 뭔가 강한 인상을 남기고 싶으셨던 것 같습니다.

'차 조심해라', '학교 결석하지 말고 잘 나와서 열심히 공부해라', '비 내릴 땐 우산 조심해라', '도둑질 하지 마라', '거짓말 하지 마라', '항상 몸을 깨끗이 하고 옷을 단정히 입어라', '길모퉁이 돌아갈 때 부딪칠 수 있으니 떨어져서 다녀라', '교통신호 잘 지켜 건너라' 등등 거의 매일 당부하신 말씀들입니다. 30년이 지났지만, 그때의 말씀들은 아직도 제 기억 속에 오래도록 남아 있습니다. 자식을 사랑하고 염려하는 아버지와 같은 마음으로 우리들을 걱정하는 마음에서 하신 말씀들이라 생각합니다. 당시에는 가끔 흘려들을 때도 있었지만 지나고 보니 모두 옳은 말씀이고 항상 지키고 조심해야 할 내용들이었습니다. 선생님께서 늘 하셨든 말들을 제가 지금 제 자식들에게 하고 있으니 말입니다.

학교 소풍 때의 일입니다. 앞산 기슭으로 소풍을 갔었던 것 같은데 점심을 먹으면서 친구들이 몰래 가져온 막걸리, 소주 등을 한잔씩 나누어 마셨던 것 같습니다. 호기심으로 처음 마셔본 술에 몇몇 친구들은 취해서 몸을 가누지 못할 정도였습니다. 선생님께서는 크게 놀라시면서 다친 곳은 없느냐고 물어보시고 빨리 동네 가서 리어카를 빌려 오라 하셨습니다. 저와 몇몇 친구들이 리어카를 빌려와 쓰러진 친구들을 태워서 버스 타는 곳으로 데려올 수 있었습니다. 일일이 친구들을 붙여서 버스를 태워 보냈던 기억이 납니다. 다음날 등교했을 때 선생님은 그 일에 대해선 꾸지람이나 별다른 말씀을 하지 않으신 걸로 기억합니다. 호기심으로 한 행동에 대해 이해를 해주신 거라 생각을 했습니다. 선생님께서 가끔 남자는 도둑질 말고는 다 해도 된다고 하신 말씀이 떠올려집니다.

가끔 결석하는 친구들이 있으면 선생님은 다른 친구를 보내서 집에 가보라 하셨고, 어려운 일을 당한 친구에게는 저희들과 함께 들러 위로도 해주시고 격려도 해주시면서 많은 용기를 주셨습니다. 선생님 덕분에 그 친구들은 열심히 공부하여 별 탈 없이 학교를 졸업할 수 있었습니다. 물론 여러 가지 문제들로 중간에 학업을 포기한 친구도 간혹 있었지만, 선생님께서는 늘 걱정하시고 어떻게든 학교는 마쳐야 한다고 격려와 용기를 북돋워 주시곤 했습니다. 가난한 학생 공납금도 대어주셨는데 그 학생은 결국 학교를 그만두는 일도 있었습니다. 겉으로 보이는 선생님 인상은 강하시지만 내면은 자식을 걱정하는 여느 부모님처럼 자상하고 제자를 사랑하는 마음이 늘 가슴속에 자리하고 있으셨던 것 같습니다.

3학년 2학기가 되면서 몇몇 친구들은 취업이 되어 학교를 떠나게 되었고 저도 역시 선생님의 배려로 산업체에 취업을 나가게 되었습니다. 가정형편이 어려웠던 저는 공장이나 식당 등에서 아르바이트를 해서 학비에 보탬이 되고자 하였기에 공부는 더 하고 싶었지만, 취업이 우선이었습니다. 선생님의 배려로 학비도 여러 차례 면제받았던 걸로 기억하고 있습니다. 늘 감사하게 생각합니다.

직장 새내기로서 일을 배워가고 있을 때쯤 해가 바뀌고 졸업식 날이 되었습니다. 회사에서 휴가 처리를 해준 덕분에 졸업식에 참석할 수 있었고 선생님의 배려로 졸업식에서 저는 큰상을 받게 되었습니다. 마지막까지 선생님은 저를 잊지 않으시고 격려를 해주신 것입니다.

당시에는 철이 없어 제대로 인사도 못 드렸지만 감사한 마음만은 늘 가슴속에 남아 있었습니다.

군 제대 후 저는 공기업 공채 시험에 합격하여 제대로 된 직장생활을 시작하게 되었고 첫 근무지인 강원도에서 집사람을 만나 결혼도 하게 되었습니다. 가정이 꾸려지고 제 생활도 어느 정도 안정이 되어가니 지난 일들을 돌이켜보게 되었고 선생님 생각도 나곤 했습니다. 그래서 수소문해서 선생님 연락처도 다시금 알 수 있게 되었고 가끔이지만 연락을 드리곤 했습니다. 어렵고 힘들었던 학창시절 가르침을 주신 선생님들을 찾아뵙고 감사한 마음을 전해 드리는 것이 제자 된 도리라고 늘 생각하고 있었던 차에 선생님과 다시금 연락이 닿아 기쁜 마음이었습니다. 선생님께서는 가끔 연락도 주시고 여러 가지 격려의 말씀도 해주시고 연말에는 정성 들여 손수 만드신 연하장을 잊지 않고 해마다 보내주셨습니다. 여러 친구들 결혼식에서 좋은 말씀으로 주례도 서 주셨고 늘 제자들을 위해 많은 격려와 염려를 해주시곤 하십니다.

작년 봄에는 제가 근무하고 있는 이곳 하동지역에 대학 동창 친구분들과 꽃구경을 오셨었습니다. 전화까지 주셔서 감사했고 식당을 알아봐 드렸는데 제가 어딜 좀 다녀오는 관계로 대접이 너무 소홀했던 것 같아 죄송한 마음이었습니다. 부족함이 많았었는데 선생님과 친구분께서 고맙다고 전화까지 주셔서 몸 둘 바를 몰랐었습니다. 당연히 선생님의 가르침에 조금이라도 보답하는 것이라 늘 생각하고 있습니다.

선생님의 가르침과 격려 덕분에 나름대로 직장에서 인정도 받고 직장생활도 열심히 하고 있으며 못다 한 공부도 틈틈이 노력하여 대학도 졸업할 수 있었습니다. 또한, 자녀들도 바르게 성장하여 학교에 잘 다니고 있습니다.

돌이켜보면 학창시절이 엊그제였던 것 같은데 어느덧 30여 년이란 세월이 흘렀습니다. 가끔은 그 시절로 다시 돌아가고 싶다는 생각이 가슴 한구석에 자리하고 있음을 느끼곤 합니다. '인생은 흐르는 물과 같다'라는 말이 제 마음에도 와 닿는 걸 보면 저도 이제 나이를 먹어 가는가 하고 생각해 봅니다.

흐릿한 기억으로 지난 학창시절을 짧게나마 더듬어 보았습니다. 선생님의 바른 가르침이 있었기에 오늘날 제가 있지 않나 생각하고 늘 감사한 마음입니다.

선생님의 여든 번째 생신을 진심으로 축하드리고 또한, 회고록을 발간하시게 된 것을 축하드립니다. 조만간 한 번 찾아뵙고 인사 올리도록 하겠습니다. 늘 건강하시고 선생님께서 하시고자 하는 일들 모두 잘 이루어지기를 소원하면서 이만 맺을까 합니다.

이상배 선생님! 사랑하고 존경합니다. 감사합니다.

(2015. 4)

선생님 전상서

정남진

서예 문화 발전에 애쓰시고 계신 남헌 이상배 선생님 안녕하십니까? 저는 한 순간의 과오로 원주교도소에서 복역하고 있는 정남진이라는 수인입니다.

이곳에선 아침에 눈을 뜨면 가장 먼저 눈에 띄는 것이 철창이고 작업장에 나갈 때는 십오 척 높은 담장이 저의 가슴을 막는답니다. 이렇게 제한된 공간 속에 갇혀 살다 보니 때로는 절망감에 힘든 마음도 되지만 이곳 교도소장님과 작업과장님의 배려 속에 서각을 배우며 갱생의 삶을 살아가고 있습니다.

제가 이렇게 결례를 무릅쓰고 선생님께 글을 올리게 된 것은 전국 교도소 중에서 서각반이 처음으로 생기다 보니 여러 가지로 준비가 부족하고 특히 서예 작품을 구할 수 없어 전전긍긍하던 차에 선생님의 작품을 감상할 수 있는 행운을 얻고 선생님께 저의 어려움을 호소하면 도움을 주실 것 같은 생각에 물에 빠진 자가 지푸라기라도 잡고 싶은 절박한 심정으로 선생님께 도움을 청하오니 부디 외면치 마시고 도와주시길 간절히 비옵니다.

선생님의 낙관이 찍힌 작품을 원하는 것은 아닙니다. 다만 평소 습작하시는 글이나 저희들이 공부하는데 도움이 될 만한 어떠한 자료라도 보내 주시면 선생님 크신 은혜를 생각하며 최선의 노력으로 서각 공부에 정진하겠습니다.

생면부지인 재소자의 편지에 마음 상하시지나 않으실까 걱정이 됩니다만 배움에 대한 열정과 다시는 헛된 삶이 되지 않으려는 저희들의 간절한 소망을 헤아려 주시리라 믿습니다.

초겨울 날씨가 제법 쌀쌀합니다.

아무쪼록 환절기 가족님들과 함께 건강 유념하시고 가내 평안하심을 기원 드리며 이만 줄이옵니다.

(2002. 11. 10)

同生 尙培 卽見

李尙均

무정세월 약류파라 文句 그대로 세월의 흘러감이 무한히 빠르구나. 너와 作別한지 어언 一個月이 지나 갔구나.

其間 몸성히 敎育訓練에 如前하냐. 이곳은 祖父母님을 비롯하여 家內 大小諸節이 均安하니 安心하여라. 그리고 移秧도 거의 다 끝나가며 보리타작도 비 하나 맞지 않고 마쳤다. 그리고 너의 衣服과 신발, 便紙 잘 받아 衣服은 洗濯하여 두었다. 그 뒤 편지도 받아 보았다. 연이나 金道文氏께 준 돈을 받지 못했다니 걱정이다. 그러나 次后 아버지께서 面會 가실 적에 金氏를 만나 찾지 않겠느냐. 너무 急히 생각하지 말고 敎育訓練에만 邁進하여라. 그리고 돈이 필요하거든 書信으로 連絡하여라. 아무리 困難하더라도 너의 용돈은 보내줄 것이니 사양 말고 請하여라.

그리고 敎育中에 아버지께서 一次 面會 가실 것이라 생각한다. 아무런 걱정 말고 너의 任務에만 충실하여라. 말이 옆길로 가다보니 보리와 밀을 포함해서 12.3石을 秋收하였다. 모심기는 금일 현재 버들수와 웃버들수만 제외하고 마쳤다. 그리고 대구에 영어책 송효익씨에게 전한 것 아직 받지 못했다. 할 말은 많으나 다음 기회로 미루고 軍隊式으로 이만 그친다. 나도 바빠서.

(1958. 6. 29)

작은 아버지의 눈물

이홍사(소설가, 次侄)

"타인은 지옥이다."

사르트르의 말이다.

결국 인간은 타인에게 인정받고 싶어 산다고 했는데 그렇게 옭아매는 타인을 두고 사르트르는 거침없이 지옥이라고 명명했다. 이 말에 대입하면 나의 숙부 남헌 선생이야말로 나의 지옥이다. 내가 인정받고 싶어 하는 타인 중에서 윗자리를 차지하는 분이 바로 숙부님이시기에 그분은 나의 지옥이라는 괴상한 해답이 나온다. 그 지옥은 견딜만한 정도가 아니라 오히려 즐거운 지옥이다.

백곰!

작은 아버지를 뵐 때마다 발칙하게도 속으로 떠올리는 별명이다. 어느 싸가지 없는 녀석이 지어 올렸는지 몰라도 외모와 참 잘 어울리는 별명이다. 작은 아버지는 중등학교 교편을 잡고 정년을 하신 분이다. 근 40년 교직이었으니 그 제자들이 도처에 널려있다. 이십 년도 넘었지 싶다. 어느 명절날 차례를 지내기 위해 집안 일가가 모였는데 나이가 나보다 네 살 적은 내 삼종숙 한 분이 작은 아버지의 뒷모습을 보며 백곰이라고 칭했다. 그 삼종숙은 당시에 작은 아버지가 근무하는 대구고등학교에 다니고 있었는데 학교에서 학생들 사이에 백곰으로 통한다고 했다.

백곰! 들어보니 참 잘 어울리는 별명이었다.

작은 아버지께선 머리가 빨리 쉬는 편이라 사십 대에 백발로 출근하셨다. 피부도 나와는 달리 뽀얀 편이고 몸무게가 백오십 근은 족히 나갈 풍채라 참으로 그럴듯한 백곰이시다. 그때부터 백곰이란 별명은 내 머릿속에 불도장을 찍듯이 뜨겁게 각인되었다.

그대 백곰의 눈물을 보셨는가?

남들이 보면 평생 눈물 한 방울을 흘리지 않을 굳건하고 당당한 위인으로 보이나 나는 피로 맺어진 숙질 사이라 백곰의 눈물을 두 번 보았다.

한 번은 아버지께서 돌아가셨을 때였다. 아버지 형제는 단출해서 아버지 아래로 숙부이신 남헌 선생과 고모님 한 분뿐이다. 할아버지께서 한참 아이를 생산할 연세에 일제 강점기에 만주에서 독립자금을 대어주는 거대한 농장을 경작하셨기에 할머니와 떨어져 계셔서 그렇게 삼 남매만을 두셨을 것으로 추정된다. 아무튼, 아버지와 두터운 우애를 자랑하셨는데 아버지께서 할머니와 할아버지를 앞서 일찍 돌아가시니 우리 형제들은 철이 없어서 몰랐지만 지금 돌이키건대, 작은 아버지 입장에서 보면 믿었던 형님을 잃는 게 천붕(天崩)이나 다름 아니었으리라. 장례를 치르는 동안은 매정하다 싶을 정도로 눈물 한방울 흘리시지 않았는데 장례를 마치고 집으로 돌아와 백곰께선 작은 방을 차지하고 엎드려 식음을 전폐하고 한나절이 넘게 소리 내어 우셨다. 그 누가 들어가 말려도 소용없는 일이었다. 그렇게 우시던 작은 아버지는 결연한 입술을 깨물고 일어나 지금까지 집안 대소사에 모두 관여하신다.

두 번째 우시는 모습을 본 건 뜻하지 않게 매일 신문사의 신춘문예 시상식 때였다. 그해에는 내가 소설부문 신춘문예에 당선되어 상을 받으러 갔다. 크고 작은 문예지를 통해 여러 번 신인상을 받은 터라 나는 별로 새로울 게 없었으나 숙부님께서 그 소식을 듣고 일개 사단 병력쯤 되는 하객을 데리고 시상식장을 찾아오셨다.

신춘문예 시상식은 여러 부문이 있지만 소설 부문 시상식을 가장 먼저 한다. 내가 당선된 부문은 소설이다. 신문사 사장님이 상패를 들고 사회자가 대독을 하고 내가 상패를 받고 난 다음에 일이 벌어졌다. 앞자리에 앉아 계시던 나의 숙부님 남헌 선생이 사회자의 마이크를 뺏어 들었다. 다른 말로 하면 사회자인 문화부장이 백곰에게 마이크를 뺏긴 것이다.

작은 아버지는 마이크에 대고 나의 일생을 적나라하게 하객에게 설명하셨다. 주경야독으로 그 자리에 오른 얘기며 조실부모한 얘기를 하시면서, 저의 형님……까지 하시고는 말을 잇지 못하고 기어이 눈물을 글썽거리셨다. 식순에 없는 이벤트가 약 오 분간 지속되었는데 상패를 쥔 나는 작은 아버지의 눈물을 보고 내가 무슨 일을 저질렀나 생각하며 뒤에 아직 시상식을 하지 않은 다른 부문 당선자들에게 미안하다고 생각했다. 그때 글썽이는 눈물은 아버지께서 돌아가셨을 때와는 성분이 다른 눈물이셨다.

작은 아버지는 기개가 있는 선비정신을 지니고 계신 분이시다. 무릇 배움이 도처에 깔려 있다고 생각하시는 분이다. 내가 군에 있을 적에 작은 아버지께서 국전 특선작가가 되셨다는 소식을 접했다. 그때는 국전 특선 작가가 얼마나 노력해야 되는지 모르고 열심히 쓰다 보면 되는 줄 알았다. 작은 아버지는 교장이 되기를 붓을 들면서 포기하셨다. 오로지 세예가의 외길로 가겠다는 각오를 하신 듯하다. 명절날 차례를 지내시고 음복을 마치면 바로 대구로 내려가셨다. 왜 그러시는지 몰랐지만 나중에 알고 보니 묵향이 그리워서, 글씨가 쓰고 싶어서 그러셨던 것을 알고 국전 특선작가는 아무나 되는 게 아니라는 지당한 사실을 인식했다. 전업 서예가도 아니고 교직에 몸담고 있으면서 짬을 만들어서 글씨 연습을 해서 국전 특선작가란 그야말로 하늘에서 딴 별이라는데 반감을 가질 사람이 있다면 백곰의 큰 붓으로 얼굴에 가위표시를 당하는, 그야말로 먹칠을 할 것이다.

지난 추석에는 작은 아버지께서 백곰이 군 시절에 썼던 일기장을 들고 오셨다. 순전히 나에게 보여주시기 위해 그 일기장을 찾아서 들고 오셨지 싶다. 색이 바래고 지질(紙質)이 좋지 않은 손바닥 크기의 일기장인데 거의 육십 년이 된 것이다. 연대는 단기로 적고 있었는데 아버지와 주고받은 편지 내용을 그대로 필사해 놓은 것도 있어 직접 국한 혼용체를 쓴 글을 읽어주시는데 아버지를 일찍 여읜 나로서는 눈물 없이는 들을 수가 없는 내용이었다. 참으로 소중한 것을 만드시는 분이고 보관하시는 분이라는 생각이 들었다.

나의 숙부님 남헌 선생은 그런 사소한 것까지 챙기시는 분이다. 남들이야 그 덩치에 쪼잔하다고 할지 모르나 그건 거창하게 무식한 소리다. 인간이 살아가면서, 인간답게 살기 위해서는 자신의 궤적을 돌아보며 필히 챙겨야 할 항목이다. 그런 면에서 숙부님은 나의 전범(典範)이다.

나의 여섯 번째 문집이 얼마 전에 나왔다. 언제나 그렇듯이 책이 나오면 한 권을 들고 제일 먼저 아버지 어머니 산소에 가서 문집이 나왔음을 고한다. 그 다음으로 작은 아버지께 보내 드린다. 책을 받으시면 어떤 방법으로든 축하 전언이 온다. 자신의 실적인양 지나치다 싶을 정도로 기뻐하신다. 그 후에 서평하시는 걸 보면 책을 빠짐없이 다 읽으셨음을 작가만은 알 수가 있다. 작은 아버지께선 국문학을 전공하시고 중등학교에서 국어교사로 평생을 보내신 분이다. 그분에게 작은 희망이 있다. 내가 글을 열심히 써서 큰 문학상을 받고 곡차를 한잔 하시면 더 나아가서 노벨 문학상까지 거론하셨다. 그 주문을 듣고 역시 타인은 지옥이라는 사르트르의 말을 곱씹게 되었다. 작은 아버지께선 글씨가 신의 경지에 오르자 요즘은 틈틈이 한시를 짓고 계신다. 가끔 나에게 직접 쓰신 한시를 보여주시며 내용을 해석해주시지만, 나의 어둔한 식견으로 인하여 그 깊은 뜻을 완벽하게 소화하지 못하는 경우가 다반사다. 하지만 작은 아버지의 서체에 직접 지은 한시를 쓰면 왕희지와 이백이 꼬리를 내릴 불후의 명작이 되리라는 사실을 믿어 의심치 않는다.

졸필을 하고 있지만, 나이가 오십 줄에 들어서니 언제부턴가 내 필명 뒤에도 선생이란 호칭이 붙었다. 세상은 좁아서 가끔 술자리에서 숙부님도 알고 나도 아는 사람을 만나는 경우가 있다. 무슨 얘기를 하다가 숙부님 얘기가 나오면 화들짝 놀라서 하는 말이 고막을 자극한다. 무의식중에 상대의 입에서 튀어나오는 말이다.

—홍사 선생이 남현 선생 조카가?

—남현 선생이 홍사 선생 숙부님 되시나?

이 말은 내 귀를 즐겁게 한다. 듣기 좋다. 이 말을 들으면 가슴이 뿌듯하다. 그 말을 들을 때마다 작은 아버지의 소박한 꿈인 고향에 조그마한 숙질 문화관을 건립할 수 있도록 각고의 노력을 기울이자는 말이 떠올라 글쓰기에 게으름을 부릴 수가 없다. 열심히 쓰고 또 문운이 작용을 해서 어떤 방법으로든, 백곰의 기쁘고 뜨거운 눈물을 다시 한 번 더 볼 수 있었으면 하는 욕구가 가슴을 치민다.

칠순 기념으로 전시회 대신 서첩을 발간하셨을 때 출판기념회 사회를 보아달라는 부탁을 거절하고 컨설팅 에이전트가 기다리는 몽골로 날아갔었다. 참으로 큰 죄를 지은 기분이다. 세월은 빨라 그게 벌써 십 년이다. 팔순 기념으로 문집을 발간하시는데 글 한 줄 써달라는 부탁을 받고 또 미얀마로 날아왔다. 작은 아버지의 문집! 말만 들어도 집안의 큰 경사라 흥분하지 않을 수 없으며 순간적으로 작은 아버지께서 지닌 묵향을 맡아버렸다. 몸이야 어디에 있던 나의 전범(典範)인 작은 아버지의 향기가 항상 코 밑에 어른거린다.

화향(花香)은 십 리를 가고 묵향(墨香)은 백 리, 인향(人香)은 천 리, 정향(精香)은 만 리를 간다고 했다.

이곳은 이역만리 미얀마다. 나는 숙질간의 형용할 수 없는 정으로, 누설할 수 없는 숙질간의 정으로 숙부님의 체취를 맡고 잠시 숙연해지며 속으로 중얼거려 본다. 아! 이 환장하도록 푸근하고 행복한 지옥!

(2015. 9)

부모님 전상서
—세은이를 보내면서

부모가 되어 보아야 부모 마음을 안다고 했는데 저는 그 말이 무슨 뜻인지 깨닫지 못하였습니다.

제가 세은이를 보낼 준비를 하면서 저희들을 보낼 때 두 분의 마음이 어떠하셨는지를 뒤늦게 깨닫고 있습니다. 하나라도 더 챙겨 주시고 싶으셨을 거라는 걸 이제야 조금은 알 듯 말 듯 해서 마음이 무겁습니다. 용서하십시오.

엄마, 그리고 아버지가 곁에 계시기에 이 나이가 되어도 투정부리고 기댈 수 있어서 좋습니다. 그래서 늘 든든함을 느끼며 두 분의 그늘이 얼마나 크고 넓은지 고맙고 감사한지 새삼스레 깨닫습니다.

예전에는 무섭고 두려웠지만 이제는 세상에서 제일 존경하는 분이 아버지입니다. 직장생활을 하면서 누를 끼치지 않으려고 매사를 조심하고 또 조심하며 살고 있습니다. 제가 해 드릴 수 있는 것이 흐트러지지 않고 근무하는 것이라 생각합니다.

고맙습니다. 엄마, 그리고 아버지!

하루도 걱정 없는 날 없으셨으리라 믿습니다. 저 때문에 마음 아파하셨을 걸 생각하면 죄스럽고 부끄럽습니다. 그 세월이 벌써 30년입니다. 세은이를 잘 키울 수 있었던 것도 엄마와 아버지의 보이지 않는 보살핌이 있으셨기 때문인 것을 잘 알고 있습니다.

예단 준비에 온갖 정성 쏟으셨던 것, 사돈댁에서도 귀한 예단 받으셨다고 고마워하셨습니다. 여러모로 위축되었을 세은이가 아버지 정성으로 더 귀여움을 받고 사랑받으며 잘 지낼 거라 믿습니다.

청첩장 또한 많은 인사를 듣고 있습니다. 고지서가 아닌 귀한 청첩장 받았다는 말씀을 하셨습니다. 아버지, 정말 고맙습니다.

더욱 건강하시고 보다 더 건강하신 모습으로 오래오래 저희들 곁에 계셔 주십시오. 꾸중하셔도 아버지의 힘찬 목소리가 좋습니다.

엄마, 그리고 아버지! 사랑하고 존경합니다.

부모가 되어봐야 부모 마음을 헤아릴 수 있다고 하지만 부모가 되어도 아직 헤아리지 못하는 게 부끄러운 제 모습입니다. 너그럽게 용서하십시오.

큰딸 해령 올림

6부

조사·묘비명·제문

靑霞 金埈九형 영전에

嗚呼라 靑霞형!

이게 웬일이오. 지난 4일 玄堂과 문병가서 뵌 것이 이승에서의 마지막이 될 줄이야. 손을 잡아보니 냉기가 돌고, 식음을 받지 않은지가 일주일이 넘었다니 회춘이 어렵겠구나 했으나 이렇게 급히 떠날 줄은 생각 밖이었소. 구순을 바라보는 萱堂을 두시고 이게 어인 일이오.

형은 60 평생을 조국을 위해 사시었소.

경북중학 재학시에 6·25 학도병 참전으로 조국수호에 젊음을 바치셨고, 국민은행에 30여 년 근무하는 동안 심혈을 기울여 사회에 이바지한 공은 누구나 다 아는 일이 아니오.

형은 광산 김씨 좋은 가문에 태어나 대대로 고명한 선비집안에서 선비정신을 이어받아 불의에 굴하지 않는 강직한 성격의 소유자였소. 수재의 영식을 두어 남의 부러움을 사기도 했고, 바쁜중에도 서예에 몰두하여 경북도전 대구시전에서 최고상을 수상했고,

90년에는 대한민국 서예대전에서 최우수상을 수상하는 등 남다른 능력을 발휘하기도 했었소. 형은 생전에 성격이 남달라 굽힐 줄을 모른다고 다들 말했지만, 강자에게 강하고 약자에게 한없이 약한 성격의 소유자임을 나는 알고 있소.

지난해 5월부터 근 1년간 투병하면서 훤당앞에 걱정시키지 않으려고 감기라고 위로함도 다 형의 효심임을 알고 있소. 후진 양성을 위해 서예원을 개원하여 사랑도 때우지 못하고 이렇게 훨훨 떠나시니 눈물이 앞을 가리오. 형이 가시는 길에 명복 비오.

萱堂望耄養誰正
君去邙山世友驚
痛哭呼兄天地裂
遺書默覽海淚成

망구순의 훤당봉양 누구를 믿어시고
북망산 돌아가니 세상이 다 놀라오
형, 부르며 통곡하니 천지가 찢어지고
남긴 유목 바라보니 눈물이 바다같소
(영남일보 30면, 1995. 2. 9)

畏友 碧山 靈前에

嗚呼라, 碧山兄 이게 어찌된 일이요. 내가 碧山보다 몇 살 위여서 내가 죽어 그대가 울어 주어야 할텐데 主客이 顚倒 되어도 한참 잘못 됐네 그려.

生者有序이나 沒者無順이라 하더니 말이요. 그대와 내가 만난 지 五十有五年 江山이 여러 번 변했네 그려. 어제 정오 위중하다는 연락을 받고 여기 함께 뫶 하는 권준하, 이기주, 최한식 兄들과 급히 달려와 手足을 만져보니 溫氣가 있는지라 回春 하기를 바랐는데 十五時 半에 權事務長으로부터 訃音을 들으니 靑天霹靂도 有分數지 이런 일이 어디 있소. 그대 같은 軒軒丈夫도 不歸客이 되단말가. 十代에 만나 古稀가 넘도록 呼兄呼弟하며 지냈는데 이렇게 永訣하다니.

高三때 아침마다 뒤 흑판에다 영어 문제 내어 大入準備를 했으며 하도 영어 단어를 많이 써서 長指에 못이 박혀 칼로 깎아낼 때 글씨를 얼마나 써서 손가락이 돌아가도록 工夫를 했기에 그 結果

行政. 司法考試 합격하고, 立法部에서 揚名할 때 大倫하면 李致浩요 致浩하면 大倫이라. 별 중에 샛별이요, 恒星中에 太陽이라. 母校를 壽城에서 晩村洞 時代로 만든 것도 그대와 李淳牧會長의 作品이 아니던가. 1957년 10월에 軍 入隊 令狀을 받았을 때 鳳山洞 下宿 집에 와서 방구들이 내려앉도록 위로해주던 일이 아직도 뇌리에서 떠나지 않았는데, 斷者는 不可續이요 死者는 不可生이라 하더니. 우리 同期 다 보여도 滿坐한 사람 중에 그대만 안 보이니 헛된 말은 아니네 그려.

오늘 아침 都下 新聞마다 身言書判 政治人 李前議員 別世라고 大書特筆로 실렸으니 없어져야 할 사람 좀 데려가지. 자네는 저승에서도 요긴한 모양이지.

握手를 할 때면 손이 아프도록 힘차게 잡아 多情多感을 표하든 친구 영이별이 웬 말인가. 相逢때 마다 내가 부탁이 있네 하였더니 뭔가 하길래 青臺 主人되어 貴 聘丈 名譽 회복과 우리 同期 瓦臺 구경시켜 주는 것이 希望일세.

사람이 한 가지 일도 하기 어려운데 자네는 몇 世代에 걸쳐서 할 일을 다 했으니 말일세.

눈물로 먹을 갈고 한숨으로 글을 쓰니 杜谷先生 詩에 君去青山我自頭 白頭不遠卽青山 天台若有空閑席 爲我先求屋數間 이라 했으니 말일세. 杜甫의 詩에도 多病所須唯藥物이라 했으니 나도 服用하는 藥이 내 덩치보다 더 많으니 멀지 않아 만나지 않겠는가.

嗚呼라 碧山 兄 鴛鴦衾瑟 좋은 안해 홀로 두고 어찌 갔나. 春草는 年年綠이나 우리 人生은 草露같아 그렇지 못하니 덧없는 것이 人間이라 自然의 攝理를 누가 막겠는가. 대륜 동기 다 모여서 그대의 冥福과 往生 天堂을 빌며 아쉬워 만사를 바칩니다.

健康豁達百年身
不覺訃音夢也眞
立法經綸誰授去
濟民辯論奈時陳
邙山歸路嘆南岳
斯世哭聲恨北津
滿座親朋哀慕裡
送君荒挽漏沾巾
在世情弟 全州 李尙培 哭呈

건강하고 활당해서 백년 살줄 알았는데
불각 중에 부음이 꿈인가 생시인가
입법의 경륜은 누굴 주고 가시었고
제민의 변론은 어느 때에 펼는가
북망산 가는 길에 탄식은 남산 같고
이 세상 울음소리 맺인 한은 강물 같네
만좌한 친한 벗들의 애모 하는 중에
그대를 보내는 거친 만사 수건을 적시누나
(2010. 6. 30)

弔辭

黃兄!

정말 떠나야 하는가. 가지 않고는 안 될 일이라도 있는 것인가. 무슨 일이 급하기에 아직도 해야 할 일들이 많은데 이렇게 일찍 가야만 하는가.

兄과 나는 같은 마을에 태어나 學緣을 맺은 지 五十九年, 因緣이라면 짧지 않은 歲月인데 이제 이승에서의 緣을 다하는가. 눈물이 앞을 가리네.

庚寅年 國亂時에 淸道로 避亂도 같이 갔었고, 大學 卒業後 就職 못해 彷徨時 兄과 나 앞뒷집에 같이 살면서 每日같이 朝夕으로 만나 삶을 論하면서 身世 恨歎도 많이 하면서 자네 宅에서 食事도 많이 했고, 晩婚으로 吳女史와 婚姻할 때 祝辭를 읽은 것이 어제 같았는데 이제 兄의 靈前에 永訣의 辯을 늘어놓다니 이게 무슨 일인가. 아래 初等學校 同期들과 問病 갔다가 臨終을 보게 되었으니 死生이 有命이요, 人命이 在天이라 하지만 幽明을 달리하니 믿어

지지가 않는구려.

兄은 秀才로 初等學校 六年 동안 줄곧 優等을 한 번도 놓치지 않았고, 달리기도 잘해 學校 代表로 善山初等學校 校庭에서 달릴 때 우레 같은 박수를 한 몸에 받았고, 慶北大學校 法政大 卒業도 우리 同期 중엔 한 해도 그르지 않고 大學을 卒業한 사람은 두 사람뿐이었는데 兄은 그중의 한 사람이었지.

學力과 經濟力은 正比例가 되지 않은 탓인지 晩年엔 苦痛도 많았고, 그 어려운 중에도 在邱海平鄕友會의 事業部長職을 맡아 會務를 充實히 遂行하여 自他가 認定하는 튼튼한 鄕友會를 만들었고, 恒常 親睦을 敦篤히 하며 남의 大小事에 앞장섰고 언제나 肯定的 思考와 圓滿한 對人關係로 親舊들에게는 親睦과 和睦을, 子女들에게는 따뜻한 어버이요 吳女史에게는 情이 넘치는 지아비로서의 道理를 다했으며 兄弟間에 友愛있고 孝의 極을 다하며 오랜 壽福을 누릴 줄 알았는데 이승에서 필요한 사람은 저승에서도 요긴히 쓰려는지 일찍 데려가니 아마 人力으로는 어찌할 수 없는 모양이요.

자네가 생시에 써놓은 부음 알릴 곳을 내가 맡아서 알리자니 자네가 나 죽거든 알리라고 쓸 때 그 심정이 어떠 했겠는가.

黃兄, 왜 이렇게 가시는가.

할 일도 많은데 五男妹 婚嫁도 다 못시키고, 琴瑟 좋은 吳女史 두고 어떻게 눈을 감으셨는가. 晩得 志鉉이 두고 왜 이렇게 떠나오.

昨今에 우리 初等學校 동기 崔相淑, 禹海民, 金昌湖, 丁海勝, 文漢鍾, 엊그제 朴愚用兄들을 보내고 傷處도 아물기 전에 黃兄마저 또 떠나서 親舊들이 이제 남은 數가 점점 줄어드니 人生無常을 절감하는 바일세. 親舊가 아무리 많다한들 同行할 자 누가 있는가.

머나먼 길 아무 미련 없이 떠나더라도 未成 三男妹 婚嫁 잘하도록 하여주고, 이승에서의 다 못한 사랑하는 吳女史의 남은 餘生에 많은 福祿을 兄이 來世에서나 도와주시게.

嗟乎라. 兄이시여.

이제 얼마 안 가 兄은 한 줌 부토가 되어 永劫의 世界로 가게 되니 부디 잘 쉬기를 빌고 글이 짧아 高杜谷 先生의 글을 빌어 永訣을 告하네.

黃兄, 하나님 품으로 永眠하시게.

2001年 4月 19日
在世 情弟 全州 李尙培 再拜 哭于

吊辭

維 檀紀 四三四二年 歲次 乙丑 十一月 乙未 朔 二十日 甲寅
畏友 瑞興 金公 葬禮 之日也
前日 癸丑에 情弟 全州 李尙培 再拜哭于
靈床之下日 嗚呼 哀哉

金公 그대와 나 처음 만난 것이 一九六五年 七月경 다같이 初任地 錦川中學校에서 만나 공교롭게도 앞뒷집에 살면서 出退勤은 勿論이요 點心까지 같이 來往하면서 함께 한지가 於焉 半世紀가 가까웠소. 金公은 未婚으로 母子間 같이 계시면서 極盡한 孝道에 感銘도 깊었소.

그 뒤 여기 痛哭하고 계시는 李女史를 大邱禮式場에서 金判永 教育監 執典으로 成婚하여 令息 호영군을 얻어 新婚家庭에 웃음소리가 담을 넘었고, 體育大會 때면 벌어진 양어깨 猛虎라도 잡아챌 듯 運動場을 채웠소. 力拔山 氣蓋世에 斗酒不辭하고 才談과

諧謔은 他의 追從을 不許했소.

봄이면 雲門寺 鍾소리 듣고, 가을이면 孔巖楓壁을 바라보며 말술을 앞에 두고 一杯一杯 復 一杯에 時間을 잊은 적이 한두 번이 아니었소. 한번은 한 말 술을 배달시켰더니 가져와서 하는 말이 "아무도 없네요."하니 그대가 "두 사람 있지 않소." 하고 권하거니 받거니 하면서 말 술을 다 비웠소. 둘이 동 학년 담임하며 천오십원 旅行費로 四泊五日 仁川 月尾島까지 다녀온 修學旅行, 아직도 삼삼한데 幽明을 달리 하다니 근간에 여기 계시는 金大錫 兄을 통해 近況은 알았으나 뭐라고 말을 할까 하여 망설임이 앞을 가려 도저히 電話할 용기를 갖지 못했음은 솔직한 고백이요.

그대는 瑞興 金氏 좋은 家門에 벽진 李氏 賢妻 만나 令胤 三兄弟 두시고, 世人이 부러워하는 선망의 대상이고 浦項서 잔치하고 永川 고개에서 가지고 온 음식으로 즐기며 祝賀하던 일이 어제 같은데 이것이 웬일이요. 平素에 健康하여 百年壽를 바랐는데 저승에서도 필요한 사람 데려간다더니 그대가 必要한 모양이요.

염라왕이 심심하여 야바위와 諧謔 얘기를 듣고 싶고, 역도 지도하여 저승 올림픽 나가라고 같이 근무하던 孫 校長도 年前에 가셨고, 宋南玉 校長도 한 달 전에 가셨으니 만나거든 안부나 傳해주오. 어제 저녁 地下鐵 車內에서 金大錫 兄으로부터 訃音을 듣고 집에 오니 집에도 연락 왔다니 믿지 않고 어이 하리.

무딘 글로 만장을 오늘 아침 네 시에야 마무리하고 그래도 할 말을 해야겠기에 생각나는 대로 몇 자 적었으니 그대가 떠나가니 우리도 멀지 않았소. 春草는 年年綠이요 王孫은 歸不歸라. 우리 한 번 가면 어느 때에 다시 올까.

烈女 李女史 餘生에 많은 福 내려주고 孝子 三兄弟 많은 福 내

려주오.

情弟 李尙培 눈물 섞어 글을 지어 靈前에 올리오니 極樂往生하소서.

衆望快癒願回春
不覺訃音夢也眞
蓋世拔山誰授去
情談諧謔奈時陳
北邙歸路靑山杳
斯世哭聲白日淳
滿座眷親哀慕席
送君荒挽淚添巾
在世 情弟 全州 李尙培 哭挽

모두가 쾌유되어 회춘을 바랬는데
뜻밖의 부음이 꿈인가 생시인가
역발산기개세 누굴 주고 가시었소
정담과 해학은 어느 때에 다시 펼까
북망산 가는 길에 청산도 아득하고
이 세상 울음소리 백일도 젖는구나
뜰에 가득 일가친척 슬퍼하는 자리에
그대 보낸 슬픈 만장 수건을 적시누나
(2010. 1. 3)

族譜 序文

무릇 人類의 史書로는 前漢代의 史記가 그 嚆矢이며 우리에는 麗代에 正史로 金富軾의 三國史記와 野史로 一然禪師의 『三國遺事』가 처음 史書라 이로 말미암아 古朝鮮의 建國과 三國의 鼎立 等 我民族이 韓半島에 定着하게된 時空的背景과 國家와 民族의 興亡盛衰가 綿綿히 現在에까지 이어지게된 來歷을 앎과같이 族譜란 地球上 七十億 人類中에 最高의 文化民族만이 가지는 氏族의 源流와 祖先들께서 國家와 民族에 寄與한 功績과 來歷을 昭詳히 밝히고 各己의 所從來를 알 수 있는 唯一한 事典이며 따라서 위로는 先祖들의 業績을 살펴 崇祖思想을 鼓吹하고 橫으로는 睦宗族과 現存하는 親族間의 動靜과 住居狀況을 알아 相扶相助의 美德을 함께 實踐하며 아래로는 子孫들로 하여금 萬代에 繁榮을 누려 祖國과 民族을 爲하는 健全한 國民으로서 育成發展토록 함이 修譜의 目的이라 믿어 疑心하지 않는다. 血脈을 같이하는 親族이 産業社會의 發達로 因하여 過去洞名을 알면 氏族을 알고 고장을 알면 姓氏를 알 수 있었든 때와는 달리 各自따라 國內뿐 아니라 國外로 相離하여 살게되고 때에 따라서는 年內에 몇번씩 住居地를 바꾸는 時代가 됨에 有服之親까지도 面不識하는 社會인지라 一世代를 二十~三十年으로 잡아 修譜하던 때와는 달리 그 回期를 半으로 줄여하는 現實이다. 이에앞서 우리의 修譜史를 詳考해보면 完昌大君族譜는 高宗甲子(1984)와 光武四年庚子(1900)에 이어 七十餘年만인 甲寅譜(1974)가 最近의 일이며 이번 庚午譜는 完昌大君五世孫二十七君中 安陽君 鶴山君 淸陵君 淸坪君 子孫들만으로 이루어지는 譜牒인바 다함께 하지 못함을 遺憾으로 생각하며 하루속히 祖國을 統一하여 北域에 居住하고 있는 親族들도 함께 譜牒하는 기쁨이 있기를 바라고 이번 일을 契機로 崇祖思想을 鼓吹하고 紐帶를 더욱 鞏固히 하며 崇祖惇宗하는 기틀을 마련하기 바라며 甲寅譜刊行後 不過十餘年만인데도 修譜의 어려움이 많음을 생각할 때 七十餘年만에 刊行한 甲寅譜編纂時諸任員들의 勞苦에 깊이 感謝드리며 거듭 말씀드리거니와 앞으로도 崇祖惇宗事業에 親族諸位의 아낌없는 協助가 繼續되시기를 當付드리고 完昌할아버님 後裔인 矜持를 가지고 오늘의 團合된 마음이 이어지기를 祈願하면서 이번 族譜刊行에 物心兩面으로 애쓰신 諸任員께 深深한 謝意를 表하며 序에 代한다.

西紀一九九一年正月 上澣

完昌大君 二十代孫 尙培 謹識

新都處士 草溪卞公 墓碣名

白頭와 太白의 靈脈이 雄道 慶北으로 뻗어내려 義의 고장을 이루니 이곳은 三韓時代 召文國의 옛 都邑地로 羅麗鮮의 三韓을 거쳐 오는 동안 많은 人材를 輩出하고 山紫水明하며 天惠를 누린 義城 고을이다. 그 西南部에 位置한 安溪의 鳳城山 綱常嶝은 靑華靈峰을 相望하고 江山精氣가 雲集하여 天藏地秘하고 日月輝煌하는 (북방 개로 변경)坐之原이 處士草溪卞公의 幽宅이니 公의 諱는 五燮이요 字 文城 號 新都로 始祖는 麗朝 成宗朝에 門下侍中으로 八溪에 封君된 文烈公 諱 庭寶이며 公이 二十八代祖다. 十九代祖 諱 雍은 禮安監務요 十八代祖 諱 勇은 孝子로 大明天子가 中郎將을 除授하여 旌閭를 내리고 白川書院에 配享되다. 以後에도 累代 冠冕하고 七大祖 諱 昇和는 嘉善大夫요 工曹參判이다. 六大祖 諱 廷龍 玄祖 諱 堡 高祖 諱 營鎭 曾祖 諱 周元 王考 諱 潤석은 皆爲學行으로 門戶를 保存하고 治家凡節이 威然하였다. 考 諱 華秀는 隱士로 忠孝齊家하고 一九六○年 庚子 三月 二十日 卒하니 壽

八十五이다. 公이 天痛을 當함에 盡誠以禮하였다. 元妣 安東 金氏는 二十一歲로 早卒하고 宣城 金氏도 一子九燮을 두고 早世하니 二十二歲였다. 妣 坡平 尹氏는 處士 彰道女로 婦德이 있고 賢淑했으며 膝下에 二子三女를 두고 一九三五年 乙亥 十二月 十七日 四十一歲를 一期로 棄世하니 公은 九歲에 失母하다. 公은 四子二女 中 三子로 一九二六年 丙寅 五月 五日 安溪面 渭陽一里 綱常谷 三一六番地 本第에서 出生하니 性行이 豁達圓滿하고 勤勉誠實하여 遠近親疎에 歡心사고 姻婭親戚에 施恩하며 事親以孝하고 兄友弟恭하며 幼時 鳳城書堂에서 修學하고 安溪尋常小學校 卒業後 日帝强占期 홀로 渡日하여 藝能學院에서 修練하고 光復 後 歸國하여 大邱 中央路에서 新都羅紗를 經營하면서 母校인 安溪初校에 圖書館 建立의 功으로 文敎部長官 表彰과 卞氏大宗會 紀績碑와 梨峴齋 建立時 獻誠金에 全宗員中 앞섰고 用之有節하여 爲先爲鄕에 快擲千金하였으며 待人春風이요 持己秋霜으로 一生 崇祖睦族과 孝友奉仕로 一貫하다가 天壽를 누리고 年 月 日 殞于正寢하니 享年 歲이며 禮葬前述之原하다. 配는 昌寧 成氏로 士人凡植女며 芙蓉堂後다. 一九二七年 丙寅 十月 十七日生으로 十九歲에 公을 만나니 天性이 溫柔하고 婦德兼備하며 訓子以誠하여 內助로 興家하고 二子三女를 훌륭히 키워 名文家에 成婚시키고 一九七八年 戊午 二月 十五日에 五十一歲로 卒하니 葬于同原同坐하니 鼓盆之痛後 鰥苦 가히 어떠했을까. 性品이 워낙 豪放한지라 內色도 않았으나 堪耐之痛을 어떻게 表現하리요. 長子 在睦 次子 相喆은 各界에서 誠實히 活動하며 長女 適 晋州 河鍾國 次女 適 金寧 金動珍 三女適 東萊 鄭淵壽하니 三壻가 다 軒軒丈夫이다. 二子婦 또한 賢淑하니 子孫 榮貴가 期約된다. 孫에 睦鉉 智鉉 晶鉉

彗美 彗源 等 親外 五孫子七孫女를 두었으니 雲仍永昌에 不絶慶事하리라. 이에 敍述하고 銘하노니.

靑華山 푸른 솔은 公의 氣象이요
渭川 맑은 물 님의 숨결일레
綱常을 重히 여겨 每事에 垂範하고
敬祖睦族과 孝友를 本삼으니
山과 물이 永遠하듯
雲仍永昌에 百代 香火하리라

全州 李尙培 撰

隱山 金海 金公 墓碑銘

江山精氣가 雲集하여 天藏地秘하고 日月이 輝光하는 飛鳳靈山 靑龍嶝 子坐之原이 金公의 幽宅이다. 何日 公의 子 全 兄弟가 行狀抄錄을 가지고 와 墓無表石 하면 滄桑에 잊혀질까 두려워 全 兄弟의 精誠을 모아 報本하고자 銘文을 請하거늘, 淺學菲才라 辭讓을 거듭 하였으나 懇請을 固辭 못하여, 行狀을 살펴보니, 公의 諱는 鍾億이요, 字는 星七 敎命은 요한이며, 號는 隱山으로, 公의 始祖는 駕洛國 太祖 大王 諱 首露 이고, 羅朝 三韓一統元勳인 興武大王 諱 庚信 中祖를 거처 麗朝三重大臣 金寧君 諱 牧(卿)을 派祖로 二十一代다. 安敬公 諱 永貞이 公의 十五代祖이며, 金山洞 入鄕祖 諱 洪日이 九代祖이다. 高祖 諱 濟華, 曾祖 諱 興植, 王考 諱 顯應은 通政大夫秘書院丞으로 門戶를 保存하고, 治家에 卓越하였다. 考諱 玉培는 處士로 忠孝를 崇尙하고 子孝를 받아 八十享壽하셨고, 妣는 一善金氏 處士 相鳳의 女로 婦德을 지녔으며, 四男二女를 남기고 六十三年을 享壽하셨다.

公은 一千九百五年 乙巳 十月 二十一日 次子로 出生하니, 天性厚德하고 氣品仁慈하며 親戚施愛하고 節約治產하며 事親以孝 德業相勸하며, 晝耕夜讀으로 經書에 通達하였다.

初代 海平面議員을 歷任하고 面宗親會長 在任時 崇祖惇宗에 힘써 驚洛精神을 鼓吹시켜 疏遠했던 宗人들을 和合시키는데 功獻했다.

이렇게 家庭과 宗人社會에 많은 德을 남기고 一千九百九十三年 二月二十七日에 天壽를 누리고 永眠하니 享壽 八十九세다.

配는 士人 驪陽 陳且柞의 女로 奉祭祀 接賓과 夫君內助에 至極精誠을 다하였다. 一千九百十四年生으로 五璋을 잘 키워 모두 婚嫁시키고 一千九百九十三年 九月 二日 棄世하니 享壽八十세이다.

瑩泰 昊泰 建泰 善泰 炯泰 모두 各界에서 誠實히 活動하고 있으며 五子婦가 다 賢淑하다. 胄孫 榮洙外 七 孫子 二孫女를 두었는데 이하 左面에 記錄한다.

全 兄弟가 함께 들고온 家狀과 金海金氏 世譜에 依하여 敍述하고 銘하노니, 東方大姓 驚洛靈源 千派一本 萬枝同根

忠孝道義 代代傳承 公之隱德 孫孫施嶦

千萬世世 雲仍 永昌

2012年 壬辰 4月 5日

全州 李尙培 謹撰 書

貞婦孺人全州李氏諱玉蘭墓碣銘

小白大幹이 뻗어 내리고 南望金烏 北望冷山하며 洛江淸流가 감돌아 안은 天藏地祕의 加佐山 子坐 貞婦 한 분이 萬年幽宅에 잠들고 계시니 孺人의 姓은 李氏요, 貫은 全州이며 始祖 司空公 諱翰公의 39世요 兮石 諱濬模公의 3男 4女중 끝으로 1928年 4月 10日 出生하니 諱가 玉蘭이다.

어려서 先考로부터 家學을 이어받고 先妣로부터는 길쌈을 배우다가 日帝의 魔手가 女性에게도 뻗칠 때 伯男 洛庵 諱性卓公이 계시는 滿州로 가 避身하기도 하였으며 1947年 慶州盧氏 弘彬諱濬國公의 3男 諱璟植公과 婚姻하여 新婚의 꿈도 깨기 前인 1951年 3月 28日 夫君께서 鐵道廳에 勤務하시다 殉職하는 崩城之痛을 當하시니 때는 祖國이 同族相殘의 피로 물든 때였다.

遺腹子를 데리고 一生을 空閨로지내셨으니 現世에 보기 드문 貞婦이시다. 2010年 6月 23日 恨많은 이 세상을 83歲를 一期로 下世하시니 孺人의 一生은 그야말로 荊棘의 한 평생이셨습니다.

孺人이시여, 此世에서 누리지 못한 夫婦之情을 靈界에서는 永劫토록 누리소서.

嗚呼라 蒼天에 사무치는 孺人의 一生을 생각하니 눈물이 앞을 가립니다.

孝誠이 至極한 炳宣君도 社會의 健壯한 軒軒丈夫로 일하고 있으며 令孫까지 보았으니 모든 시름 다 잊으시고 고히 잠드소서.

滄桑의 變이 두려워 이 빗돌 세우고 銘하노니 雲仍永昌 家傳忠孝 文運隆昌하리라.

2014년 4월 6일

小侄 李尙培 撰書

雲峰處士全州李公墓碣銘

여기 星州 고을이 낳은 孝子요 偉大한 事業家가 계시니 公의 姓은 李氏요 貫은 國姓이다.

諱는 起瀅이며 子는 伯仁이요 雅號는 雪峰으로 派祖 孝寧大君의 十八世 孫이다. 謹按 璿源譜 하니 大君은 始祖 諱 翰의 二十四世 孫이며 太宗大王의 次子이시다.

三十一世 益聲 때 京畿道에서 入 星州하니 곧 入鄕祖이며 王考 瑞宇는 順陵 參奉이다. 皇考 允儀는 字가 成九이며 雅號가 愼庵인데 處士로 學問과 奉先 孝悌로 士林의 追仰을 받고 비는 慶州崔氏 通政大夫 榮煥의 女로 四德을 兼備하여 奉祭祀 接賓客에 規範을 보였다.

公은 1929年 己巳 3月 20日에 星州邑 錦三里 本第에서 三男三女 中 季子로 出生, 成長하면서 聰明하고 氣骨壯大 風貌俊秀라 手不擇卷하여 星州農高를 卒業하고 先進文物을 接하고자 1952年 5月에 孑孑單身으로 渡日 온갖 苦楚를 다 겪으며 1958年 明治

大學 文學部에 入學하여 在學時 自治會 朝鮮文化 硏究會長 朝鮮儒學生同盟 中央委 副會長과 卒業後 統一朝鮮新聞 記者 明治大學 韓國人 同窓會 監事役 在 東京 慶北道民 副會長 顧問을 歷任하고 大地產業 曉生鮮食品 大德通商 等 三個會社를 設立 運營하였다 配 文化柳氏와의 사이에 2男 1女를 두었으니 康國의 男에 凉介 康男의 男에 暖, 女에 結을 두었다.

平生 他國 生活에도 孝誠을 다하고 同氣間 友愛도 敦篤하였다.

故國이 그리워 先塋하에 幽宅을 生前에 마련하니 星州邑 鶴山里 洙泗谷 先塋下 子坐다.

스스로 放浪生活 五十餘 星霜波瀾 萬丈의 人生劇에 終幕을 내리고 그리웠던 兩親의 품으로 돌아왔도다 하고 述懷했다.

公은 二十四歲에 膝下를 떠나 2008年 3月 11日 天壽를 다하고 家族들을 日本에 남겨둔체 홀로 父母 곁으로 돌아오니 半世紀 異國 生活, 死後에 還國이라 生前에 至孝하고 先塋下에 永眠하니 胡馬는 依北風이요 越鳥는 巢南枝로다 公의 孝友雙修 萬古에 빛나리라. 滄桑之變 두려워 이 빗돌세우노니 蔭德을 길이 내려 雲仍 永하리라.

2008년 10월

族弟 李尙培 謹撰書

祭文

維 檀君紀元 4343年 歲次庚寅 4月 甲子朔 25日 戊子 畏友 慶州 崔公 永訣式日也라. 前 丁亥에 情弟 全州 李尙培는 荵辭敎語로 70여 星霜 哭于雲床之下日 嗚呼哀哉라.

崔兄 이게 웬일이오. 그대와 나 만난지 于今 56年 우리 壽城들 大倫校庭에서 紅顔少年으로 만나 古稀가 넘도록 살면서 자주 만나고 20餘年前 同期끼리 샛별會란 이름으로 모임을 가져 每月 15日이면 꼭 만나고 一年一回로 野遊會도 가고 春風秋雨 70여 星霜 아무런 근심없이 세월 가는 줄 모르고 지냈으며 아마 '90年代 中半쯤 兄의 農場에 招待받아 終日 즐겁게 놀던때가 어제 같은데 이게 왠일이오 앞으로 남은 것은 남다른 夫婦琴瑟에 令孫들의 재롱과 子女들의 孝道 받을 일만 남았는데 가는 세월 잡을 수 없고 오는 시간 막을 수 없다고 하나 이렇게 幽明을 달리 할 줄 몰랐소.

兄과 나는 査戚 仙源査丈 葬禮 때 問喪도 같이 가면서 오래 오래 정답게 지내자고 하며 만날 때마다 자부 자랑을 많이도 했잖소.

어제 5시경 仙源壻郎으로부터 訃音 듣고 가던길을 헛디뎌 길가에 주저 앉기도 하였소. 거년에는 불편한 몸을 지팡이에 의지해 선운사를 거쳐 법성포까지 부부동반으로 여행 중 모두가 쾌형의 快癒를 빌며 다녀온 것이 샛별회 행사의 마지막이 될 줄이야 누가 알았으리요. 금년 1월 샛별회에서 영덕 다녀오면서 그대의 댁으로 問病갔던 일. 손을 잡으니 휠체어에서 반갑게 맞으며 준비해 둔 술을 내놓고 권 하면서 웃음을 잃지 않고 우리들이 마시는 모습을 바라보던 그 모습 눈에 선하오.

병마에 시달리면서도 차분하게 항상 웃는 모습은 바로 君子風貌였소. 남을 대하면 봄바람 같고 자기를 다스림에 秋霜 같던 그대. 只今 이 瞬間에도 믿어지지가 않는구려. 그대를 보내는 만장을 눈물로 먹을 갈아 써내려 갈 때 그대가 떠났으니 낸들 갈길이 머잖음을 생각하며 高社谷 先生의 挽章이 생각나 옮겨보네. 君去青山我白頭 白頭不遠卽青山 天台若有空閑席 爲我先求屋數間(그대가 청산에 갔으니 나도 머리가 백발이라 멀지 않아 청산에 갈 것일세. 저승에 한가한 자리가 있거들랑 내 집 한 칸 마련해 주게).

자네는 마음도 곱고 차분해서 노여움을 모르고 지내기에 天壽를 할 줄 알았는데 造物의 猜忌인가, 神의 질투인가. 西方淨土에도 必要해서 데려가는 모양일세. 나도 病魔와 싸우면서 杜甫의 詩가 아니라도 多病所須唯藥物이라더니 약무더기가 짐으로 되며 하루가 멀다 않고 病院 신세를 지니 이것이 바로 自然의 攝理가 아니겠는가. 그대를 보기 위해 동구2 버스 안에서 두서없이 적어보니 斷者는 不可續이요 死者는 不可生이라. 春草는 年年錄이나 王孫은 歸不順歸라 자네는 적선을 많이 했으니 子孫에게 복이 내릴 것이요.

평생 농사를 天職으로 했으니 농사는 땅이 근본이라 땅은 거짓이 없으니 땅과 벗한 그대는 극락왕생하는 것이 당연하리라. 이승에서 쌓은 공덕 요대에서 돌려 받으시오. 오호 애재 상향.

2010년 庚寅 四月 二十日 戊子

情弟 全州 李尙培 哭挽

祭文

維 西歷 紀元 1999年 歲次 己卯 八月 乙丑 朔 二十二日 丙戌은 惟我 母主 孺人 玉山 張氏 小祥之日也라.

前日夕 乙丑에 不肖子 尙培는 謹具菲薄之煎과 荒辭數語로 再拜 痛哭于 俯伏 靈床之下日 嗚呼 痛哉며 嗚呼 哀哉라.

惟我 母主님께서는 天稟이 仁者 豁達하시고 事親敎子에 卓範이시며 十五歲에 吾門에 오시어 在世 九十 春光 享有하시는 동안 事舅姑 奉祭祀 接賓客에 조금도 疎忽함이 없으셨으며 子女에게 베푸신 恩德 하늘같사와 不肖子 母主께서 내리신 恩惠 河海 같이 깊고 넓어 筆舌로서 어찌 다 表現하리오만 母子之情을 나누고자 靈前에 俯伏하오니 嗚呼 痛哉라.

母主께서는 三從之道 禮法 따라 志學之年에 吾門에 오셔서 홀로 계신 曾祖父님 奉養과 祖父母님 兩位分을 極盡히 모셨으며 甲戌年 曾祖父님 別世 後 禮葬과 大小祥祭를 極盡히 모셨고 日帝强占期 父主께서 亡國之怨을 刻骨不忘하시고 朔風이 몰아치는 異國

滿洲에 居住하심에 어린 저희 兄弟를 데리고 他國에 두 번이나 다녀오셨고 而立之年에 父主께서 孺人 金氏 만나 半百年 넘게 同居하니 한 평생을 空閨로 계셨으나 아무런 不平없이 저희 三男妹를 데리고 농사일이며 길쌈이며 草根本皮로 延命하시며 儒家의 法度따라 한 점 흐트러짐없이 待人春風이요 持己秋霜으로 祖父母께는 孝婦요 父主께는 烈女요 子息에게는 慈母이셨습니다. 父主와 一生동안 別居하셨으나 良妻로써 空房을 지키심에 表情 한 번 변하지 않으셨으나 속마음 상하심을 어느 누가 想像이나 할 수 있으리까.

乙酉 光復 後 丙午 正月에 父主 孺人 金氏 거느리고 還國하셨으나 이내 또 別居하셨으며 十一事件 때 父主 대신 囹圄의 몸이 되기도 하셨으며 庚寅年 國亂時에 男負女戴 避難길에 汨沒하심과 朴室이 得病하여 完治시키고자 등에 업고 名醫 찾아 백리 길을 하루에 다녀오기도 하셨으며 癸巳年 兄 入隊時 倭館에서 보내시고 남들은 자식을 工夫시켜 軍 入隊가 延期되었는데 父母 잘못 만나 死地에 보냈다 하시면서 땅을 치며 大聲痛哭 食飮을 全廢하셨으며 庚戌과 甲寅年에 舅姑之喪을 당하셔서 禮葬과 大小祥祭에 至極孝誠 다하셨으며 辛酉年에 兄嫂 壬戌年에 室人 연이은 吾家之凶事며 庚午年에 兄 慘慽 당하셔서 哀痛해 하시며 喪輿를 끌어안고 내가 너를 먼저 보내하시면서 땅을 치며 痛哭하심과 壬申年 崩城之痛을 당하시는 등 壽則多辱이라고 하나 母主의 한 생애는 悲痛之事 연속으로 행복인의 한 달 삶도 못 되오니 嗚呼 痛哉 嗚呼 哀哉라.

母主께서는 저희 三男妹를 愛之重之 키우셨으나 不肖子 일찍이 膝下를 떠나 客地로 다녀 母子之間이나 兄弟間에 情談 한번 자상히 못나누고 割半之痛과 地壞之痛을 당하고 보니 의지할 곳 잃었으며 母主께서 眼疾로 앞이 흐렸음에도 不肖子 못 살 가봐 병원

문전에서 잘 보인다 하시면서 돌아오기 한두 번이 아니셨으며 거년 봄에 眼疾 수술 받으신 후 딴 세상에 사는 것 같다하시면서 흐뭇해 하셨으나 불행히 사랑땜도 못하시고 거년 명일 하오 세 시에 恨 많았던 이 세상을 영원히 이별하셨으니 부디 往生極樂하시어 오래오래 밝게 보소서.

不肖子 불행히 鼓盆之痛을 당하고 여러 자녀 키우다보니 박봉에 쫓기어 경제적으로 좀 나으면 효도하지 하면서 오래오래 사실 줄 알고 미루다 미물도 報本反始 극진한데 이제사 風樹之嘆한들 무슨 소용 있으리요. 嗚呼 痛哉 嗚呼 哀哉라.

남들은 딸집에 부부간에 정장하여 선물 들고 다니는데 우리 母主 전생에 무슨 業報로 朴室이 이웃에 두고 이 눈치 저 눈치 살피시며 장애 딸이 당신의 무슨 죄인 양 떳떳이 한번 못 다니고 言語疏通 불가하니 母女之間 정담설파 못하시고 父主와 別居하니 심중소회 풀 곳 없었으니 타인들은 말하기 좋아 多辯이라 말을 하나 易地思之하여 보면 그 心情 알 것이다.

朴室이 農協 負債 오빠야 빚 좀 갚아주면 살아가며 갚아줄게 그 말 듣고 뼈가 녹는 듯 빚 갚아주고 母主께 말씀 드렸더니 네가 효자로다 이제 죽어도 눈을 감고 가겠구나하신 말씀 귀에 쟁쟁하게 들리는 듯 不肖子 모처럼 뵈올 때면 그간에 쌓인 懷抱 풀어보자 하셨으나 不肖子마저 對話에 안 응하고 어머니라고 잘 부르지도 않았음은 兄嫂와 室人 死後에 질아들과 자식들은 실모한지 오래인데 그들의 아픈 마음 건드릴까 念慮되어 外面하고 말았습니다. 不肖子 薄福하여 兄 內外, 室人, 박서방 母主 앞에 夭死하니 母主께 끼친 不孝 무엇으로 갚으리까. 嗚呼 痛哉 嗚呼 哀哉라.

母主께서는 한 평생 남의 슬픔을 내 슬픔으로 他人의 즐거움을 당신의 즐거움으로 여기셨고 積善에 힘쓰셨으니 그 蔭德 저희 後孫에게 반드시 내릴 것입니다. 不肖子 泰山같이 믿었던 兄 別世 後에 걱정만 하였는데 長侄內外 至極精誠으로 承重孫의 重責을 다하여 주니 고맙기 그지없고 母主 下世時 마지막으로 손을 잡으니 굵은 손마디는 험하기 짝이 없어 한 평생 저희들을 키우시느라 모심기며 밭매기에 나무하고 풀을 베며 험한 일 마다않고 상일꾼 못지않게 많은 일하신 흔적 역력하니 母主 苦生 생각하고 북받치는 울음도 수하들 눈치 살피느라 아픈 곳을 건드리지 않으려고 억지로 참았습니다. 嗚呼 痛哉 嗚呼 哀哉라.

母主시여!

이제 모든 시름 잊으시고 靈界에서는 蓮花臺에서 來生을 享有하시기를 祈願하오며 梨木嶝 吉地 先塋下 父主 곁에 萬年 幽宅을 정하였으니 東方 日出光明과 月出照耀를 받으시고 後孫들의 指南되시어 보살펴 주시오며 父主와 相逢하여 斯世에서 못 다한 萬端情懷 나누오며 來世에서는 別居 거부하시고 苦樂을 함께하며 母主께서 사랑받던 曾祖父님도 곁에 계시오니 問候 여쭈옵고 祖父母님 위에 계시니 찾아 뵙고 從祖父님 등 넘어 계시니 採均이 得男하여 官界에 勤務 잘하고 있다하며 叔父母님과 浩均 內外 인근에 있사오니 鍾和 부디 잘 살게 해달라고 부탁 드려주고 兄 內外 만나거든 왜 夭死했느냐고 꾸짖으며 靈界에서는 오래 오래 살며 姪兒 五男妹 자녀 다 갖고 婚嫁를 잘해서 多福하고 鍾律이도 得男하고 旭이도 職場 갖고 兄弟 두었다 傳해주고 崔婦를 만나거든 많은 짐 안은 不肖 두고 간 五男妹 金婦를 잘 만나 畢婚해서 光世는 男妹두고 네 女息은 金室이 男妹 朴室이 三男妹 밑에 두 女息은 兄

弟씩 두었는데 不肖가 너무 빨리 갔다고 怨望하더라 하며 來世에서는 無病長壽하란다고 빠짐없이 전해주오. 嗚呼 哀哉라.

또 한 가지 父主께 傳해주실 것은 孺人 金氏 安否 묻거든 天壽를 다 누리고 乙亥 閏 八月에 卒했는데 先山에 가면 母主를 또 別居케 할까 念慮되어 斯世에서는 父主와 同居를 많이 했으니 이제는 因緣을 끊고 父主 곁을 멀리 떠나라고 不肖가 父主께는 罪悚하나 火葬해서 祭祀는 光世가 精誠을 다한다고 반드시 傳해주오.

옛글에도 春草는 年年綠이요 王孫은 歸不歸라 뒷동산 철쭉꽃은 一年一到하였더니 다시 피어 春色을 자랑하고 北天의 寒鴉는 每年 秋冬에 지저귀는데 母主 一去後 不來하시니 嗚呼 痛哉라.

欲忘而 不忘이요 不思而 自思라 平素에 健康하시어 百壽를 누리실 줄 알았더니 吾家之運인가. 造物의 猜忌인가 생각 않던 得病으로 數個月 臥席辛苦하셨으나 不肖子 職場을 핑계로 자주 뵙지 못하고 어린 長侄 內外에게 모든 일 미루고 不孝莫甚한 점 이제와서 뉘우친들 무슨 소용 있으리오. 잘못을 謝罪하며 靈前에 俯伏하니 尊影만 寂寂하고 香煙만 무심히 피어오르니 嗚呼 痛哉라.

오늘같이 滿堂 膝下 모인 자리 一次 還生길이 있다면 母子之情 나누며 談笑하련만 斷者는 不可續이요 死者는 不可生이란 말이 虛言이 아니니 嗚呼 哀哉라.

母主尊靈 계시오면 不肖子의 祈願 들어주오.

侄兒 五男妹 無病長壽 富貴功名 도와주고 항상 重機 다루는 侄兒 兄弟 無故토록 도와주고 鍾律이 文才있어 吾家文脈 이을 것이니 文氣發揚토록 도와주며 出天之孝 長侄婦가 身恙으로 고생하니 하루 속히 快差토록 하여주고 홀로 있는 兄嫂와 朴室이 無病長

壽하도록 도와주며 外孫 성상이 兄弟 정신 차리도록 하여주며 鍾旭이 教職에 많은 發展 있도록 하여주며 승균이 六男妹 잘 살도록 도와주시오. 不肖子 今春에 得孫하여 무럭무럭 자라나 頭部에 이상이 있다하니 母主 蔭德내려 씻은 듯이 낫게 하여주오.

不肖子 三十五年의 教職을 八月末로 停年退任하여 國民勳章 石榴章을 受勳하고 大賢洞 집을 헐고 建物을 新築하여 竣工段階에 있고 第七回 大韓民國 書藝展覽會에서 特選의 榮光 입어 招待가 되었습니다. 이는 모두 母主의 蔭德이라 믿어오니 母主께서는 吾門의 守護神이 되시어 親外孫에게 두루두루 蔭德내려 子孫繁昌 家庭和睦으로 시름없게 하여주오. 嗚呼 痛哉 嗚呼 哀哉라.

幽明을 달리하시니 子女諸孫 家族과 百年贅客 모였는데 母主 一言下教 없으시니 不肖子 不感溫情이옵고 天地四海가 濛濛할 뿐입니다. 嗚呼 痛哉 嗚呼 哀哉라.

索漠한 天地에 涕淚가 앞을 가린 중에 母子之間 萬端說話 泰山도 不足이요 河海도 모자라나 이제 鎭靜하여 母主의 往生極樂 다시 한번 비오며 이승에서 다하지 못한 父主와의 琴瑟之樂 來世에서는 永劫토록 마음껏 누리시기를 두 손 모아 비오며 獻酌하오니 歆饗하시고 便히 永眠하소서.

伏惟 尊靈 永世 是靈 嗚呼 痛哉 嗚呼 哀哉 尙饗.

思母之情

여기 孝敬園 酉坐之原에 處士 慶州 金氏 諱 炳鎬公과 配 孺人 金寧 金氏께서 萬年幽宅에 고히 잠들어 계시니 天下吉地다. 公은 始祖 閼智公의 六十五世요 基源公의 二男으로 四男一女를 配 孺人 金海 金氏와의 사이에 五男一女를 두셨다. 四男 剛石公 慈堂께서 일찍 棄世하시어 얼굴도 記憶할 수 없음에 思母之情은 徹天之寃이라 寤寐不忘하는 中에 現夢인들 바랐으나 寫眞으로도 뵙지 못한 얼굴 꿈에 뵌들 어찌 알랴. 一生동안 慈堂에 대한 그리운 정을 暫時라도 잊은 적 없는 出天의 孝心을 어찌 筆舌로 다 表現하리오. 明堂을 구하여 父母님을 편히 모시고자 하는 一念으로 孝敬園을 造成하여 安葬하였으니 그 孝行은 老萊子에 비할 바라 彣昌公께서 渴孝하니 그 精神 孝本이 되리라. 銘曰 百代香火 이룩하고 竪石한 子孫至誠 千載에 欽慕받고 萬歲淸芬 深源家統 永輝無窮 雲仍永昌 滄桑之變 懼而竪石 永遠하리라.

公紀 二千十五年 乙未 寒食節

全州 李尙培 謹撰

彌山 옛집에 매화꽃 피면

초판 인쇄 2016년 4월 10일
초판 발행 2016년 4월 15일

지은이 / 이 상 배
펴낸이 / 박 진 환

펴낸 곳 / 만인사
출판등록 / 1996년 4월 20일 제03-01-306호
주소 / 41960 대구광역시 중구 명륜로 116
전화 / (053)422-0550
팩스 / (053)426-9543
전자우편 / maninsa@hanmail.net
홈페이지 / www.maninsa.co.kr

ISBN 978-89-6349-088-5 03810

값 30,000원

* 이 도서의 국립중앙도서관 출판시도서목록(CIP)은 서지정보유통지원시스템 홈페이지(http://seoji.nl.go.kr)와 국가자료공동목록시스템(http://www.nl.go.kr/kolisnet)에서 이용하실 수 있습니다(CIP제어번호 : CIP2016008096).

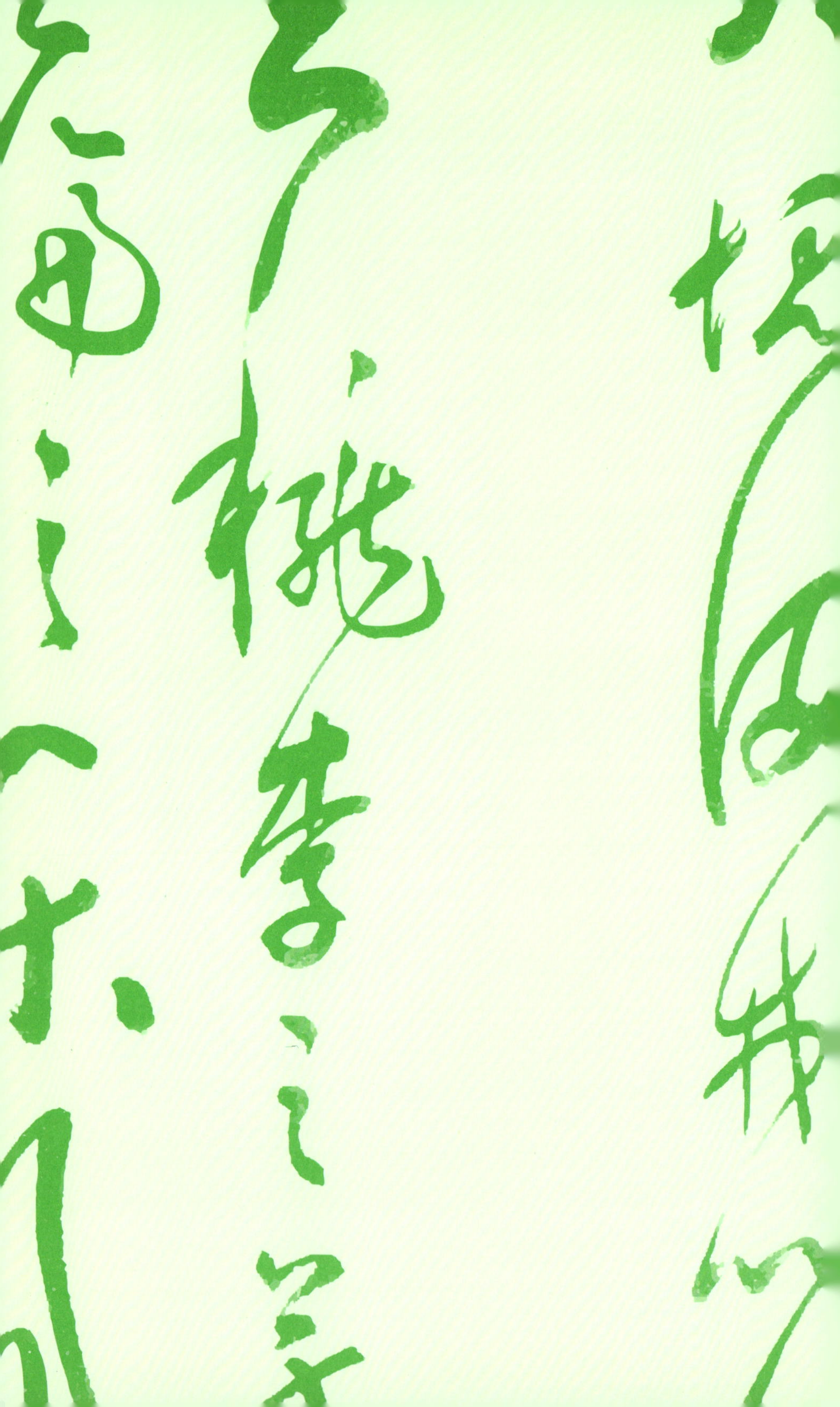

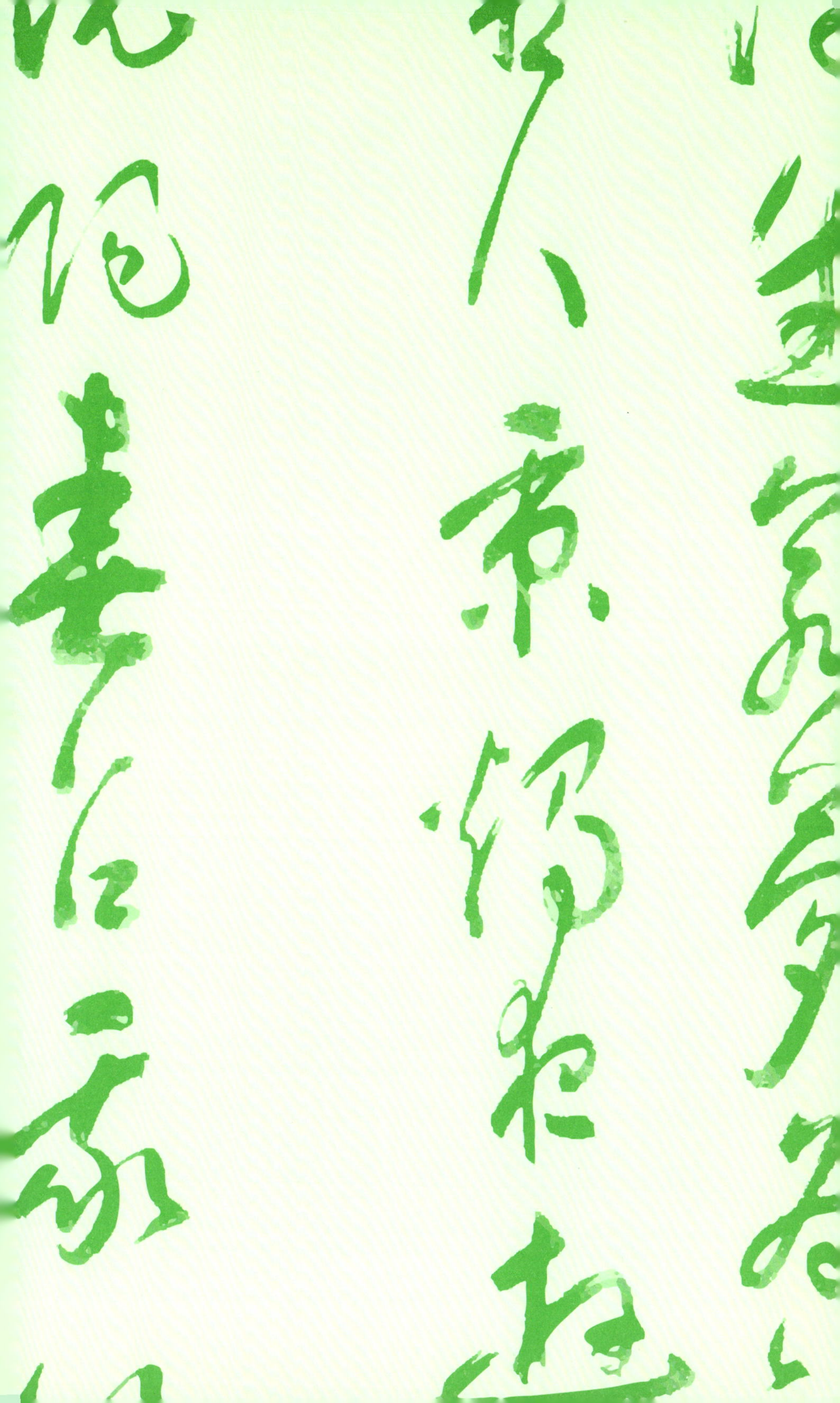